当代儒师培养书系 · 教师教育系列

主　编　舒志定　李勇

Research on Teacher Teaching Effectiveness Based on Teachers' Professional Development

基于教师专业发展的教师教学效能研究

车伟艳 著

图书在版编目(CIP)数据

基于教师专业发展的教师教学效能研究 / 车伟艳著.
—杭州：浙江大学出版社，2019.3
ISBN 978-7-308-18834-0

Ⅰ.①基… Ⅱ.①车… Ⅲ.①教师—教学能力—能力培养—研究 Ⅳ.①G451.2

中国版本图书馆 CIP 数据核字（2019）第 000776 号

基于教师专业发展的教师教学效能研究

车伟艳 著

丛书策划 朱 玲
责任编辑 葛 娟
责任校对 杨利军 吴水燕
封面设计 春天书装
出版发行 浙江大学出版社
（杭州市天目山路 148 号 邮政编码 310007）
（网址：http://www.zjupress.com）
排 版 杭州中大图文设计有限公司
印 刷 杭州高腾印务有限公司
开 本 710mm×1000mm 1/16
印 张 15.5
字 数 254 千
版 印 次 2019 年 3 月第 1 版 2019 年 3 月第 1 次印刷
书 号 ISBN 978-7-308-18834-0
定 价 55.00 元

当代儒师培养书系

总　序

把优秀传统文化融入教师教育全过程，培育有鲜明中国烙印的优秀教师，这是当前中国教师教育需要重视和解决的课题。湖州师范学院教师教育学院对此进行了探索与实践。以君子文化为引领，挖掘江南文化资源，提出培养当代儒师的教师教育目标，实践"育教师之四有素养、效圣贤之教育人生、展儒师之时代风范"的教师教育理念，体现教师培养中对传统文化的尊重，昭示教师教育中对文化立场的坚守。

能否坚持教师培养的中国立场，这应是评价教师教育工作是否合理的重要依据，我们把它称作教师教育的"文化依据（文化合理性）"。事实上，在中国师范教育发轫之初就强调教师教育的文化立场，确认传承传统文化是决定师范教育正当性的基本依据。

19 世纪末 20 世纪初，清政府决定兴办师范教育，一项重要工作是选派学生留学日本和派遣教育考察团考察日本师范教育。1902 年，朝廷讨论学务政策，张之洞就对张百熙说："师范生宜赴东学习。师范生者不惟能晓普通学，必能晓为师范之法，训课方有进益。非派人赴日本考究观看学习不可。"①以 1903 年为例，该年 4 月至 10 月间，游日学生毕业生共有 175 人，其中读师范者 71 人，占 40.6%。② 但关键问题是要明确清政府决定向日本师范教育学习的目的是什么。无论是选派学生到日本学习师范教育，还是派遣教育考察团，目标都是为清政府拟定教育方针、教育宗旨。事实也如此，派到日本的教育考察团就向清政府建议要推行"忠君、尊孔、尚公、尚武、尚实"的教育宗旨。这 10 个字的教育宗旨，有着鲜明的中国文化特征。尤其是把"忠君"与"尊孔"立于重要位置，这不仅要求把"修身伦理"作为教育工作的首要事务，而且要求教育坚守中国立场，是传统中国道统、政统、学统在现

①②　转引自田正平.传统教育的现代转型.杭州：浙江科学技术出版社，2013：376.

代学校教育的传承与继续。

当然,这一时期坚持师范教育的中国立场,目的是发挥教育的政治功能,为清政府巩固统治地位服务。只是,这些“学西方开风气”的“现代性”工作的开展,并没有改变国家进一步衰落的现实。清政府的“新学政策”,引起了一批有识之士的反思、否定与批判,他们把“新学”问题归结为重视科技知识教育,轻视社会义理教育。早在1896年梁启超在“学校总论”中就批评同文馆、水师学堂、武备学堂、自强学堂等新式教育的问题是“言艺之事多,言政与教之事少”,为此,他提出“改科举之制”“办师范学堂”及“区分专门之业”等三点建议,尤其是他强调举办师范学堂的意义,否则“教习非人也”①。梁启超的观点得到军机大臣、总理衙门的认同与采纳,1898年5月,“筹议京师大学堂章程”中就明确要求各省所设学堂不能缺少义理之教。“夫中学体也,西学用也,两者相需,缺一不可,体用不备,安能成才。且既不讲义理,绝无根底,则浮慕西学,必无心得,只增习气。前者各学堂之不能成就人才,其弊皆由于此”②。很清楚,这里要求学校处理中学与西学、义理之学与技艺之学之间的关系,如果只重视其中一个方面,就难以实现使人成才的教育目标。

其实,要求学校处理中学与西学、义理之学与技艺之学之间的关系,实质是对学校性质与教育功能的一种新认识,它突出学校传承社会文明的使命,把维护公共利益、实现公共价值确立为学校的价值取向。这里简要举两位教育家的观点以说明之。曾任中华民国教育部第一社会教育工作团团长的董渭川认为国民学校是“文化中心”:“在大多数民众是文盲的社会里,文化水准既如此其低,而文化事业又如此贫乏,如果不赶紧在全国每一城乡都建立起大大小小的文化中心来,我们理想中的新国家到哪里去培植基础?”而这样的文化中心不可能凭空产生,“其数量最多、比较最普遍且最具教育功能者,舍国民学校当然找不出第二种设施。这便是非以国民学校为文化中心不可的理由”③。类似的认识,也是陶行知推行乡村教育思想与实践的出发点,他希望乡村教育对个人和乡村产生深刻的变革,使村民自食其力和村政工作自有、自治、自享④,实现乡村学校是“中国改造乡村生活之唯一可

① 梁启超.饮冰室合集·文集之一.上海:中华书局,1989:19-20.

② 朱有瓛.中国近代学制史料.北京:第一辑(上册).上海:华东师范大学出版社,1983:602.

③ 董渭川.董渭川教育文存.北京:人民教育出版社,2007:127.

④ 顾明远,边守正.陶行知选集(第一卷).北京:教育科学出版社,2011:230.

能的中心"的目标。①

可见,坚守学校的文化立场,是中国教师教育的一项传统。要推进当前教师教育改革,依然需要坚持和传承这一教育传统。就如习近平总书记所说:"办好中国的世界一流大学,必须有中国特色","世界上不会有第二个哈佛、牛津、斯坦福、麻省理工、剑桥,但会有第一个北大、清华、浙大、复旦、南大等中国著名学府。我们要认真吸收世界上先进的办学治学经验,更要遵循教育规律,扎根中国大地办大学"。扎根中国大地办大学,在人才培养中融入中国传统文化资源,培育具有家国情怀的优秀人才。

基于这样的考虑,我们提出把师范生培养成当代儒师,这符合中国国情与社会历史文化的发展要求。因为在中国百姓看来,"鸿儒""儒师"是对有文化、有德行的知识分子的尊称。当然,我们提出把师范生培养成当代"儒师",不是要求师范生做一名类似"孔乙己"那样的"学究"(当然孔乙己可否称得上"儒师"也是一个问题,我们在此只是做一个不怎么恰当的比喻),而是着力挖掘历代鸿儒大师的优秀品质,作为师范生的学习资源与成长动力。

的确,传统中国社会"鸿儒""儒师"身上蕴含的可贵品质,依然闪耀着光芒,对当前教师品质的塑造具有指导价值。正如董渭川对民国初年当时广大乡村区域学校不能替代私塾原因的分析,其认为私塾的"教师"不只是教育进私塾学习的儿童,而应成为"社会的"教师,教师地位特别高,"在大家心目中是一个应该极端崇敬的了不起的人物。家中遇有解决不了的问题,凡需要以学问、以文字、以道德人望解决的问题,一概请教于老师,于是乎这位老师真正成了全家的老师"②。这就是说,"教师"的作用不只是影响受教育的学生,而是影响一县一城的风气。所以,我们对师范生提出学习儒师的要求,目标就是要求师范生成长为师德高尚、人格健全、学养深厚的优秀教师,由此也明确了培育儒师的教育要求。

一是塑造师范生的师德和师品。要把师范生培养成为合格教师,面向师范生开展师德教育、学科知识教育、教育教学技能教育、实习实践教育等教育活动。这其中,提高师范生的师德修养是第一要务。正如陶行知所说,教育真谛是"千教万教教人求真,千学万学学做真人",因此他要求自己是"捧着一颗心来,不带半根草去"。

当然,对师范生开展师德教育,关键是使师范生能够自觉地把高尚的师

① 顾明远,边守正.陶行知选集.北京:(第一卷).北京:教育科学出版社,2011:230.

② 董渭川.董渭川教育文存.北京:人民教育出版社,2007:132.

德目标内化成自己的思想意识和观念，内化成个体的素养，变成是自身的自觉行为。一旦教师把师德要求在日常生活的为人处世中体现出来，这就反映了教师的品质与品位，是我们要倡导的师范生的人品要求。追求高尚的人格、涵养优秀的人品，是优秀教育人才的共同特征。不论是古代的圣哲孔子，还是后来的朱熹、王阳明等一代鸿儒，以及陶行知、晏阳初、陈鹤琴等现当代教育名人，在他们一生的教育实践中，始终保持崇高的人生信仰，恪守职责，爱生爱教，展示为师者的人格力量，是师范生学习与效仿的榜样。倡导师范生向着儒师目标努力，旨在要求师范生学习历代教育前辈的教育精神，培育其从事教育事业的职业志向，提升其贡献教育事业的职业境界。

二是实现师范生的中国文化认同。历代教育圣贤，高度认同中国文化，坚守中国立场。在学校教育处于全球化、文化多元化的背景下，更要强调师范生的中国文化认同问题。强调这一点，不是反对吸收多元文化资源，而是强调教师要自觉成为优秀传统文化的传播者，这就要求把优秀传统文化融入教师培养过程中。这种融入，一方面是从中国优秀传统文化宝库中寻求教育资源，用中国传统文化资源教育师范生，使师范生接触和了解中国传统文化，领会中国社会倡导与坚守的核心价值观，增强文化自信；另一方面是使师范生掌握中国传统文化、社会发展历史的知识，具备和学生沟通、交流的意识和能力。

三是塑造师范生的实践情怀。从孔子到活跃在当代基础教育界的优秀教师，他们成为优秀教师的最基本特点，便是一生没有离开过三尺讲台、没有离开过学生，换言之，他们是在“教育实践”中获得成长的。这既是优秀教师成长规律的体现，又是优秀教师关怀实践、关怀学生的教育情怀的体现。而且优秀教师的这种教育情怀，出发点不是“精致利己”的，而是和教育报国、家国情怀密切联系在一起的。特别是国家处于兴亡关键时期，一批有识之士，虽手无寸铁、手无缚鸡之力，但是他们投身教育，或捐资办学，或开门授徒，以思想、观念、知识引领社会进步和国家强盛。比如浙江朴学大师孙诒让，作为清末参加科举考试的一介书生，看到日本侵略中国和清政府的无能，怀着“自强之愿，莫于兴学”的信念，回家乡捐资办学，他首先办的是瑞安算学馆，希望用现代科学拯救中国。

四是塑造师范生的教育性向。教育性向是师范生喜教、乐教、善教的个人特性的具体体现，是成为一名合格教师的最基本要求。教育工作是一项专业工作，这对教师的专业素养提出了严格要求。教师需要哪些专业素养，可以概括为很多条,说到底最基本的一条是教师能够和学生进行互动交流。因为教师课堂教学工作,实质上就是和学生互动的实践过程。教师能够和学生交流,既要求培养教师研究学生、认识学生、理解学生的能力,更要求培养教师对学生保持宽容的态度和人道的立场,成为纯净的、高尚的人,成为精神生活丰富的人,照亮学生心灵,促进学生的健康发展。

依据这四方面的要求,我们主张面向师范生开展培养"儒师"的教育实践,不是为了培养儒家意义上的"儒"师,而是要求师范生学习儒师的优秀品质,学习儒师的做人之德、育人之道、教人之方、成人之学,造就崇德、宽容、儒雅、端正、理智、进取的现代优秀教师。

做人之德。对德的认识、肯定与追求,在中国历代教育家中体现得淋漓尽致。舍生取义,追求立德、立言、立功三不朽,这是传统知识分子的基本信念和人生价值取向。对当前教师来说,最值得学习的德之要素,是以仁义之心待人,以仁义之爱弘扬生命之价值。所以,要求师范生学习儒师、成为儒师,既要求师范生具有高尚的政治觉悟、思想修养、道德立场,又要求师范生具有宽厚的人道情怀,爱生如子,公道正派,实事求是,扬善惩恶。正如艾思奇为人,"天性淳厚,从来不见他刻薄过人,也从来不见他用坏心眼考虑过人,他总是拿好心对人,以厚道待人"①。

育人之道。历代教育贤哲都看重教育是一种"人文之道""教化之道",也就是强调教育要重视塑造人的德性、品格,提升人的自我修养。孔子就告诫学习是"为己之学",意思是强调学习与个体自我完善的关系,反对把学习第一目的确定为找到赚很多钱的工作,并且强调个体的完善,不仅是要培育德性,而且是要丰富和完善人的精神世界。所以,孔子相信礼、乐、射、御、书、数等六艺课程是必要的,因为不论是乐,还是射、御,其目标不是让人成为唱歌的人、射击的人、骑马的人,而是要从音乐节奏、韵律中领悟人的生存秘密,这就是追求人的和谐,包括人与周围世界的和谐、人自身的身心和谐,成为"自觉的人"。这个观点类似康德所言教育的目的是使人成为人。但是,康德认为理性是教育基础,教育目标是培育人的实践理性。尼采说得更加清楚,认为优秀教师是一位兼具艺术家、哲学家、救世圣贤等身份的文化建树者。②

教人之方。优秀教师不仅学有所长、学有所专,而且教人有方。这是

① 刘正伟.规训与书写:开放的教育史学.杭州:浙江大学出版社,2013:209.

② 李克寰.尼采的教育哲学——论作为艺术的教育.台北:桂冠图书股份有限公司,2011:50.

说,优秀教师既懂得教育教学的科学,又懂得教育教学的艺术,做到教育的科学性和艺术性的统一。古代中国圣贤推崇悟与体验,正如孔子所说"三人行必有吾师",所谓成为吾师的前提,是"行"("三人行"),也就是说,只有在人与人的相互交往关系中,才能有值得我们学习的资源。可见,这里强调人的"学",依赖我们的参与、感悟与体验。这样的观点在后儒那里,变成格物致良知的功夫,以此达成转识成智的教育目标。不论怎样理解与阐释先贤圣哲的观点,都必须肯定这些思想家的教人之方的人文立场是清晰的,这对破解当下科技理性主导教育的思路是有启示的,也为解释互联网时代教师存在的意义找到理由。

成人之学。学习是促进人的成长的基本因素。互联网为学习者提供寻找、发现、传播信息的技术手段,但是,要指导学生成为一名成功的学习者,教师应该是一名学习者,这需要教师保持强劲的学习动力、提升持续学习的能力。而学习价值观是影响和支配教师持续学习、努力学习的深层次因素。对此,联合国教科文组织在"反思教育:向'全球共同利益 '的理念转变 ?"报告中明确指出教师对待"学习"应坚持的价值取向:教师需要接受培训,学会促进学习、理解多样性,包容,培养与他人共存的能力以及保护和改善环境的能力。教师必须促成尊重他人和安全的课堂环境,鼓励自尊和自主,并且运用多种多样的教学和辅导策略。教师必须与家长和社区进行有效的沟通。教师应与其他教师开展团队合作,维护学校的整体利益。教师应了解自己的学生及其家庭,并能够根据学生的具体情况施教。教师应能够选择适当的教学内容,并有效地利用这些内容来培养学生的能力。教师应运用技术和其他材料,以此作为促进学习的工具。联合国教科文组织的报告强调教师促进学习、加强与家长和社区、团队的沟通及合作。其实,称得上是中国儒师的学者,都十分重视学习以及学习的意义。"学记"中说"玉不琢,不成器 ;人不学,不知道";孔子也说自己是 "十五而志于学",要求"学以载道";孟子更说得明白:"得天下英才而教育之,是人生之乐。"可见,对古代贤者来说,"学习"不仅仅是掌握一些知识,获得某种职业,而是为了"寻道""传道""解惑",为明确人生方向。所以,倡导师范生学习儒师、成为儒师,目的是使师范生认真思考优秀学者关于学习与人生关系的态度和立场,唤醒心中的学习动机。

基于上述思考,我们把做人之德、育人之道、教人之方、成人之学确定为儒师教育的重点领域,为师范生成为合格乃至优秀教师标明方向。为此,我们积极推动优秀传统文化融入教师教育的实践，取得了阶段性成果。首先，我们开展“君子之风”教育和文明修身活动，提出了“育教师之四有素养、效圣贤之教育人生、展儒师之时代风范”的教师教育理念，为师范文化注入新的内涵。其次，我们立足湖州文脉精华，挖掘区域文化资源，推进校本课程开发，例如“君子礼仪和大学生形象塑造”“跟孔子学做教师”等课程已建成校、院两级核心课程，成为优秀传统文化融入教师教育的有效载体。第三，我们把社区教育作为传统文化融入教师教育的重要渠道。建立“青柚空间”“三点半学堂”等师范生服务社区平台，这些平台成为师范生传播优秀传统文化和收获丰富、多样的社区教育资源的重要渠道。第四，我们重视推动有助于优秀传统文化融入教师教育的社团建设工作。比如建立胡缓教育思想研究等社团，聘任教育史专业教师担任社团指导教师，使师范生在参加专业的社团活动中获得成长。这些工作的深入开展，对师范生开展优秀传统文化教育产生了积极作用，成为师范生认识国情、认识历史、认识社会的重要举措。而组织出版“当代儒师培养书系”，正是学院教师对优秀教师培养实践理论探索的汇集，也是浙江省卓越教师培养协同创新中心浙北分中心、浙江省重点建设教师培养基地、浙江省“十三五”优势专业（小学教育）、湖州市重点学科（教育学）、湖州市人文社科研究基地（农村教育）、湖州师范学院重点学科（教育学）的研究成果。我们相信，书系的出版，将有助于促进学院全面深化教师教育改革，进一步提升教师教育质量。我们更相信，把优秀传统文化融入教师培养全过程，构建先进的、富有中国烙印的教师教育文化，这是历史和时代赋予教师教育机构的艰巨任务和光荣使命，值得教师教育机构持续探索、创新有为。

舒志定

2018 年 1 月 30 日于湖州师范学院

序

随着教学研究的不断深入，我们对教师教学效能的认识也不断加深，不同的学者对教师教学效能结构和主体作用的机制也有不同的看法，但他们都有一个共识，即教师教学效能是课堂“有效教学”活动的关键。当教师的专业知识和技能等成为教师必备的素质时，教师教学的信念和效能等深层次因素就会成为提高课堂教学质量的关键。教师教学效能如何转化为教师具体的课堂教学行为，成为教育改革中大家共同面临的问题。而新一轮基础教育改革所推行的“国家、地方、学校”的三级课程管理体制为学校的灵活管理和教师的发展提供了较大的空间。教师教学效能的结构涉及教学的多种因素，而国家的政策和科学化的学校管理为教师结合学生的特点和需要来组织教学提供了良好的条件，也为该研究提供了契机。但是，关于教师教学效能的研究也是一个备受争议的研究主题，因为学界对教师教学效能的概念、结构、主体作用的机制都存在不同的观点，没有形成完整的理论体系和科学的研究方法，不同的研究者根据自己的理解对教师教学效能展开研究。

车伟艳博士的新著《基于教师专业发展的教师教学效能研究》是在基础教育课程改革的背景下，在与上海市某学校教师的合作研究与行动研究的过程中，以具体课堂教学实践为研究场域，通过文献梳理和实证调研，全面而客观地呈现具体教学情境下的教师教学效能，从而尝试构建教师教学效能研究的新体系。

该书主要以“有效教学”理论和班杜拉自我效能理论为基础，通过对上海市一所初中语文、数学、英语学科的6位教师教学效能现状的个案考察，呈现了课程改革和课堂“有效教学”实践背景下教师教学效能的现状，展现了教师教学效能的表现方式和课堂教学的真实状态。其主旨是从理论层面和实证层面解读教师教学效能在课堂教学实践中存在的问题，并对教师教学效能结构和主体作用的机制做了深层次分析，厘清了不同专业发展阶段的教师教学效能。通过对影响教师教学效能的外部因素和内部因素的分析，该书尝试提出提高教师教学效能的策略。国内对教师教学效能的研究主要为文献综述和理论探讨、教师教学效能及与相关因素的实证研究、对教师教学效能的结构因素和量表修订以及具体领域中的研究，很少有研究者从课堂教学实践的角度来研究教师教学效能。该研究希望通过教师的课堂教学实践来了解教师教学效能的结构、教师教学效能与"有效教学"的关系。具体内容概括为以下几个部分：

一、经过对国内外教师教学效能研究历程的回顾和评述，了解教师教学效能研究的历史和现状，形成本研究对教师教学效能研究的问题域，厘清教师教学效能的内涵、结构和本研究的理论基础。

二、结合理论分析和课堂观察，提出教师教学效能的主体作用机制，其形成和发展包括教学经验、替代性观察、情绪体验、教师评价这四个效能信息来源。它通过教师的认知过程、动机过程、情感过程和选择过程来发挥其效能的作用。

三、厘清教师教学效能与教师专业发展的关系。教师教学效能是教师综合能力的体现，是教师在长期的教学实践中形成的。教师教学效能的高低会影响教师对自己教学能力和教学任务的分析，进而影响着教师的教学行为表现和教学效果。教师效能水平不同，所采取的课堂管理方式、教学策略、教学行为也不同，进而对学生的学习动机、学习成绩也会产生影响。

四、提出教师教学效能结构指标和影响因素。本研究根据教师教学效能相关文献的研究结果，参考国内外教师教学效能的量表，编制了本研究的《教师效能量表》，包含"教学计划""课堂管理""教学策略""师生互动""教学反思"5个维度。并以上海市G中学6位成熟型教师为研究个案，深入课堂教学实践，对6位教师的20节课进行课堂记录，对优秀教师和一般教师的课堂教学进行分析，并采用课堂观察量表、教师反思能力量表、一般自我效能感量表、访谈提纲和弗兰德斯互动分析系统的研究工具对教师教学效能进行全面的剖析。此外，从外部因素和内部因素两个方面分析教师教学效能的影响因素。外部因素包括社会氛围、学校评价制度、教师教育和培训三个方面。内部因素包括教师的教育信念、专业自觉、教学决策、教学智慧、教学反思五个方面。

五、制定提高教师教学效能的策略。该研究从理论层面和实证层面对教师教学效能结构指标的五个方面进行了应然分析、现状考察和问题分析，结合影响教师教学效能的外部因素和内部因素，提出了提高教师教学效能的策略。

课堂教学是教师教学效能的实践情境，教师教学效能研究应以复杂多变的课堂教学为场域，关注具体课堂教学情境中的教师效能，以教师和学生的共同提高为核心，以提升教师的教学效能为出发点和归宿。该书文献翔实，论证充分，有许多新的见解和独到之处。我作为作者的硕士和博士学位的导师，欣赏她对教师效能研究的新的尝试，该书作者既重视对历史文献的梳理，也注重分析最新的研究成果，并通过实证调研来全面了解教师教学效能。该研究还有许多值得探索和思考的地方。

蔡宝来

2018 年 3 月

目　录

第一章　教师教学效能研究的背景与意义 …………………………… 1

第一节　教师教学效能研究的背景 …………………………………… 1

第二节　教师教学效能研究的意义 …………………………………… 8

第二章　教师教学效能的历史发展与未来趋势 ………………… 11

第一节　教师教学效能的历史发展 ………………………………… 11

第二节　教师教学效能的未来趋势 ………………………………… 18

第三章　教师教学效能的理论基础 ………………………………… 21

第一节　教师教学效能与课堂“有效教学”的概念阐释 …………… 21

第二节　教师教学效能的理论基础 ………………………………… 30

第四章　教师教学效能与教师专业发展的关系 ………………… 33

第一节　不同专业发展阶段的教师教学效能 ……………………… 33

第二节　“有效教学”和高教学效能的特征 ………………………… 37

第三节　教师教学效能对教学的促进作用 ………………………… 44

第五章　教师教学效能的结构与主体作用机制 ………………… 55

第一节　教师教学效能的结构与测量 ……………………………… 55

第二节　教师教学效能的主体作用机制 …………………………… 60

第六章　教师教学效能结构指标及影响因素 …………………… 72

第一节　教师教学效能结构指标 …………………………………… 72

第二节　教师教学效能影响因素 …………………………………… 89

第七章　教师教学效能的现状调查 …………………………………… 109

第一节　教师教学效能的研究设计 ………………………………… 109

第二节　教学个案分析 …………………………………………… 120

第三节　研究结果分析 …………………………………………… 163

第四节　总的研究结果分析 ……………………………………… 185

第八章　提高教师教学效能的策略 …………………………………… 198

第一节　提高教师教学效能的外部因素 ………………………… 199

第二节　提高教师教学效能的内部因素 ………………………… 205

结　语 ………………………………………………………………… 209

参考文献 ……………………………………………………………… 213

附　录 ………………………………………………………………… 221

后　记 ………………………………………………………………… 234

第一章　教师教学效能研究的背景与意义

第一节　教师教学效能研究的背景

研究教师效能，其目的在于分析它对教师教学行为及其学生发展的影响。已有的研究表明：教师效能在其界定任务和选择认知工具去解释、计划、决策任务中起到了指导性的作用，它是影响教师教学效果的一个重要因素。但分析已有的研究，可以看出在教师效能的结构、影响因素及其对教师教学效果的作用等方面，还存在着许多值得深入探讨和澄清的问题。在我国，研究者对教师教学效能这一影响教师教学效果及学生学业成绩的重要变量的研究甚少，缺乏对其全面的了解，还不能就此为教育教学实践提供切实可行的指导。因此，研究这个课题具有重要的理论价值和实践意义。

一、基础教育课程的推进最终要提高课堂教学的成效

我国著名学者郑燕祥提出，世界教育改革经历了三次主要的潮流：20 世纪 70 年代，学校教育改革关注教育内部效能(internal effectiveness)，具体表现在教学过程中教与学的方法、教学环境的创建等方面；90 年代则强调教育的外界效能(interface effectiveness)，具体表现在关注教育质量、利益相关者的满意度和在市场的竞争力；进入 21 世纪，世界各国的教育开始强调教育要有未来效能(future effectiveness)，即教育改革在关注内部和外部的效能的同时，还要关注未来效能，强调对未来的适切性。具体表现在教育上追求全球化、个别化、智能多元化和本土化，强调终身教育、创新思维和信息技术的应用。①

① 郑燕祥.教育效能转变：效能保证[M].上海：上海教育出版社，2006：15-16.

第一次世界教育改革关注教学过程，尤其是关注课堂教学的教与学的效能。而对教育效能(educational effectiveness)的评估主要是以学生的学业成绩为主，看学校是否完成了预定的教育目标，教育效能的高低取决于教师教育目标的完成程度。第二次世界教育改革关注教师对教学资源的利用程度，教师效能取决于教师是否能够有效地管理、开发和利用资源，是否能够意识到教学资源对教师教学工作的重要性。第三次世界教育改革是在国际化、全球化、信息化的社会背景下进行的教学技术、教学内容、教学方法等方面的改革，此次改革主要针对创新性人才培养的需要。

社会的急剧变化使得人们需要改革教育的内容、系统和结构，社会和学校要为教师的专业发展和学生的发展提供良好的外部条件。在学校层面，学校要通过创建学习共同体使教师相互支持及分享教学创新，教师则要帮助学生学会如何学习。随着世界基础教育改革的不断发展，教师专业的发展水平不断提高，而只有了解课堂教学的复杂性质，才能更好地激发教师的教学效能，并提出改进和发展的策略。特别是当整个社会环境对教育质量提出更高要求的时候，教师扮演着多样的教学角色，需要承担更大的责任，包括教育改革、课程开发、课堂教学、学生管理。因此，教师的教学效能研究应该是多层面、多维度的。

(一)提高教师专业化水平，深化课堂教学改革

随着社会的飞速发展，国与国之间的竞争终究是人才的竞争，因此，教育需要培养出具有创新精神、实践能力和具有个性的全面发展的人。现代教育要促进每一个学生的和谐发展。随着科学技术的飞速发展，信息技术在教育教学中的应用引起一系列变化，如教学理念、教学过程、教学模式、教学方式和学生的学习方式等。经过一系列的基础教育改革，各种教育教学思想和观念不断涌现，新的教学模式和教学方法不断在课堂教学中被采用，这也在一定程度上改变了教师主导、教学方式单一、学生被动学习的局面。因此，教师效能研究只有不断创新和深入课堂教学实践，才能适应教学改革发展的要求。但是，课堂教学的复杂性、不确定性和多变性的特点也决定广大教师在面对日益丰富的研究成果和教学理念时所表现出的不适应和困惑，教学应该具有的活力和生机没有出现。因此，开展教师效能的研究有助于提高教师专业化水平，深化课堂教学改革。

从以往关于课堂教学研究的历程来看，研究者从 20 世纪初期就开始探讨教师效能与课堂“有效教学”的问题了。随着研究的不断深入，教师在教

育工作中的主体地位和专业地位得到普遍的认可，教师在儿童发展中起着重要的作用。有关教师效能的研究也从初期的人格特质、教师教学行为发展到以教师思维为中心的教师专业素质所开展的一系列研究。

为了适应国内社会、经济、教育快速发展的需要和在激烈的国际竞争中赢得主动的战略考虑，我国制定了《国家中长期教育改革和发展规划纲要(2010—2020)》(以下简称《教育规划纲要》)。《教育规划纲要》指出，“把教育资源配置和学校工作重点集中到强化教学环节、提高教育质量上来”，“提高教师业务素质，改进教学方法，增强课堂教学效果”，“深化教育教学改革，创新教育教学方法，探索多种培养方式，形成各类人才辈出、拔尖创新人才不断涌现的局面”。要实现《教育规划纲要》的目标，我们必须积极推进基础教育改革，提高教育教学质量，为我国培养出优秀的人才。而要实现人才培养的目标首先要关注课堂教学，课堂教学质量的高低取决于教师的专业素质，当教师的专业知识达到一定水平的时候，教师效能则成为决定教学质量的关键因素。教师只有不断地在教学实践中总结经验，反思教学，不断创新，才能把从实践中总结出来的经验上升到理论的高度，从而形成自己的教学风格和教学理念。因此，教师效能的提高是基础教育改革顺利实施的必备条件。培养创新性人才也是《教育规划纲要》的最主要的目标，我们要进一步深化课堂教学改革，改变牺牲教师和学生身体健康的做法，进一步探讨有效的教学模式，为提高教学质量，深化课堂教学改革，开创新的教学局面做出贡献。

(二)改进教师绩效评价，提高教学质量

《教育规划纲要》指出，“把促进人的全面发展，适应社会需要作为衡量教育质量的根本标准”，“建立以提高教育质量为导向的管理制度和工作机制”。然而，当人们把分数看成是最主要的追求目标时，学生的创造力、实践能力以及学生的健康都要为分数让路。因此，各级教育部门、学校要坚持按照《教育规划纲要》的要求，“制定教育质量国家标准，建立健全教育质量保障体系”，推进基础教育改革，建构起符合教师和学生身心发展的教学评价体系。

随着教育改革的不断推进，对教师的教学评价变得越来越重要。以前注重对教师的惩罚性评价，而现在越来越重视对教师的发展性评价，只有教师的专业水平得到了提高，教师效能才能得到提高。教师效能对学校的发展和实现课堂“有效教学”来说都是最为重要的因素。因此，从理论和实践两个层面对教师教学效能进行探讨，确立具有促进教师发展的可操作性的教师评价体系，对于推动教学改革和提高教学质量都具有重要的意义。

二、教师教学效能是达成课堂“有效教学”的关键

（一）优化教师教学行为，提高课堂“有效教学”的需要

随着对教学研究的不断深入，人们逐渐认识到课堂教学改革的重要性。课堂教学改革的实质其实是对旧的课堂教学理念与方式的一场变革，改变过去教师主导的课堂，充分贯彻“以人为本”的科学理念，尊重学生的主体地位，调动学生的积极性和主动性，释放学生被压抑的各种潜能，解放学生与生俱来的学习能力，真正让学生成为学习的主人。改变过去教师一言堂的教学局面，把先教后学变为先学后教，将知识传授变为以学生探究、体验知识为主。这样的教学方式符合学生的认知发展规律，也符合学生的心理需要，它有利于激发学生的学习动机，有利于激发学生的潜能，为学生提供探索和实践的平台，这符合新课改的理念，也有利于教师的专业成长。

（二）注重学生持续发展，实现减负增效的需要

在传统的学校教育中，学生虽然智力方面存在差异，但他们都要接受规范化教育课程的训练，即他们学习的目的在于获得各学科的知识，学习是一种经过训练来接受知识和社会化的过程。学习强调为了未来的就业和生活而去获得专业知识。学生的学习主要局限在学校里，而学习资源主要是从老师那里获得的学习材料，即学生从教科书和教师准备好的与本学科相关的学习材料中学习标准化的课程。而学生则更多的是以一种单独的方式去学习，同学之间很少进行相互学习和互动，因此，在学生看来，学习是一件辛苦的事情，他们体会不到学习的快乐。

随着教育改革的推进，学习的范式也发生了改变。如表 1-1 从传统的“三中心”转变为以学习活动为中心，强调的是激发学生的心理投入和智慧投入，以使其认知和行为有比较持久的变化。所谓心理投入，是指教师要采取多种教学策略引起学生对问题探索的兴趣和好奇心；所谓智慧投入，是指教师引导学生动脑筋试图去解决问题，在动脑筋的过程中，必然运用其已经掌握的知识作为分析问题和解决问题的前提。

表 1-1　追求学习的新范式①

“三重化”学习的新范式（第三浪潮）	“场所为限”学习的传统范式（第一、二浪潮）
个性化的学习： 学生是教育的中心 个人化的学习计划 自主学习 自我实现的过程 关注如何学习 自我回报	复制的学习： 学生是教师的追随者 标准化的教育计划 吸收知识 接受的过程 关注如何获得 外部回报
本土化和全球化的学习： 多元的学习资源 基于网络的学习 终身学习和随处学习 无限的学习机会 世界级别的学习 地方和国际眼界	局限于机构的学习： 基于教师的学习 独立学习 固定的时间阶段和县域教育机构内 有限的学习机会 “场所为限”的学习 主要基于学校的经验

在新的学习范式中，学生的学习不再局限于特定的场所，学习的特征是基于全球化、本土化、信息化的社会背景下的个性化学习，学习的目的是发展学生的批判性思维和创新能力，满足学生自我实现的需要，完善其个性，以发挥学生潜在的多方面的能力。学习的过程更多需要学习者的参与、探究和体验，学生可以进行个性化的学习活动。在信息化的社会，知识以令人难以置信的速度在不断更新，而学校教育不再是简单传授知识和传递信息那么简单，尤其在计算机不断普及的今天，学生更容易获得各种信息，教师的职责是帮助学生获取信息、分析信息，教师关注学生如何学习、如何独立地开展研究、如何进行批判性和创造性的思考，进而提高学生的创造力。学习的过程是学生为了实现自我价值而不断学习、反思的个人成长和发展的过程，学习成为一种需要。

在这样的时代背景下，教师除了帮助学生发展相关的知识和技能外，还要帮助学生掌握学习方法，发展自我学习的相关态度，如自我管理（self-management）、自我监察（self-monitoring）、自我评价（self-evaluation）和自我学习（self-learning）等。教师作为学生学习的引导者和帮助者，首先要给学生提供安全的、支持性的心理环境，帮助学生与以前的知识和经验建立起联系；其次，帮助他们分析学习任务的难度，把学习目标分解成易于理解和

① 郑燕祥. 教育效能转变：效能保证[M]. 上海：上海教育出版社，2006：33.

实现的目标，只有掌握了相应的学习方法，学生的学习效能才能得到提高。

随着时代的发展，终身学习的观念越来越得到广大教育工作者的认可。使学生学会学习是基础教育改革的目标和需要，也是进一步实施创新教育和素质教育的重要内容。学习者学习的环境、方式和学习组织的形式都发生了改变，过去学习者学的东西都是教师在学校里教的东西，现在已经逐渐演变为通过多种途径自我学习的活动。因此，学校要改变教对于学的控制支配性(学的被动依赖性)，强调学生学会学习，学会学习意味着要充分发挥学生学习的自主性、独立性，发挥学生的内在潜能，强调学生对学习的调节和控制。包括激发学生积极学习的动机，根据自己的需要制定合理的学习目标和发展目标，掌握科学的学习方式，在学习过程中锻炼自己的批判性思维和创新思维。

《教育规划纲要》明确指出，要以学生为主体，培养创新人才，要深化教学方式改革，教学方式直接影响着人才培养质量。深化教学方式改革，当前最主要的问题是重视学生的主体地位。

在传统的教学过程中，教师居于课堂教学的主体地位，教师围绕着教材对学生展开教学，教师的教学代替了学生的学习，学生成了复制知识的机器，而考试内容则是课本上需要学生记忆的知识。这样的教学导致学生失去了学习的自主权，学生独立探索能力、创新能力和实践能力被扼杀，学生的主体性得不到发挥，最终会导致不快乐和低效的课堂。我们为什么培养不出拔尖的人才？应该说这与我们长期以来形成的教育思想是分不开的，要改变这一现状，我们必须加快教育教学改革，尤其是要深入课堂教学进行一场实质性的改革。

我国自高考制度恢复以来，教育改革发展为国家和社会建设培养了许多有用之才。时至今日，中国正处于重大的历史转折期，虽然人们物质生活得到了改善，但激烈的社会竞争和生存压力也随之而来，而且对教育也开始重视起来。如何看待教育，实施适合学生发展的教育，培养创新性和实践性人才成为人们所关注的重要问题。教育是用来培养有思想和情感需要的千差万别的个体，教育的目的和最重要的功能就是让每一个学生拥有快乐、幸福的人生。学校教育不是选择接受教育的学生，而是适应有差异的学生。学生之间的这种差异其实是一种宝贵的教育资源，每个学生都有自己的智力优势，每个学生都可以发挥自己的潜能。教育就是要为每个学生提供适合其发展的教育，不仅教会学生知识和技能，更重要的是培养学生追求真理的勇气，让每一个学生都能得到其应有的发展。

长期以来，教育的社会功能掩盖了教育在促进学生个体发展方面的价值。在“效率优先”的导向下，学校培养的都是整齐划一的学生，他们是机械化的生产过程的产品，缺乏创造力。在特定的时期，教育为了满足社会经济发展的需要，以牺牲个人的发展目标、压抑个人的创造力为代价，满足了国家发展对人才数量的追求。学生在学校里被要求学会服从，学生作为单个个体的需要被忽视，在学校的学习更多的是将学生引向趋向“共性”的道路，学生个人发展的潜力被压抑。学生作为单个个体，他们的主体性、创造力、个体精神自由等方面的价值都无法实现，而通过服从、竞争等一系列的活动所获得的不是在社会上生存能力的提高，而是学生在学校里感受不到学习的乐趣和价值，每天面对的是写不完的作业，这种强迫性、排斥性的学习只能给学生带来烦恼和不快，而且严重时会造成学生厌恶学习、恐惧学习和逃避学习的现象。长期以来，学生被社会、学校、老师和家长教导要考个好的分数，将来才能找份好工作。“学习”是为“为分数而学”这些观念深深植入了儿童的世界。“学习”成为为了掌握知识和技能，考取好分数、为将来找份好工作而必须完成的强制性的任务，“学习”不再是帮助学生探索新知、认识世界、了解自我的快乐的成长过程。不难看出，广大中小学还存在严重的应试教育情况，这种应试教育体制严重地剥夺了学生的健康权和基本游戏的权利。

针对上述情况，国家推行了课程改革和素质教育，而此次课程改革的出发点和归宿就是“为了每位学生的发展”，了解学生的生存状态，让学生过上健康、快乐和有质量的学习生活。随着教学研究的不断深入，国家和学校都开始关注教育质量，即在素质教育的过程中发挥学生的最大潜能，使学生具备创新精神和实践能力，使学生具备未来竞争的能力。教学质量的提高不是以增加师生的劳动时间和强度为代价。真正高质量的教学包括学校管理制度的科学化、学习环境的优化和信息资源的有效利用等方面。

“减负”不是一句口号，也不是减轻学生的书包，减少学校考试的次数，更不是作业量的减少和在校时间的减少，“减负”是符合教育的目的和学生长远发展的需要，而且“减负”的目的更应该着眼于教学质量的提高。这对教师提出了更高的要求，要求教师在有限的时间内使学生获得更好的发展。即充分利用教学时间，使学生增加学习投入时间，在不增加学生负担的同时，使学生学会学习，掌握好学习方法，提高学习效能。

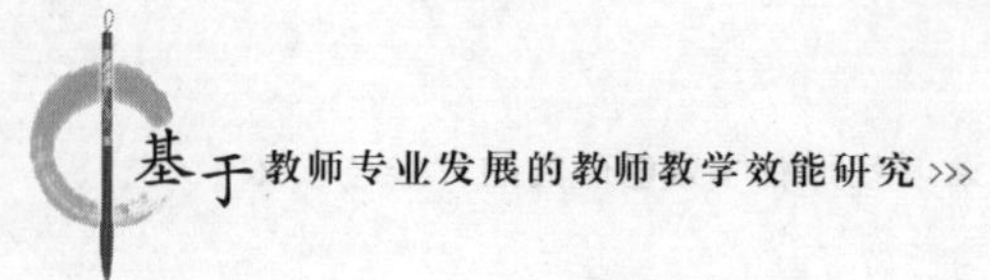

三、教师教学效能研究符合时代发展和教育改革的要求

科学技术的飞速发展和国家间的激烈竞争要求教育培养具有个性、创新精神和实践能力的人。现代教育要促进每一个人全面、和谐地发展。随着信息时代的到来,信息技术在教育教学中的应用引起了教学观念、教学过程、教学模式、教学方法、学习方法等方面的一系列变化,教学研究只有不断创新和变化,才能适应教学改革的要求。因此,教师效能研究应打破思维模式和研究方法,应以解决教学实际问题为重。近几年的教学效能研究,在把握理论分析的同时,开始关注课堂教学实践中的教师效能,研究内容主要涉及以下几个方面:新课程背景下如何转变教师的教学观念;对课堂教学中教学方式(如活动教学、体验教学、对话教学等)与学习方式(如自主学习、合作学习、探究学习等)的研究;对教学反思与师生互动进行探讨等。因此,教师效能研究符合时代发展和教育改革的需要。

第二节　教师教学效能研究的意义

学校效能是以教师效能为基础的,教师效能不仅关系到课堂教学效果和学生的学习效果,而且也关系到学校的发展。在社会公众以学生的成绩来评判学校的教学质量,判断教师的专业水准的情况下,教师的工作负担和学生的课业负担并没有减少,本研究就是要找出影响教师教学效能的外部和内部的因素,深入课堂教学实践,实证研究教师效能内容的构成要素,着重从课堂教学的层面分析构成教师效能内容的各方面和其对教学效果的影响,从而达到优化教学过程,提高教师课堂教学效果的目的。

一、有助于教师提高效能意识,提高教师的科研水平

教师效能是影响教师教学效果的重要方面。学校要为教师创造良好的外部条件,实施激励措施,鼓励教师积极主动地投入到工作中去,在教学实践中不断完善知识结构,从而提高教师教学水平。同时,学校在确立发展目标时要强化效能意识,创造有益于效能提升的宽松的自由环境,根据不同学科、不同教师个体的具体情况制定不同的效能标准。

教师效能研究的价值还在于通过教学研究，提高教师的主体意识，促使教师经常对自己的教学进行反思，从而提高教师的理论思维水平，并在已有认识的指导下，不断完善、更新和改造自己的教学。教师在进行教学的过程中总会遇到各种各样的问题，如：怎样改变过于注重知识传授的倾向，在使学生获得基础知识和技能的同时，培养学生形成正确的情感、态度和价值观，以及使学生在分析问题、解决问题的同时，提高创新意识和批判精神；如何使教学内容与学生的生活、经验、兴趣、需要，以及社会和科技发展相联系；如何注重学生的体验和感悟，培养学生的科学精神和人文素养，使学生的精神需求得到满足。对于这些问题，教师可以和教学研究者共同合作来解决，研究者提供理论指导，并根据研究的目的、任务、问题的性质提出某种假设，教师在教学实践中搜集资料并加以分析来验证假设，进而描述、解释问题产生的原因，通过深入剖析问题，提出解决问题的办法，从而达到理论指导教学的目的。教师要成为研究者，一是对教学进行研究，通过专业发展成为研究者；二是与专业的研究人员一起合作，提高自己的理论思维水平和研究能力。通过教学研究把先进的教学理念转化为教师的教学行为，进而提高教学质量，促进学生发展。教学研究是描述、解释、预见和改进教学，通过对教学的整体把握，帮助教师更好地认识教学活动的特点和规律，更好地实现教学目标。教师作为研究者要经常对自己的教学实践进行反思，从自己和他人的教育教学实践中汲取经验教训，通过学习教育理论知识，掌握科学研究方法，不断提高自己的理论思维水平，在教学研究的过程中促进专业发展。理论研究者需要深入教学实践，通过参与教学观察，设身处地地去体验和感悟，对教学活动进行整体把握，对教学活动的价值进行反思，这样获得的理论是对教学实践的理解和重构，而不是建立在假说演绎之上的说明或基于先验起点的逻辑推理。

二、有助于深化课堂教学改革，有利于树立新的教学质量观

从教育效能研究的历程来看，学生的学习成绩一直是评价学校、教师教学效能的依据，也是教师绩效评价的重要内容，在一些国家和地区，学生的学业成绩被看成是教师评优的主要依据。也有研究者通过课堂观察，把教师在课堂教学的表现和学生在课堂中的学习表现作为衡量教师效能的依据。从教育的长远发展来看，不能仅仅把学生成绩作为教学活动的唯一目的和判断教师效能的主要依据。教育部门更应该从长远的角度来看待学生

的发展。过去，教师的主要任务就是向学生传授知识，因此我们看一个学校的教学质量是看其升学率和分数。但是，分数并不代表学生的全部，学生的综合素质也不能仅仅用分数来考量，如果还用一个分数来衡量学生的发展，那么这种教育质量观已经不适合我们的学校教育的培养目标，也不适合培养创新性人才的需要了。

曾经有一段时间，为了提高学生的成绩，学校增加学生的课业负担，这种负担不仅仅是学业负担，还包括社会评价、家长期望和升学率等叠加在一起的心理负担。殊不知，学生在学校里学习的知识是为学生的发展和成长服务的，不能仅仅把学习知识当成教育的唯一目的，学生学习知识是提高能力的基础，单单靠增加作业量是不能培养出创新性人才的。尽管教育行政部门推出教育改革措施，但“减负”并没有得到真正落实。《教育规划纲要》，着重分析了减轻学生的课业负担的原因和解决途径，因此，推进课堂教学改革，提高教学质量必须要减轻学生的课业负担。

新的教育教学质量观应该着眼于学生的全面发展，以学生为本。真正的素质教育不应该以剥夺学生的健康为代价，也不能牺牲学生当下的快乐为了换取未来的一份好工作，而是要把促进学生的健康成长作为学校工作的出发点和落脚点，从改革教学方式和学生的学习方式入手，真正实现课堂教学的改革。本研究以课堂教学为切入口，通过实证调研来全面了解中学教师的教学效能。

三、为师资培训提供合理化建议

专家型、新手型教师效能及其各方面存在着显著差异，不但可以用来解释两种教师教学效果的不同，而且可以作为针对新手型教师向专家型教师转化所应采取的培养策略的根据之一，而两者在教学效能感、教学行为上的差别，说明影响教师能力知觉与信念的因素是多方面的。据此，对于师资培训工作，我们可以以教师效能为突破口，对教师进行全方位的培养、训练，帮助新手型教师尽快向专家型教师转化。

第二章　教师教学效能的历史发展与未来趋势

课程改革的主要阵地是课堂教学，教师是课堂改革的关键人物，教师的专业知识、能力、教学理念、对自己的教学能力的感知和判断以及参与课改的意愿都会影响到教师个人的教学效果，也决定了基础教育课程改革实施的质量。在课堂教学改革的过程中，教师如果不能增强自主专业发展的意识，课堂教学质量是不会提高的。就学校的教学质量而言，如果没有教师的专业化水平的提高，学校整体教学水平也难以上一个台阶。教师的职业态度、性格特征、专业水平等都关系到教师面对教学改革时是否愿意参与改革的意愿和采取积极的改革措施，进而影响到教学效果和学生的学习结果。当人们希望改进课堂教学效果时，就希望通过课堂有效的教学实践来提高学生学习的成绩。本研究的教师效能是提高课堂教学质量的关键所在，不仅要从广阔的视角来探讨影响教师效能和教学活动效果的多种因素，还要宏观的视角教师效能在推动学校变革和实现“有效教学”过程中作用。通过梳理教师教学效能的历史发展，我们能更清楚地了解教师教学效能对课堂教学的重要性。

第一节　教师教学效能的历史发展

一、国外教师效能研究

(一)教师特质研究

美国学者克雷茨(Kratz)从教师教学效能出发，探讨教师的人格特质与教学效果的关系，通过调查各类人员对优秀教师所具有的品质的意见，制定出有效教师(高效能教师)的特征量表，并以高效能教师所具有的特征作为评价其他教师教学效果的一个重要指标，同时作为教师培训的参考和优化教师教学行为的依据。这一时期的研究关注"优秀教师"或社会上所公认的"好教师"的标准,研究者假设教学质量取决于有效教师的人格特征或品质。研究方法包括以下两个方面:通过调查各类人员对"优秀教师"或"好教师"品质的意见和看法,认为"优秀教师"或"好教师"具备多种特征,包括教师的人格特征、教师的兴趣爱好、教学态度、教师的教学风格等;通过课堂观察比较产生良好教学效果的教师的特征或品质,进而区分出有效教师和无效、低效教师的差异。研究者认为,有效教师的特征品质是实现"有效教学"的关键。总体而言,社会人员对"优秀教师"或"好教师"的特征和品质的意见并不一致,因而有效教师特征研究的可靠性和适当性受到质疑。

美国的瑞恩斯(Ryans)以肯定和否定的两极相对的形式表述了教师的特征:热情与理解—冷漠与疏远;有组织性与条理性—无计划与草率的;有刺激性和想象力—枯燥的和常规的;自控能力高—自控能力低;勇于承认错误—隐瞒错误;对学生公正—对学生偏私;讲解清晰—讲解含糊;正面对待纪律—负面对待纪律等。教师的特点越是接近积极的一端,其教学就会越有效,教师的特点越是接近消极因素的一端,其教学的有效性就越难以保证。① 还有些研究者从学生角度探讨有效教师的特征,如良好的个人特征一般表现为:较高的期望值、幽默感、热情的、创造性的、人道的、较好解释复杂材料、灵活的教学风格、平易近人的、诚实的、生活乐观的。②

"有效教学"的表现形式是多种多样的,不同的有效教师所表现的个性特征是不一样的。如教师的教学风格带有明显的个性特征:有些老师思维严密,更注重学科的逻辑性;有些教师充满热情,富有感染力;有些教师认真负责,在教学中更重视学生的努力程度;有些教师多才多艺,教学生动、形象、具体。虽然"有效教学"具有一些共同的特征和表现形式,但研究表明,同是有效教师(高效能教师),在不同的教育情境下也会表现出个体差异。

在此阶段的研究中,我们通过探讨教师的特征或品质来了解有效教师的特质。但教学效果是教师、学生、课程、教学方式等多因素相互作用的结

---

① Perrott E. Effective Teaching: A Practical Guide to Improving Your Teaching[M]. London: Longman Publishing Group, 1986: 6-10.

② Malikow M. Effective Teacher Study[J]. National Forum of Teacher Education Journal, 2006(16): 1-9.

果，关于教师特征的研究并没有关注教师在课堂上的教学过程和学生在课堂上的学习过程，忽视了师生间的互动过程，对教师特征是如何影响教师的教学行为进而影响教学效果的并没有明确说明。教师特征量表的信度和效度一直受到质疑。

（二）教师行为研究

20 世纪 60 年代，研究者针对有效教师特征或品质研究的局限性，开始探索教师课堂教学行为与教学效果的关系，教师的课堂教学行为是引起、维持、促进学生学习的一切活动或表现。虽然，教学效果不能完全取决于教师的教，但教师的教学行为对学生的学习产生直接影响。教学是有目的、有计划的教学活动，教师在教学过程中，采用一定的教学策略引导学生达成预定的教学目标。因此，有效教师依赖于有效的教学行为。邓金（Dunkin）和比德尔（Biddle）的理论探讨和研究认为有四类变量影响教学有效性，它们是预定变量、环境变量、过程变量和结果变量。其中，过程变量包括教师的课堂教学行为和学生的课堂学习行为，过程变量是决定结果（教学效果）变量，进而反映教师教学有效性的重要变量，因为过程和结果在一般情况下总是对应的，由一定的过程可以推知一定的结果。因此，教师教学有效性研究要研究过程变量和结果变量的相关性及相关程度。① 此阶段的研究主要表现在以下两个方面：探讨教师课堂教学行为——了解教学行为与教学效果之间的关系；分析影响教师课堂教学行为的因素——为改进教师教学效能提供参考。

教学行为有效性研究的一个基本假设就是，教学是线性活动，过程（教学行为）直接影响结果（学生的学习效果）。研究者通过教师教学行为与学生学习效果的相关性研究，力图发现可以推广到所有教师、课堂和教学情境的“有效教学”行为。马歇尔（Marshall）将其特征描述为用行为主义者的透镜（behaviorist lens）观察教师在课堂上的教学行为，用多种观察工具和评定量表去客观记录教师的教学行为，通过教师教学行为出现的频率与学生成绩的相关而确定两者之间的关系，那些与学生优异成绩高度相关的教学行为被标定为教师的“有效教学”行为。② 关于教师教学行为的研究有三种研究模式。

① Mccaslin M，Good T L，Berliner，D，et al. Handbook of Educational Psychology[M]. New York：Simon&Schuster Macmillan，1996：63-65.

② 姚利民. 国外“有效教学”研究述评[J]. 外国中小学教育，2005(8)：23-27.

1."过程—结果"研究模式

研究假设为:教师行为对学生学习成绩的影响是单向的、直接的,教师的课堂教学行为是影响学生的学习成绩进而影响教学效果的重要因素。研究者用统计的方法分析教师在课堂上的教学行为,包括给学生的讲解、提问、评价、反馈等多种行为,研究过程将教师的教学行为与学生的学习行为加以量化,通过统计的方法记录教师行为发生的次数,并以此判断教师教学行为的有效性。研究结果表明:教学效果好的教师的教学行为,才能算是有效教师的"有效教学"行为。研究者认为,教师的教学行为发生的次数决定了教师的教学效能,这在研究内容与研究方法上都有了较大的进步,并为教师教学行为的改进提供了一定的参考。但此研究的不足在于过度强调教师的教学行为,而忽视了教学过程中的师生互动和学生的学习行为。有研究者通过研究发现,教师的教学行为的效能可能会因为教学目标的不同而有所改变。

2."过程—过程"研究模式

鉴于"过程—结果"研究模式的不足和教学理论的不断丰富,研究者对教学规律和本质有了更深刻的认识,20 世纪 70 年代后期出现了一种新的研究模式——"过程—过程"研究模式。此研究模式强调教学过程的师生之间的相互作用,重点分析教师教学行为对学生行为的影响,侧重于学生在课堂教学中的学习表现。此研究对教师教学效能的判断不再局限于教学结果,而更加关注教学行为是否能够提高学生在课堂教学中的表现。即教师的"有效教学"行为是否能够引起、维持、促进学生行为出现相应的变化的一系列活动。要成为一名有效教师,不仅要关注自身教学行为的有效性,而且要关注学生在课堂教学中的认知活动、学习的参与状况(对教师的提问是否积极思考、对教学内容是否感兴趣等)。这也是判断教师教学效能的依据。

3."过程—过程—结果"研究模式

随着认知科学的发展,研究者结合"过程—过程"研究模式与"过程—结果"研究模式的优势,提出了新的研究模式:"过程—过程—结果"研究模式,也称为"中介过程研究范式"(the mediating process paradigm)。研究者认为,教师的教学行为不能决定学生的学习结果,学生的学习结果受学生的认知、学习方法、学习态度等中介因素的影响。研究的重心从教师转向学生,学生在教学过程中,并不是被动地接受信息,而是基于自己的学习经验主动建构知识,一个有效教师必须考虑学生的学习动机、兴趣、参与状况等心理过程。“过程—过程—结果”研究模式从单纯考虑教师行为与学生学习结果之间的关系转变为综合分析教师行为、学生学习过程与学习效果之间的关系。

总体而言，这一时期的研究为人们提供了大量关于有效教师行为特征的信息，并形成不同的教师效能的评价工具。但是，正如迈德里所述，“此模式的不足之处主要在于：以教师行为作为决定教师效能的核心要素，忽略了教师的内在差异，如教师个人的认知能力等对其效能的影响……此外，通过对有效教师行为的研究建立起一套“有效教学”行为的标准也是没有意义的，教师的个体差异决定他们在不同情境中会有完全不同的行为表现。①

（三）教师效能的综合研究趋势

研究者从关注有效教师教学行为的有效性（可观察的）开始转向支配教师外在行为的教师的教学认知、教学风格、教学思维、教学心理活动等对教师效能的影响。如有研究者关注与教学过程相关的内在变量（教师的教学信念、教师的教学决策）对教学效果的影响。随着对教学本质认识的不断深入，教师作为教学专业人员的地位得到确认，教师的专业素养被认为是影响教学质量的决定因素，国外对教师效能的研究逐渐扩展到对教师的教学思维、教学监控能力、元认知能力、反思能力等方面的研究，重视教师的专业素养与教师效能的关系。有研究者认为教师不仅扮演着“传道、授业、解惑”的社会角色，而且作为发展中的个体，教师必须具备一定的专业素养才能实现“有效教学”。教师的教学理念、教学能力、教学效能感是提升教师教学行为有效性，影响教学效果的重要方面。

也有研究者认为，对教师效能开展专门系统的研究兴起于 20 世纪 60 年代。教师效能的研究经历了“预先条件—产出”研究模式、“过程—结果”研究模式和综合研究模式的三种研究范式：“预先条件—产出”研究模式强调教师的个性品质特征；“过程—结果”研究模式致力于揭示教学的背景变量（社会、学校、家庭）、先在变量（师生特征）和过程变量（教学行为）与学习结果之间的关系；综合研究模式则强调教师的知识、信念、自我效能感等因素。具体内容如表 2-1 所示。②

① Medley D M. Teacher Competence and Teacher Effectiveness: A Review of Process-product Research[J]. American Educational Research Association, 1997: 186-187.

② Campbell J, Kyriakides L, Muijs D, et al. Assessing Teacher Effectiveness: Developing a Differentiated Model[M]. New York: Routledge Falmer, 2004: 58.

表 2-1　教师效能研究的模式和内容

研究模式	研究内容
“预先条件—产出”研究模式	心理学特征 (a)教师的人格特征 (b)教师的态度 (c)教师的经验 (d)教师的能力倾向/成就
“过程—结果”研究模式	教师行为 (a)学术教学活动数量 ●教学速度和课程内容数量 ●课堂管理水平 ●课堂时间的运用 (b)教师组织课程内容的质量 ●提供的信息:呈现内容的结构化 ●提问的水平:包括问题的层次、类型、清晰度、候答时间 ●给予学生的反馈:提供个体化和指向性的相应反馈 ●练习和实践的机会 (c)课堂气氛:提供支持性的课堂环境
综合研究模式	(a)学科知识 (b)教学法知识 (c)教师信念 (d)教师自我效能感

二、国内教师效能研究

国内的研究主要借鉴西方教师效能研究的成果,从理论分析到实证研究两个方面来进行,具体表现在:教师效能的概念的分析、教师效能的结构及主体作用机制、教师效能的影响因素、教学效能感与工作满意度、教学动机、成就目标的相关性进行研究及教师效能感的实证研究等。

黄政杰指出,教师教学效能是指一位有效能的优良教师应用所学所知于教学实务中,更重要的是能够依照自己的教学情境,调整创新,进行行动研究,考验教学原理和教法的有效性,使自己成为教学知识的开发者。① 近几年,我国有一些学者从心理学的角度对教师的教学效能感进行了研究。洪秀敏和庞丽娟在《教师自我效能感:教师自主发展的重要内在动力机制》一文中结合国内外已有研究,对教师自我效能感的内涵和结构进行了探讨,得出教师自我效能感具有主

① 黄政杰.教育改革的理念与实践[M].台北:台湾师大书院有限公司,1996:18-20.

观特征、内隐特征、情境性和非一致性等特征的结论。

关于教师效能研究的博士论文有姜月飞的《学校变革中的教师效能——基于小学的研究》。他着重论述了学习型组织理论、变革型领导理论、学校效能理论和新型学校组织文化的有关内容，分别论述了它们与教师效能之间的关系，并进行了以小学教师为研究对象的实证研究。贺菲的博士论文《教学效能及其相关因素研究》、刘光余的博士论文《教师教学效能的生成机制研究——县中的另一种模式引发的思考》从不同的视角得出了有关教师教学效能的结论。而硕士论文更多是从教学效能感与工作满意度、教学动机、成就目标的相关性进行研究，如刘茂艳的《中小学教学效能感及其影响因素的调查研究》、王芳的《中学教师教学效能感与成就目标的研究》、吴国来的《中学教师教学效能感影响因素的研究》、官火良的《河南省高中教师工作满意度现状的研究》、倪海的《中小学教师应激及其与工作满意感的关系研究》、罗晓路的《专家——新手型教师：教学效能感及其相关因素的研究》、赵福菓的《中学教师教学效能感与若干因素的相关研究》、王梅的《新课程改革对教师教学效能感、教学动机和职业紧张应对的影响研究》等。

在实证研究方面，我国学者俞国良、辛涛、申继亮(1995)，李晔、刘华山(2000)对教学效能感的结构进行了研究。在教学效能感的影响因素上，俞国良等(1995)研究发现：随着教龄的增加，教师的一般教学效能感呈下降趋势，而个人教学效能感表现出上升的倾向；大学教师和中学教师在教学效能感的两个维度上存在显著差异；性别和学历因素对教学效能感不存在显著影响；学校制度的完整性、工作提供的发展条件、学校的支持系统、校风、教师关系、师生关系等六类因素与教师的个人教学效能感之间存在显著正相关；工作提供的发展条件、学校的支持系统和制度的完整性等三类学校因素与教师的一般教学效能感之间存在着显著正相关。吴国来等(2003)研究发现，性别、教龄、职称和学历以及城乡地区等因素对中学教师教学效能感都有显著的影响。俞国良、罗晓路等(2000)认为，教学效能感与教学监控能力、教学策略和教学行为等因素相关。对于教学效能感的评估，俞国良等(1995)根据 Gibson 的教师教学效能感量表和 Ashton 的个人教学效能感量表编制了我国的教师教学效能感量表。辛涛等(1995)以中学语文教师为被试对 Ashton 的个人教学效能感量表试用常模进行了修订。

也有学者把研究放在教学效能感的研究上，且并没有区别教师效能与教学效能感，具体表现在以下几个方面：首先，看教学效能感对教学效果的影响。研究者很早就发现，自我效能感是预测行为者绩效的良好指标。我国学者辛涛(1996)经过一系列深入研究，提出了教学效能感对教学行为作用的模式；其次，看教学效能感的构成对教学效果的影响。研究者将教学效能感分为一般教学效能感和个人教学效能感，一般教学效能感对提高教师教学行为的作用甚微，而个人教学效能感的高低对教师教学行为具有直接的决定作用；最后，研究者还分析了教学效能感发挥作用的方式，发现教师的教学效能感会影响教师的课堂管理策略。

第二节 教师教学效能的未来趋势

长期以来我国教学研究追求抽象的逻辑思辨和纯粹理论的建构，这种研究方式也是造成教学理论与教学实践相矛盾的重要原因之一。近十年来，教学研究方式发生了改变，从理论研究走向实证研究，即从重视理论体系建构的研究到重视教学实践问题的解决，改变了长期以来教学研究重视理性思维和哲学思辨的研究方式，着眼于课堂教学实践，构建出符合实践需要的教学原则、方法、模式等一套相应的教学论体系。教师教学效能研究将重点放在揭示教学的应然状态上，引领教学实践的走向。

一、教师教学效能研究的局限

教学是一个持续发展的过程，我们不能根据一次教学成功或失败来判定教师教学效能的高低。教学效能虽然可以作为一种稳定的性格特征，但教学具有复杂性、情景性，根据不同的教学任务，教师的教学效能会有所不同。教学效能可以看作是对各种效能信息加工的认知过程，但它会随着教师对教学任务和情境的分析以及对个人能力评估的变化而有所不同。教师效能作为一种内在的能力会与其他概念产生混淆，有些研究则不加区分，模糊两者之间的定义。教学效能的测量更多的是测量教师效能的一般性。研究者认为，效能信念是具体的和情境性的，一般性的测量提供了教学效能感的一个整体分数，但脱离了与效能感行为联系的教学情境。

国内外教师效能研究在理论研究和研究方法上取得了一定的研究成果，但也存在一些局限。例如，教师效能的内涵与特性、教师效能测量的科学性和准确性等都是值得探讨的问题。

(一)核心概念界定模糊,应用泛化

在班杜拉的著作里,自我效能(self-efficacy)和自我效能感(sense of self-efficacy)、自我效能信念(self-efficacy beliefs)、自我效能知觉(perceived self-efficacy)和效能信念(efficacy beliefs)等术语交替使用,而且这些概念并没有区分得很清楚。自从班杜拉的自我效能理论被引入教育理论,人们对教师效能的研究越来越多,但对其概念却没有统一的定论,有些学者把教师效能等同于教学质量,主要以学生的成绩来衡量教师效能,也有学者把教学效能看成是信念系统的一部分,但大多数教师效能与教学效能感是交替使用的。本研究认为教师效能是教师具有组织和实施教学达成特定教学成就的能力。

(二)研究内容简单化与趋同化

教学过程是复杂多变和具有情境性的,研究者长期致力于分析与教师效能相关的多种因素。从早期的教师特征研究,到后面的教师外显的教师行为以及教师内在的思维、信念等内容,这些研究内容与"有效教学"研究的内容有重叠的部分,研究内容趋同和泛化,而对具体的教学情境的教师效能的研究却很少。有些教学情境则因需要考虑的因素太多,而导致所得出的研究结果与改进教学效果不佳,引起了人们对教师效能研究的质疑和批判。

(三)理论研究和实践探索脱节

虽然关于教师效能的研究日益增多,但在理论方面,泛泛而谈的居多,深入研究的少;研究结果相似的多,提出创新和新颖观点的少。在实践探索方面,提出以教师效能为载体来促进课堂"有效教学"的研究比较少,其原因在于相关理论研究和实践探索只是将教师效能简单用于课堂教学研究中,对于改进教学实践效果不大。若教师效能的研究能够得到教学实践者的认可,它就必然能够有效指导课堂实践。但是,当前的教学效能研究滞后于实践探索。

二、教学效能研究的未来趋势

从教学效能感研究的历程中我们可以看出,教学效能感的研究特点如下:重视教师的认知过程,对教学任务、情境的分析过程,对自身能力的评估过程;重视研究教师效能感信息的来源分析;重视教学效能感对教师教学行为和教学效果的影响分析。①

① 龙君伟.国外教师效能感研究30年:回顾和展望[J].比较教育研究,2004(10):6-10.

教学效能未来的研究具体体现在以下几个方面：对教师效能的研究更多集中在教师个人效能信念的形成，对于教师集体效能的形成及对教学效果的影响探讨的则不多，未来的研究可以探讨教师集体教学效能；教师效能在面对不同的教学任务、不同的教学情境时是如何迁移的也是未来研究的一个重要方面；不同专业发展阶段，影响教师教学效能的因素有哪些，这也是未来需要研究的方面。

那么，本研究能够为改进教师教学行为和提高教学质量做哪些贡献？本研究深入课堂教学实践，通过课堂观察了解教师效能结构的构成要素，获得对教学过程的全面认识，并且通过访谈来了解教师对课堂教学的认知，最终在实证研究的基础上提出教师效能的策略，促进学生的有效学习和全面发展。

第三章　教师教学效能的理论基础

第一节　教师教学效能与课堂“有效教学”的概念阐释

一、课堂“有效教学”

“有效教学”问题在我国中小学课堂教学改革中的提出以及在教学研究视域作为研究主题的确定，是第八次基础教育课程改革目标的达成和课堂教学效率诉求的逻辑必然。这一研究领域从引入、提出伊始，就引起了教学研究者和实践者的广泛关注，并在教学有效性的概念及特征、国外教学有效性的研究进展及成果介绍、我国中小学有效性教学的要求、教学过程及方法等方面展开译介性研究，取得了问题领域研究的起步性、条件性研究成果。总结、反思这一问题领域的研究现状和进展可以发现，“教学有效性”问题的研究存在核心概念表述模糊、概念内涵和外延未给予明确界定，研究范围和方向不明确而导致的问题研究泛化和研究成果的重复，研究理论基础的缺失和研究方法论缺位导致的问题研究表面化等问题，这些都已严重制约这一问题的拓展研究和中小学课堂教学改革的深化。

(一)“有效教学”(effective teaching)与“有效性教学”(teaching effectiveness)

一方面，二者词性不同。“有效”指的是效率、效益、效果；而“有效性”指的是教学目标的达成度。另一方面，二者的教学实践诉求不同。虽然人们把优秀的教学与学生的成绩等同起来，但是学生成绩并非是衡量“有效教学”的唯一尺度。素质、态度与价值观，在“有效教学”中应该起着重要的作用。①

---

① 威伦，哈奇森，博斯. 有效教学决策[M]. 第 6 版. 李森，王伟虹，译. 北京：教育科学出版社，2008：42.

"有效教学"包括了教的有效(有效教师)和学的有效(有效学习),研究"有效教学"必须了解与"有效教学"相关的教师的教学行为、教师的个性特征、专业能力和技巧,以及了解学生学习状态、学习方法和学习效果。

(二)"有效教学"的教学论意蕴

1."有效教学"是成功的教学

成功的教学,是教师所知道的学科知识与知晓学生的需要、兴趣、社会实践紧密联系在一起,教师的教学内容能够以学生感到有意义的方式呈现,安排的教学活动能够调动学生的积极性,为学生创造一个师生之间相互理解、相互信任,自在表达观点和情感的场所。①

成功的教学包括课堂管理水平、课堂时间的运用、教师组织课程内容的质量、提供个体化和指向性的相应反馈、提供支持性的课堂环境、提问的水平包括问题的层次、类型、清晰度、候答时间等。

2.教学以"有效"为目标

"有效教学"的一个重要方面是以学生的有效学习为前提。研究表明,大多数课堂的教学效果都停留在认知的较低层次:识记、理解和应用,这导致的结果是许多学生无法脱离教师进行独立思考,教师并没有教会学生通过对问题的分析、综合、评价养成高层次的批判思维习惯。重复练习和题海战术不仅加重了学生的课业负担,而且也不利于培养创新人才。有效教师注重对学生学习方法的引导,如自主学习,旨在帮助学生形成自己的理解,帮助学生分析问题,推理以及进行批判性的思考。

(三)"有效教学"内涵的演进与诠释

1."有效教学"的内涵演进

第一,"有效教学"的源起。

我国古代教学思想体现了"有效教学"的理念,如孔子提出的因材施教、启发式教学、举一反三、闻一知十都关注了教学效益。捷克教育家夸美纽斯针对个别教育效率低下的弊端提出了班级授课制,"主要目的在于:寻求并找出一种教学的方法,使教员因此可以少教,但是学生可以多学。"②巴班斯基的教学优化理论强调效率标准,即"在完成学生的教养、教育和发展任务

---

① Campbell J, Kyriakides L, Murjs D, et al. Assessing Teacher Effectiveness: Developing a Differentiated Model[M]. New York: Routledge Falmer, 2004:58.

② 夸美纽斯.大教学论[M].傅任敢,译.北京:人民教育出版社,1984.

方面,可能取得最高效率,而且使教师和学生付出的实践和精力均为合理”。

第二,“有效教学”的前提:对教学本质的认识。

有效对于教学而言是教学活动的有效,反映的是教学目标的达成度和预期结果的实现程度。教学意味着“激励、操纵、形成学生的学习活动,以求得个人的心理内容、心理过程、心理状态、心理现象中的‘客体化的人类本质能力’的再生与变革”。① 关于教学的本质,不同的学者从不同的角度进行了界定,具有代表性的几种学说有:特殊认识活动说。教学活动的过程是学生认知的过程。“认识—发展”说。教学活动的过程是学生掌握知识,形成技能和发展能力的过程。“认识—实践”说。对人类已有知识经验的认识活动和改造主观世界、形成和谐发展个性的实践活动的统一过程。②随着认知的不断发展,也有学者从系统论、信息论的角度对教学过程的各个因素进行系统的、全面的分析,认为教学本身是一个多方面、多形式的过程,教学过程是教与学双方互动的过程,是以信息传递的方式来培养学生的能力、塑造学生的个性,促进学生个体社会化的过程。还有学者从社会学、心理学的角度来认识教学。不管从哪个角度都拓宽了我们对教学的认识。

关于“有效教学”,不同的学者从不同的理论角度进行了探讨,具有代表性的几种定义有:

从教育经济学的角度,联系教学投入和教学产出对“有效教学”进行界定。认为教学有效性这一概念包括有效果、有效率、有效益三重意蕴。有效的教学活动是指教师遵循教学活动的客观规律,以尽可能少的时间、精力和物力投入,取得尽可能好的教学效果,从而实现特定的教学目标,满足社会和个人的教育价值需求而组织实施的活动。③

有学者以学生的进步和发展作为出发点,指出“有效教学”主要是指通过教师在一定的时间教学之后,学生所获得的具体进步和发展。促进学生的发展是指学生在知识与技能、过程与方法、情感态度与价值观三维目标上获得协调性的、整合性的发展。④

有学者从“有效教学”的内部结构入手,进行结构分析,从表层、中层和深层三个层面上,指出“有效教学”在表层上是一种教学形态,在中层上是一

① 钟启泉.学科教学论基础[M].上海:华东师范大学出版社,2001:216.

② 李秉德.教学论[M].北京:人民教育出版社,1991:24.

③ 程红,张天宝.论教学的有效性及其提高策略[J].中国教育学刊,1998(5):37-40.

④ 宋秋前.有效教学的涵义和特征[J].教育发展研究,2007(1):39-42.

种教学思维,在深层上是一种教学理想、境界。“有效教学”即是一个从理想到思维,再从思维到形态的动态转化过程。①

一位一线教师认为,“高效的课堂应该是多彩的、灵动的,它应有对‘精彩’的讲的赞许,更有对‘犹豫’的问的鼓励;有对‘争执’的宽容与放任,更有对‘静思’的保护与引导;有对‘疑难’的不闻不问,更有对‘症结’的精彩细评……唯有如此,课堂方显神奇——快乐而高效”。

2.“有效教学”的时代诠释

古德,布罗菲提出了“有效教学”的一些原则,如表 3-1 所示②:

表 3-1 “有效教学”原则

1. 支持性的课堂氛围。学生在合作、互助、充满关怀的学习集体中学得最好。
2. 学习机会。当大部分可用时间都是分配给课程相关的活动时,而且当课程管理制度强调维持学生对这些活动的参与时,学生学得最多。
3. 课程安排。课程的所有组成部分,都会用来创设实现教学目的和目标的综合计划。
4. 建立学习方向感。教师让学生做好充分准备,给学生提供简要结构来说明想要达到的效果,并提供令人愉快的学习策略。
5. 连贯的内容。促进意义学习并保持下去,内容的解释清楚,强调结构的关联性。
6. 深思熟虑的对话。设计的问题要让学生的对话始终围绕中心思想展开。
7. 实践运用活动。学生需要足够的机会来实践和运用他们正在学习的东西,接受有助于自我改进的反馈意见。
8. 支持学生完成任务。教师给学生提供其他需要有效参与学习活动的帮助。
9. 策略学习。教师教给学生学习和自我调节策略,并进行示范。
10. 合作学习。学生通常从两人结对或小组学习中获益匪浅,建构理解或通过帮助来掌握技能。
11. 目标导向评价。教师运用各种各样的正式和非正式评价方法来掌握学习目标的进展情况。
12. 成就期望。教师希望学生取得好成绩。

有效的教学是指在一段学习期间之内,学生在多重选择的成就测验之中,正确回答的题数比预期的还要多,学生学习的成果比预期的要好。“有效教学”是指成功实现了明确目的——学生愿意学习和在教学后能够从事教学前所不能从事的学习的教学;“有效教学”被界定为促进学生有效学习,教学的目标就是使学生学好。从“有效教学”的指标角度界定,“有效教学”必须符合下列五项重要指标:“有效教学”必须有明确性;“有效教学”必须是

① 龙宝新,陈宝端.有效教学的概念重构和理论思考[J].湖南师范大学教育科学学报,2005(7):39-43.

② 古德,布罗菲.透视课堂[M].陶志琼,译.北京:中国轻工业出版,2009:264.

多样性的;“有效教学”必须有任务取向;“有效教学”必须是全心投入的;“有效教学”必须提高学习者学习成功的比例。教师有效的教学是教师了解教学内容的结构与实质,了解学生的特性,熟悉学习原则的运用,“有效教学”通过策略的应用使教学活动的进行更顺利。

从以上定义我们可以看出关于“有效教学”的含义比较一致的看法是:“有效教学”是符合教学规律的,是“有效果”“有效率”“有效益”的教学,“有效教学”关注教学目标的达成度,即学生在知识与技能、过程与方法、情感态度与价值观的和谐发展。“有效教学”是通过教师良好的教学特征和品质、教师专业知识、教学“有效教学”行为来实现的。“有效教学”的评价标准不仅看重教师教的行为,更看重学生的成长与进步。教学的有效性对教师的专业素养提出了更高的要求,教师要关注学生的内在需要和发展,转变学生的学习方法和策略,提高学生的学习效能,促进学生积极的情感体验,协调好社会对人才培养的需要与学生个性发展的需要。通过课堂的“有效教学”更好地促进学生全面协调的发展。

(四)“课堂有效教学”概念的界定

1.“课堂有效教学”的二级核心变量构成

根据行为的课堂观察角度划分:言语行为、动作行为、沉默;根据行为的教学目标指向划分:目标行为、无目标行为、中间行为;根据教与学的行为关系划分为:讲授行为、讨论行为、问答行为、呈示行为、对话行为、指导行为、组织行为、管理行为(见表3-2)。

表3-2　“课堂有效教学”的二级核心变量构成

根据行为的课堂观察角度划分	根据行为的教学目标指向划分	根据教与学的行为关系划分为
言语行为	目标行为	讲授行为
动作行为	无目标行为	讨论行为
沉默	中间行为	问答行为
		呈示行为
		对话行为
		指导行为
		组织行为
		管理行为

2."课堂有效教学"概念的界定

课堂"有效教学"指为实现规定的教学目标,在特定的课堂环境和教学时间范围内,教师选择"有效教学"方法和教学策略,通过有效行为引导学生高质量完成学习任务的活动过程。实现课堂"有效教学"的前提是教的有效(有效教师),而追求的目标是学的有效(有效学习)。因此,教的效率和学的效果是"有效教学"最关键的要素。

与课堂"有效教学"相关的概念有优化教学、高效教学和魅力教学等,这些概念与课堂"有效教学"有相似之处,但也有区别,如王本陆教授认为优化教学可以有两种理解:一是把优化教学视为一种活动、一个过程,即对教学进行优化,使教学变得完美;二是把优化教学视为教学的一种状态、一种境界,即优良的教学、成功的教学。把这两方面结合起来,我们能更全面地把握优化教学的含义:通过改革创新而达到的最佳教学状态。优化教学的过程,就是在一定的条件下,寻求合理的教学结构,争取最好的教学效果的过程。对教学进行优化是原因、形式和途径,教学的完美状态是结果、方向和归宿。

优化教学必然是优质高效的教学,这是教学改革中逐步达成的共识;同时,优化教学必须体现真善美的统一,保证手段和方法的科学性、纯洁性和艺术性,这是教学优质高效的内在保障条件,也是教学活动完美无瑕的标志。因此,在课程与教学改革中,必须同时坚持个人全面发展的质量标准、多快好省的效率标准和真善美的过程标准,从而整体推进教学活动的优化。① 也有些学者划分了教学的四种境界:②

第一,适应教学:新手教师的教学大多属于这种水平。适应性教学的主要特征是教学过程整体完整流畅,不致中断,符合一定的教学原则,各个教学要素之间有大致的逻辑关系。

第二,有效教学:"有效教学"是相对于未完成任务的教学或负效教学而言的,它的判断标准就是教学的预期目标。

第三,高效教学:包括两层含义,其一,指在单位时间内达到尽可能多的教学目标;其二,在达到预期教学目标时,让学生获得更多的预期之外的发展,这种发展没有止境。

第四,魅力教学:这是教学的最高境界,对于教师而言,课堂教学是其职

---

① 王本陆.优化教学:概念、标准、策略[J].课程·教材·教法,2004(1):30-37.

② 王卫华.教学四境界:递进脉络与实现策略[J].中国教育学刊,2011(5):50-53.

业生活的最基本构成部分，它的质量直接影响到教师对职业的感受、态度和专业水平的发展、生命价值的体现。总之，课堂教学对于参与者具有个体生命价值。四种教学境界构成了渐次递进的关系层次，如表3-3所示。

表3-3 四种教学境界的主要价值取向和教学效果

教学境界	价值取向	教学效果
适应教学	教学技能	教学顺利进行，完成教学流程
有效教学	教学目标	实现预期的教学目标
高效教学	教学效率	在教学目标之上，学生获得更快的发展
魅力教学	教学生活	教师和学生均获得充分的发展

二、教师教学效能概念

(一)教师教学效能概念与相关概念的区别

有研究者认为“教学效能”“教师教学效能”“教师效能”虽然用词不一样，但所研究的内容类似，之所以会出现这种情况是因为教师效能(teacher effectiveness)起源于西方国家的研究，“teacher effectiveness”和“teacher efficacy”都可以被译为“教师效能”，但两个词的内涵还是有所区别的。为了避免歧义，本书采用教师效能 teacher effectiveness，而教师效能研究主要研究教师的教学效能，即教师在一节课中的教学效能，而教学效能感则采用 the sense of teaching efficacy。

1. 从不同的角度界定教师效能

已有的研究从多个角度界定了教师效能，这为全面理解教师效能的内涵奠定了基础。具体而言，主要包括如下几类：以教师必备的条件来描述教学效能；从教师的行为表现来探讨教学效能；从教师专业性来分析教学效能；从学生学习成绩或教学目标的实现程度来解释教学效能；从评价标准来说明教学效能。有些学者将“效能”解释为目标的达成效果和主体能力的综合表现。

从以上观点可以看出，对教师效能的界定存在很大的争议，在表述上也有所不同，具体而言包括强调教师特征、教学过程和教学效果。本书则从教师视角上探索“教学效能”，把它看成是影响教师教学活动结果、学生学习成绩和学习进步的重要因素。从这个视角看，不论是教师的个人特征、行为特征还是专业化特征都是影响教师对自己教学能力和对教学任务分析的重要方面。

2.与教师效能相关的概念

与教师效能相关的概念有:教育效能、学校效能、学生效能,这三种效能关注的内容如下:

教育效能。有学者把教育效能等同于教育质量,就二者的关系来看,两者本身具有同质性。教育质量意味着所有学生能够掌握和运用作为升学或就业基础的基本科学文化知识和技能。有学者提出"教学质量是指学校教学是否达到一定的质量要求,即学校在一定条件下,满足学生身心发展、满足当前和未来社会发展需要的教学活动过程及结果的特征总和,在一定时间内和一定条件下,学生的发展变化达到某一标准的程度以及不同的公众对这种发展变化的满意程度"。而"教育效能"简单而言就是教育目标实现程度的综合体现。

学校效能。科尔曼的报告指出,学校对学生的学业成就几乎没有贡献,这种观点被称为"学校无用论",引发了世界范围的讨论,从而使学校效能研究在争论中发展起来。学校效能研究着眼于探索什么样的学校是有效能的(效能指标和效能结构),即什么是"有效学校";如何科学地、公平地判断一所学校是否有效能(效能测量方法);如何帮助学校提高效能,即学校改进。目前形成了三大研究派别:有效学校研究(effective schools research)聚焦于成功的学校教育过程;学校改进研究(school improvement research)关注学校在改变的过程中涉及了哪些方面和过程;学校工作效果研究(school effects research)探讨学校对学生的学习结果(通常是学业成就)的影响能力。

从早期的"输入—输出"研究发展到现在使用多水平模型进行研究,每一种研究都具有广泛的实践基础和影响。有效学校研究通过对正负极端组和普通学校之间的对比研究,以学生学业成就为指标,以学生学业起始成绩、家庭社会经济背景、学校师资和投入以及生源社会构成为输入指标,以学校增值为核心指标测量学校的效能大小,查找真正影响学校效能的因素。然后,将这些因素作为常模指标去评价学校在这些方面的表现如何,以此推断学校是否有效能。①

学生效能。学生效能的研究包括了对学业自我效能、认知自我效能、自我调节效能三个方面:学业自我效能是指学生在学习活动中对自己的学习和作业能力的主观评价。认知自我效能是指受效能信念控制的各种心理社

① 任春荣.教育公平视角下的学校效能评价[J].教育导刊,2007(9):53-55.

会过程与认知能力。研究表明,高认知效能感的个体在寻求问题解决中,比有着相同的认知能力又认为自己缺乏这些能力的学生表现出更灵活的策略运用,获得更高的智能绩效。自我调节技能是指在个体学习中,除了认知方面外,还必须发展调节动机、情感和智力活动等因素的技能。研究者主要研究学生效能怎样影响学生学习行为、动机和成就,怎样在学生的学习中发挥自我调节、自我控制的作用。

(二)本研究对教师效能概念的定义

1.自我效能(self-efficacy)的概念与构成

20 世纪 70 年代,美国著名的心理学家班杜拉(A. Bandura)提出了自我效能(self-efficacy)理论。他将自我效能界定为个人对自己在特定的情境中是否有能力去完成某个行为的期望或完成某种结果所需行为的能力信念。① 这种期望和信念是个人对完成某项任务的一种认知、判断或对自己表现某种行为所具备的能力的一种主观评价。影响着个人对具体任务目标的感知和选择以及个人的努力程度,它在自我的调节系统中起主要作用,虽然不同任务的具体情境不一样,但自我效能一旦形成便成为个体的一种内在的自我信念。自我效能感是指人们对自己实现特定领域行为目标所需能力的信念。自我效能感深化到价值系统就成为自我信念。自我效能信念是人类行为操作中效能的一种强大力量,它在控制与调节行为方面有着不可估量的价值。② 班杜拉在此后的研究中又进一步丰富了这一概念和理论。自我效能由结果预期(outcome expectations)和效能预期(efficacy expectations)两部分组成。结果预期是指个体对自己某种行为所导致结果的推测,而效能预期是指个体对自己实施某行为能力的判断。③

2.教师教学效能的内涵

有研究者认为,教师教学效能指的是教师对自己有能力影响学生成绩的自信程度(McLaughlim & Marsh,1978)。具体来说,它指的是教师判断自己的能力,即使是面对学习困难的学生或学习动机不足的学生,也让预定的学习目标实现的能力(Tschannen-Moran & Woolfolk Hoy,2001)。相关

① Bandura A. Self-efficacy: toward a unifying theory of behavioral change[J]. Psychological Review, 1997(84):191-215.

② 李红,郝春东,张旭.教师教学效能感与学生自我效能感研究[J].高等师范教育研究,2000(3):44-48.

③ Bandura A. Self-efficacy: toward a unifying theory of behavioral change[J]. Psychological Review, 1997(84):191-215.

的研究表明,教师的效能与学生知识的获得密切相关。一般而言,在高效率的学校,教师具有较强的效能感。

教师效能是教师心理素质的重要方面,影响教师的思维品质、情感调动、努力程度和行为策略,从而影响学生的学习成效。政府应重视建立旨在不断提高教师效能的职前教育和继续教育一体化的教师教育工作体系,改进课程与教学,从而全面提高教师素质,推进科教兴国战略的实施。① 调查结果显示,教师教学效能感水平总体较高,但分布不均衡,教师一般教育效能感水平不高。我国中小学教师对自己的课堂教学技能比较自信,这从侧面反映出我国教师的教学效能感水平总体较高。而在对学生和学校影响伦理的自我评价上,很少有教师认为自己比较有影响力和很有影响力,这在一定程度上反映了教师的一般教育效能感水平不高。另外,不同类型教师的教学效能感也呈现分布不均衡的特点。其中,女性教师对自己的教学技能评价以及对于影响学生和学校的能力的评价,都显著高于男性教师。

有些研究者往往把教师效能与教师教学效能感(the sense of teaching efficacy)的概念相混淆。教师教学效能感概念的产生是班杜拉的自我效能感理论在教学中的应用,教师的教学效能感是指教师对自己影响学生学习行为和学习成绩的能力的主观判断。②

研究者从不同的角度和侧重点对教师效能 (teacher effectiveness)进行了界定和理解。本研究认为,教师效能指的是教师教学效能,是教师在特定的课堂教学情境中,以学生作为教学活动的中心,通过营造民主和谐的课堂气氛以及积极的师生互动过程激发学生的学习兴趣和学习动机,以达成或超出预期教学目标的能力。

第二节　教师教学效能的理论基础

一、"有效教学"和优质教学的理论

"有效教学"的研究起源于 20 世纪 60 年代西方学界和实践界热点的理

---

① "全国中小学教师专业发展状况调查"项目组.中国中小学教师专业发展状况调查与政策分析报告[J].教育研究,2011(3):3-12.

② 李荟,李茵,申继亮.小学教师教学效能感特点研究[J].心理发展与教育,1998(1):33-37.

念与行动，西方“有效教学”研究主要以心理学为基础。它是基于教学质量低，学生厌学的现状而出现的。重点探讨教师如何选择、形成和运用教学策略，使学生的学习达到预期的最佳效果。“有效教学”是近年来国外学界的最新理论成果，已经或正在引起国内外理论和实践界的广泛关注。它基于现代学校的使命，基于对学校教学背离社会生活与师生经验的反思。“优质教学”研究的是如何构建有助于学生获得持续有效的认知、情感、社会价值等学习成就的教学活动。“有效教学”和“优质教学”的研究改变了传统的教学模式，使人们重新认识了课堂教学的价值。

二、班杜拉自我效能(Self-efficacy)理论

班杜拉(1977,1986,1997)将个体知觉的自我效能界定为个人对于自己能够组织并执行一连串行动以产生某种成果的信念，此种信念乃是个人对于自己从事某项任务或表现某种行为所具备的能力，以及对于工作或行为达到何种程度的一种主观评价。班杜拉自我效能包括效能预期(efficacy expectations)和结果预期(outcome expectations)两部分。根据班杜拉的自我效能理论，教师效能感被认为由两个独立的维度所组成，即一般教学效能感(general teaching efficacy)和个人教学效能感(personal teaching efficacy)。所谓一般教学效能感是指教师对教与学的关系、对教学在学生发展中的作用等问题的一般看法与判断。个人教学效能感是指教师对自己教学效果的认识和评价，[①]即教师对自己能否影响学生学习成绩的一种认知判断和能力信念。

教学效能感系指教师对于教学能够影响学生学习的预期(Ashton & Webb,1986)，或教师对于外在因素如家庭环境、家庭背景或家长影响力的限制下，能够发挥其影响力的信念；而个人效能感指个人对于本身教学能力的评估或教师对本身具有影响学生学习之技巧与能力的信念。自我效能感是个体在某种特定情境中对自己能力水平的信念，是将来定向的、情景性的。自我效能感赖以产生和发展的四个信息来源是：个体来自实践的掌握经验、替代性经验、言语说服、生理状态和情绪唤起，个体以此对自己的能力、力量的强度和压力的承受程度进行判断。这些信息不是连贯一致的，需要个体的自我反应能力进行认知加工，进行权衡和综合。

---

① Woolfolk A E, Rosff B, Hoy W K. Teachers' Sense of Efficacy and Their Beliefs about Managing Students[J]. Teaching and Teacher Education,1990(6):137-148.

三、社会互动理论

社会互动理论认为，个体之间的互动是其生存发展的必要条件，是其参与社会生活的基础。在人与人的合作与交往中，人既是行动者，又是反应者，且行动和反应是借助语言、手势、表情等象征性符号来进行的，通过这种以符号为中介的行动与反应，人与人联系起来，组成求得自然生存和发展的群体力量。换言之，正是人与人之间的借助于符号的行动和情感的交互作用，实现了个体与人类的生存与发展。同时，人的行动又是有目的的，且是对他人的回应，从而使人与人、人与物之间的对话与互动不断产生。而且人在与世界的互动中建构意义和获得自我、促进社会的发展。课堂教学中师生间、生生间的互动既是师生个体生存发展的必要条件，又是师生参与课堂教学生活的基础。通过互动，师生间才能有效地联结起来，课堂教学才能有效进行。互动促成了人与人之间的意义建构。同时，由于个体存在着认知方式与理解能力的差异，导致个体对同一符号意义的不同理解和个体行为差异，这种差异正是个体建构自己行为与行为意义的缘由。

四、归因(Attribution)理论

韦纳(1982,1992)认为，罗特的控制信念理论仅提供事件原因单向度的分类，因而他将归因的解释分为三个不同的方面：第一，因素所在。指个体解释影响其成败因素的来源是个人条件或外在环境。第二，稳定性。指个体认为影响其成败的因素在稳定(一致)—不稳定(不一致)连续体的位置。第三，能控制性。指个体解释其成败的因素是否可以由个人意愿所决定。一些学者的研究发现，教师在分析自己教学行为和教学效果时所采取的归因方式是不一样的，有些教师把学生学习成绩不好的原因归结为学生的智力因素、家庭背景、学生的学习动机等学生的个人因素和外部的原因。这些教师是对自己的教学能力缺乏足够的自信。如果教师认为外部的环境影响和学生个人因素的影响大于自己教学的影响，并且这种状况不会因为教师的努力而改变，教师的效能感就会低。

第四章　教师教学效能与教师专业发展的关系

第一节　不同专业发展阶段的教师教学效能

教师教学效能是教师在长期的教学实践中形成的，它影响着教师对自己的认知和对教学情境的判断，进而影响着教师的教学行为表现和教学效果。教学效能水平的不同，教师采取的教学管理方式、教学策略、教学行为也不同，进而对学生的学习动机、学习成绩也会产生影响。随着认识的发展和研究方法的改进，我们对教师的研究从教师外在的特征表现到教师内在的思维的认知，尤其是对教师效能的研究逐渐成为一个重要的方面。

研究发现，教师效能与教师的专业发展水平都有密切联系。斯帕克斯(G. Sparks)1988 年发现，高效能使教师更愿意尝试新的教学方法，能认识到对新的实践进行培训学习的重要性，并在课堂中主动运用这些实践。一致的发现是，有高效能信念的教师比低效能信念的教师更有可能实施合作学习。在教师接受过合作学习模式训练后，高效能教师表示了在其课堂中予以实施的更大意愿。① 米吉利(C. Midgley)等人 1989 年研究了教师效能对学生效能的影响。研究领域为数学，从小学的最后一年一直持续到中学的第一年。在每年春季实施的测量表明，高效能教师教的学生，对自己在数学上的表现有更高期望，低效能教师教的学生认为数学更难。

在教学实践中，我们如何判断教师效能呢？奥德曼总结了高效能和低效能教师的特点，有助于我们区分不同效能水平的教师。如表 4-1 所示：

① Alderman M K. Motivation for Achievement: Possibilities for Teaching and Learning[M](2nd ed.). New Jersey: Lawrence Erlbaum Associates, Publishers, 2004: 189.

表 4-1　区别高效能与低效能教师

教师态度	高效能	低效能
1.个人成就感	感觉他们的学生工作是有重要意义的;他们对学生的学习有积极影响	对教学感到受挫和丧气
2.个人对学生行为和成就的积极期望	期望学生进步,发现大部分学生能够实现其期望	期望学生失败,对他们的教学努力表现出消极反应并有问题行为
3.个人对学生学习所负的责任	相信是他们的责任见证了学生的学习,当学生失败时,从自己的表现中寻找可能更有益的方式	将学习的责任归于学生,当学生失败时,从学生的家庭、动机、态度中找借口
4.达到目标的策略	为学生的学习做计划,为自己和学生设置目标,并制定策略	缺乏为学生设定的目标,不知道要让学生达到什么目标,不根据目标制定策略
5.积极的情感	对教学、自己、学生感觉良好	在教学上感到受挫,经常对自己的学生工作表现出丧气或消极情感
6.控制感	相信他们可以影响学生学习	在与学生一起工作时有一种无用感
7.师生共同目标感	感到他们与学生一起参与到完成共同目标的活动中	感觉他们与学生在目标上相互对抗,学生所用策略也与他们的相对抗
8.民主决策	让学生参与决策以及决定实施决策的策略	将有关目标和学习策略的决策施加给学生,不让学生参与决策

一、教师专业发展阶段的相关理论

美国学者费朗斯·富勒认为,教师的专业成长包括四个阶段:第一阶段为任教前关注阶段。此阶段是师资养成阶段,师范生关注自我,对于教学没有太多经验。第二阶段为早期求生阶段。此阶段是教师初次接触教学工作,所关注的是作为教师自己的生存问题。所以他们更多关注对课堂的控制、是否被学生喜欢和他人对自己的评价。第三阶段是关注教学情境阶段。此阶段是教师关注自己在教学中的表现和更好地完成任务。第四阶段是教师对学生学习、情感需求的关注。也有学者从人的生命周期来看待教师的职业发展过程,主要代表人物有伯顿(P. Burden)、费斯勒(R. Fessler)、休伯曼(M. Huberman)等，所划分的阶段如表4-2所示①：

表4-2　教师专业发展阶段

教师专业发展阶段(伯顿，1979)	求生存阶段	调整阶段	成熟阶段	
教师职业周期动态模式(费斯勒，1985)	职前教育阶段	入职阶段	能力形成阶段	热心和成长阶段
	职业受挫阶段	稳定和停滞阶段	职业低落阶段	职业退出阶段
教师生涯发展模式(司德菲，1989)	预备阶段	专家阶段	退缩阶段	更新阶段
	退出阶段			
教师职业周期主题模式(休伯曼，1993)	入职期(求生和发现期)	稳定期	实验和歧变期	重新估价期
	评价和关系疏远期	保守和抱怨期	退休期	

教师的专业化发展水平是衡量教师教学效能的重要尺度。教师专业化发展的过程是教师的内在专业结构不断演进、丰富和完善的过程。有研究者认为，教师的教学能力或教学胜任力是教师专业素养的核心能力。教学能力是教师为达到教学目标，顺利从事教学活动所表现出的一种心理特征。(教学能力是影响有效教学的因素之一。)②麦克兰莱德(McClelland)认为，胜任力是“能将某一工作(或组织、文化)中表现优异者与表现平平者区分开来的个人潜在的、深层次的最显著特征，它可以是动机、特质、自我形象、态度或价值观、某领域的知识、认知或行为技能——任何可以被可靠测量或计数的，并且能显著区分优秀绩效和一般绩效的个体特征。”③(教师的专业素养是提高教师教学效能的关键因素)教师要用批判的眼光反思教学过程，教师教学效能需要教师及时监控教学过程，反思教学状态，及时调整教学策略和方法，随时机智地处理教学中出现的问题，有效地管理课堂教学，实现教学目标。

① 教育部师范教育司.教师专业化的理论与实践(修订版)[M].北京：人民教育出版社，2003：68-69.

② 申继亮，王凯荣.论教师的教学能力[J].北京师范大学学报(社会科学版)，2000(1)：64-71.

③ McClelland D C. Testing for competence rather than for intelligence [J]. American Psychologist，1973(28)：1-14.

(一)新手型——角色转变和教学胜任力的发展

对刚走上教学工作岗位的新教师来说,要尽快完成角色的转化,最主要的就是要在心理上完成“教师”角色的觉知和定位,能认识到自己的新职责、新地位、新任务。

(二)熟手型——知识体系的建立与教学效能感的反思

处于发展期的教师已经完成了角色过渡,掌握了一定的教学技能,此阶段,教师教学的需要和关注的中心已经从对自己能否上完一堂课转到对教学效率、教学效果以及学生个别差异、自我教学风格、教学策略的关注上。教学效率、效果与教师的知识体系相关甚大,教师对自我教学特点的了解是其提高教学效能感的前提。因此,这一阶段教师的反思重点主要体现在对知识体系与教学效能感的反思上。教师在认知和教学决策上的差异,其中最主要反映的是教师知识体系和教师对自己教学能力的认知和对教学任务的分析。

(三)专家型教师——专业品质的追求与教育理想的反思

所谓专业品质指的是教师对其职业的热爱,是教师在职业生涯中把教学当作艺术,对自己教育教学信念合理性进行反思后形成的职业品质,具体表现为奉献精神和敬业精神。所以,教学反思的任务就主要表现在如何克服职业倦怠和如何提高和实现教育理想上。教师会自觉地反思教学实践的不足,追求更高的教学理想,实现自己的价值。

也有学者认为,教师效能不仅包括教师个体效能,还包括教师集体效能。教师集体效能指的是全体教师认为他们将会对学生的学业成绩产生积极影响的程度。然而,教师集体效能并不是个体教师感知的相加,相反,教师集体效能指的是教师个体感知到在学校组织中全体教师的能力。体现在教师团体(如学校内的学科组、年级组或教研组等)在学校发展中的重要作用。从学校实践过程来看,学生的学习生活不仅受到某一位教师的影响,这种影响力可能是多位学科教师共同作用的结果,比如,协同教学中教师小组作用,而且教师间的互动关系或亲密程度也是学生社会化过程中的潜在作用因素。因此学校要重视教师的集体效能。其中包含多层面的师生在多范畴中的素质和表现,以此完整地呈现教师教学效能的本质。

第二节　"有效教学"和高教学效能的特征

一、课堂"有效教学"的特征

研究发现，与"有效教学"高度相关的五个指标是：教师的讲授内容对学生有价值，教师善于激励学生学习，教师营造愉快的学习气氛，教师有效地与学生交流和沟通以及教师关心学生的学习。美国学者鲍里奇教授指出，有效的课堂教学应体现五个特征：①清晰的教学思路；②多样化的教学方法；③任务导向明确；④学生的投入；⑤成功率高。

"有效教学"最重要的两个方面：以任务为导向，使学生积极投入学习，教师在使用直接教学策略时应该给学生提供更多的学习机会，当学生积极投入到学习过程，积极思考教师呈现的教学内容时往往会获得更多的学习机会。优秀的教师往往会关注如何与学生互动，从而激发学生积极回答，运用所学知识。

道格拉斯(1975)指出，学生的投入在某种程度上是教师和学生互动过程中的一种表达方式。她的研究特别指出，身体姿势、语言、目光接触等构成了一种学习者能够识别的隐蔽交流模式——并且由有意或无意表达的信息所激活。

清晰的教学思路是课堂"有效教学"的首要特点，即教师能使学生正确地理解和掌握所学的概念、原理、规则等。这对教师的要求是：首先要明确教学目标，使学生了解知识的难点和重点；教师的讲解要注重讲解的逻辑性和严密性，表达的清晰性和条理性；教师的讲解要有利于学生获得知识之间的逻辑关系，从而完善自己的知识结构。

研究者普遍认为，"有效教学"的最主要、最基本特征有：教师对教学工作充满热情，热爱教学工作；教师知识渊博，善于将教学内容与学生的生活经验相联系；教师讲授清晰，教学准备充分和合理组织教学；关注学生，善于激发学生的学习兴趣，对学生形成积极的期望，着重培养学生的终身学习能力；积极的课堂气氛，善于与学生沟通和交流。

(一)注重课堂教学的发展功能，创新课堂教学模式

长期以来，应试教育一直以学生的成绩和升学率来判断教学的质量，强

调知识的结构性和系统性，学生则通过记忆、练习强化所学的知识来达到考试成功的目的。知识育人的价值被削弱，这导致了知识与学生丰富多彩的生活世界的联系，客观知识与学生发现问题、分析问题、解决问题能力形成相割裂。学生发展的过程不仅是知识学习的过程，更是各种能力形成的过程，学科知识内容虽然是按学生的认知特点和学生的接受能力来编排的，其目的是使学生更好地学习学科知识，发展学生的认知素质，但学生对知识的应用能力并没有得到提高，学生通过练习强化等学习方法掌握的概念、原理、定理、规则等客观符号化的知识虽然有助于学生高效率地掌握系统的人类积累的知识，为学生的发展和实践奠定基础，但学生能力的体现只是熟练地再现知识，对信息进行编码、提取以应对应试考试，当学生面临实际问题时，往往不会有意识地将所学的知识与实际问题相联系。"高分低能"现象便不足为奇了。随着基础教育课程改革的不断发展，课堂教学的功能也发生了转变，课堂是人才培养、深化素质教育的主渠道。深化课堂教学改革在于课堂教学模式的创新，即改善师生关系，协调好教与学的关系，发挥学生的主体性和自主性，真正遵循课堂教学规律和学生身心发展的规律因材施教，着眼于学生的终身发展和能力的提高，使每个学生都能在他自身的基础上获得可持续发展，让每个学生的潜能、个性能够得到充分的发展。提高课堂教学质量，培养优秀人才就是要改变传统的知识传授的课堂教学模式。如有些学校根据学生的个体差异，实施差异性或分层式教学模式，针对不同层次的学生，制定不同的教学目标和教学内容，并采取多样化的教学评价方式。

(二)关注动态教学，实现课堂的预设与生成的平衡

预设指的是教师要对教学过程进行合理的设计，积极开发课程资源、教学内容，有效利用教学媒体，引导学生主动积极地参与教学过程。教学的目的性和计划决定了充分的准备和科学合理的组织是"有效教学"的前提。虽然教学是动态生成的，但教学前的预设是必不可少的，这有助于教师科学合理地安排教学工作。根据学生的实际情况展开教学，正确处理课堂教学管理问题。生成指的是教学是动态发展的，不能用一成不变的教学程序来限制学生的发展，生成教学不能偏离课程标准和教学目标，否则就降低了教学的有效性。

课堂教学是一个师生共同学习、共同发展、共同成长的过程，体现了课堂教学的开放性和动态性，无论是预设还是生成，都要关注学生的发展和进

步。正因为课堂教学的不确定性和情境性，才使教学过程充满挑战，对教师的能力提出了更高的要求，要提高教学质量，就应该科学把握预设与生成的动态平衡。“有效教学”是预设与生成之间的统一，预设是有准备的设计和策略，生成是课堂教学中现时的发生，教师通过预设引导学生积极主动对知识、技能的内化，同时利用生成的教学因素达成教学预期的教学目标，使教与学的效果同时显现。

（三）营造积极课堂气氛，变革教学方式

具有积极气氛的课堂是以任务为核心的，在这种课堂上，学生们知道要追求明确的学习目标，并且相信他们能达到这些目标。这种组织方式是明确的、可预见的。清晰的规则表明了教师对学生学习和行为的期望。

教师要为学生创设支持性的课堂环境。从生态学角度看，课堂也是一个有边界、有层次、各因子在功能上协调一致的生态系统。课堂生态是学生在课堂教学环境的影响下达成学习目标的动态开放系统，其主要构成要素是学生、环境和教师。教学资源如同食物链将学生、教师和教学环境连成一个整体。教师与学生共存共生是课堂取得和谐发展的前提，也只有如此才会有教师与学生的可持续发展。教学方式作为师生的教学活动方式，包含师生对教学活动的认识方式和在教学活动中的行为方式。教学认识方式是师生“反映”教学存在的方式，其核心是教学思维方式。教学思维方式是师生关于教学存在的“思维途径及其致思导向的理论概括”，在思维中认识和构建教学活动的“经验、知识、观念等要素的综合模式”。教学方式的变革反映了两种不同的教学观念：当教学就是向学生传递已有的教学经验时，以“课堂为中心”的任务就是向学生传递知识，而教学效果的评价指标也是学生对知识的掌握程度和升学率；当教学是以培养学生的能力为目的时，以“活动为中心”的教学需要教师以学生为中心，通过自主、合作、探究的教学活动培养学生创新能力和实践能力。以知识授受为主的讲授式教学模式向以培养能力为主的活动式教学模式转变，反映了时代发展对学生综合素质的重视，以及教师教学信念、教师角色、师生关系等的转变。

（四）聚焦学生成长与进步，减轻学生负担

教育的终极目标是育人，教师在教学过程中应加强对学生的成长关怀。教育必须确立“人是主体”的观念，唤醒人的发展的自觉性，赋予人发展的自主性，通过人在实践中的自为和超越，否定“实然的我”，追求“应然的我”。

教育必须关照生命的自为性、自主性，诱导发展的需要，激发发展的动力，不断地超越自我，创造新的自我。传统教学把“教学”视为一个简单的知识授受、技能训练、态度形成的流程，即知识—技能—态度—价值观。强调知识的客观性和绝对权威性，把知识以定论的形式教给学生，这种教学只是增加学生的知识，却不利于知识的创新。这也是造成学生对教学失去兴趣的原因之一。

维果斯基的“最近发展区理论”认为，学习者的发展有两种水平：一种是学习者的现有水平，另一种是学习者可能的发展水平，两者之间的差距就是最近发展区。教学应着眼于学习者的最近发展区，为学习者提供适度的难度，调动学习者的积极性，发挥其潜能，超越其最近发展区而达到较高的发展水平，然后在此基础上进行下一个发展区的发展，确定学习者的教育程度和基本能力水平，这样就可以预测学习者的最近发展区，有利于系统化教学。

建构主义认为，知识的获得是个体主动建构的过程，而不是被动接受的过程。知识不仅仅是对现实的一种“客观反映”和“准确表征”，还是“人们借助于符号系统对客观现实做出的一种‘解释’‘假设’。它不是问题的最终答案和标准答案”。转变学生的学习方式，最有效率的方法是掌握和运用知识结构。结构具有较知识点要强得多的组织和迁移能力，我们期望达到的目标不仅是学生对与结构相关的知识的牢固掌握和熟练运用，直到内化，更为重要的是学生具有发现、形成结构的方法及掌握和灵活使用结构的能力。学科内容是按知识的内在逻辑由简单到复杂的建构过程，在教学过程中，教师的任务之一就是帮助学生掌握学科的内在的知识结构，并能达到理解、掌握、运用的目的。而且，更为重要的是使学生能够形成发现与知识结构相关的信息和拓展知识，达到灵活应用知识结构的目的。学生的学习效率是“有效教学”的逻辑起点，“有效教学”不仅仅是教的有效更是学的有效，是师生平等交流互动过程中实现学生学习过程与学习结果的融合统一。

教学是“教师引起、维持以及促进学生学习的所有行为”。课堂“有效教学”在于教师要采取学生易于理解的方式，指明学生学习的目标和内容，在不同的教学情境中，引导学生积极地投入和参与学习活动，创造适合学生个体差异的教学方式，组织学习的内容。关注学生的成长与进步，教师要关注学生的主体性、自主性、创造性和社会性的发展，具体表现在以下几个方面：

教师对学生形成积极的期望，相信所有的学生经过努力之后都能掌握所学的内容，对学生的这种高期待会使学生调整自己的期望，提高学生对自己的信心，因为每个学生都渴望成功，时时刻刻关注着教师的态度和行为；激发学生的学习兴趣和探究的欲望，提高学生的学习动机；着力于学生学习习惯的养成，学习方法的掌握，在掌握系统知识的基础上不断丰富和完善知识结构；着力于学生解决问题和创新能力的培养，学生在学习过程中不要满足现成的结论，善于思考和质疑；随着社会的不断发展，对人的交往能力和合作能力要求越来越高，教师在教学过程中要着眼于对学生社会责任感和合作品质的培养。

二、高效能教师的特征

高效能教师具有哪些特点？高效教师的研究历程经历了从关注"教师的人格特征或品质""教师课堂教学行为"到关注"支配教师外在行为的内在因素"等阶段。从早期关注"好教师"的标准到关注"有效教学"行为，再到关注与教学过程相关的内在变量（如教师的教学信念、教师的教学决策能力等）对教学效果的影响，有效能教师的研究逐渐扩展到对教师的教学思维、教学监控能力、元认知能力、反思能力等方面，教师的这些内在品质决定着教师教学的意识、行为、策略及方式。从关注与天赋相关联的教师的人格特质和个性倾向，到关注教师的行为模式和教师的意识结构，我们对高效能教师的认识越来越深刻和全面。

朱永新教授认为理想的教师应该是：胸怀理想、充满激情和诗意，自信自强、不断挑战自我，善于合作、具有人格魅力，充满爱心、受学生尊敬，追求卓越、富有创新精神，勤于学习、不断充实自我，关注人类命运、具有社会责任感，坚韧刚强、不向挫折弯腰。有效教师等同于专业素质成熟的教师，在专业发展阶段，有效教师已经完成了角色的转变，具备了娴熟的课堂教学技能，此阶段教师的教学需要从关注自己是否能够完成教学任务转变为对学生个性差异的关注、教学策略的运用和教学风格的形成，尤其关注教学效率。

根据 Berliner 的教师教学专长发展五阶段理论，教师教学专长的发展可以划分为新手（Novice）教师、熟练新手（Advanced Beginner）教师、胜任（Competent）型教师、业务精干（Proficient）型教师和专家（Expert）型教师五个阶段。而有效教师属于业务精干型教师，表现在：具有较强的直觉判断能力、教学技能方面接近了认知自动化的水平、教学行为已经达到了快捷流畅和灵活的程度。

因为在知识经验、课堂教学技能、教学效能感等方面的优势，有效能教师在解决复杂和多变的教学实践问题时能对自己的课堂教学行为进行有效的调节和监控。具体体现在以下几个方面：有效教师能够对教学问题进行透彻的分析和理解，富有创造性和新颖性地呈现教学内容；由于在长期的教学实践中积累了丰富的教学经验，在教学的过程中能够对学生的知识背景、个性、学习能力等有充分的了解以便因材施教；有效教师掌握了娴熟的课堂教学技能，在认知方面达到了自动化，因此在处理相似的教学情境时能够根据直觉做出准确的判断和相应的反应，并且能够合理地支配课堂教学资源和有效利用课堂教学时间。概括地说，有效教师的内涵包括了以下两个方面，在专业方面，拥有精深的学科知识、丰富的教学经验、娴熟的课堂教学技能和课堂管理能力；在个人特征方面，幽默乐观、好学、对教学充满热情、关爱儿童、具有坚定的教育信念和善于反思教学。

研究者从不同的角度对有效教师的特征进行了论述，具有代表性的观点有：迈德里(Medley)认为要成为有效能的教师必须具备下列五个条件，包括具有令人满意的人格特征，能够有效利用教学方法，能够创造良好的班级气氛，精熟各种教学能力与技术，了解利用教学能力和技术的重要时机。在一项针对提高教师素质的比较研究中，来自新西兰、意大利、美国、瑞典和法国的学生们给出了他们眼中优秀教师的共同标准：有使自己所有学生成功的热切愿望，教师的幽默感，交流的热情、耐心、同情心，维护孩子们的自尊，努力帮助学生获得成功，等等。有研究者从学生角度探讨有效教师的特征，如良好的个人特征一般表现为：较高的期望值、幽默感、热情、有创造性、人道、较好解释复杂材料、灵活的教学风格、平易近人、诚实、生活乐观。还有研究者调查整理出有效教师的特征：机敏、热心，关心学生及班级活动、愉快、乐观、能自我控制、有幽默感等。无效的教师特征有：呆滞、烦恼、对学生及班级活动不感兴趣、不快、悲观、易发脾气、过分严肃等。

在对高效能教师的相关文献整理和实证调查的基础上，本研究认为有效教师的特征表现在以下几个方面。

(一)教学风格的独特性

对每位教师而言，由于其教育背景、教学经验、思维方式的不同和对问题认知方式的差异，以及各自的教学信念不同，对教学问题的认识和课堂教学行为也表现出各自不同的特点。有效教师拥有一些共同的特征，但是，在实际的教学过程中，这些特征是以独特的方式表现出来的，如教师的教学风格带有明显的个性特点：有些老师思维严密，更注重学科的逻辑性；有些教师充满热情，富有感染力；有些教师认真负责，在教学中更重视学生的努力程度；有些教师多才多艺，教学生动、形象、具体。高效的教师必须根据其教学信念、专业知识和教学技能、实践智慧等与学生在不同的课堂情境下相互作用来进行"有效教学"。

（二）教学行为的创造性

有效教师中的有效指的是教师教学行为的有效性和学生学习结果的有效性。有效教师必然达成教学的高水平，这里的高水平不仅指达成预定的教学目标，而且着眼于学生长远发展，即教师的"有效教学"行为是能够引起、维持、促进学生行为出现相应的变化的一系列活动。要成为一名有效教师，不仅要关注自身教学行为的有效性，而且要关注学生在课堂教学中的认知活动、学习的参与状况（如对教师的提问是否积极思考、对教学内容是否感兴趣等），因为学生的学习结果受学生的认知、学习方法、学习态度等因素的影响。在教学过程中，学生并不是被动地接受信息，而是基于自己的学习经验主动建构知识，一个有效教师必须考虑学生的学习动机、兴趣、参与状况等心理过程。

（三）教学过程的动态性

有效教师会根据不同的教学对象和特定的教学情境，结合自己的专业知识和对教学内容的独特理解来完成教学任务。其教学模式不是对某个专家教师的模仿，教学行为具有针对性和独创性，是教师不拘泥于常规教学模式而灵活变通的表现。如探究式教学，它最早的表现形式是"发现法"和"问题解决法"，即通过发现学习来培养学生的探究性思维，使学生通过对未知世界的探索和对已知事物规律的再发现进行学习的一种教学方式。美国心理学家布鲁纳认为，"发现法"的实质是要求在教师的启发引导下，学生能按照自己观察和思考事物的特殊方式去认知事物，理解学科的基本结构；或者让学生借助教材或教师所提供的有关材料去亲自探索或"发现"应得出的结论或规律性知识，并发展他们"发现学习"的能力。学生的创新精神和实践能力不是依靠教师的灌输获得，而是通过教师的引导，学生主动探索、思考获得。一个有效教师应该善于运用多种教学方式使学生主动建构自己的认知结构，使学生通过感觉、知觉、想象、思维等形式掌握学科知识的内部联系及其规律。

(四)教学评价的发展性

评价从根本上说是对某种实体的价值判断。有效评价的目的在于为学生提供有用而适当的反馈信息，诊断学生的学习情况，帮助学生获得成功。以往教师评价学生的主要依据是学生的考试成绩，这种评价方式缺乏科学性和全面性。对学生的评价应该贯穿整个教学过程，教师要用多种评价方式反映学生的学习过程，为学生提供及时的信息反馈，帮助学生掌握科学的学习方法，形成自己独特的学习风格，并根据学生的学习结果来调整自己的教学。同时，教师还要让学生对自己的学习情况进行定期的监控和自我评价。有效教师对学生的评价并不是让学生丧失信心，而是运用赞扬、鼓励的方法激励学生，给学生提供大量的信息反馈和必要的帮助激励学生学习，引导学生的学习过程。

第三节　教师教学效能对教学的促进作用

有研究表明，教师教学效能影响到教师的许多方面，包括他们所设立的目标、期望水平、教学的投入。教学效能感高的教师更愿意接受新的思想，更愿意尝试不同的方法来帮助学生学习，对教学也表现出极大的热情。教学效能感高的教师课堂管理是民主的，而不是专制的，他们为学生提供帮助，帮助坚持不懈的学生获得成功，并表扬他们所取得的成就。另外，他们还对学生的自我学习的发展提供支持。相反，教学效能感低的教师倾向于扮演监督者的角色，即他们更多依赖于外部诱因和消极处罚来提高学生的学业成绩。这样的教师把更多的时间放在与学习无关的活动上，而且，当学生没有达到所要求的结果时，他们很快就会放弃努力。他们同时还倾向于把教不好的学生归因于学生的学习能力低。高低效能感效应如表4-3所示。

表 4-3　高低效能感效应比较①

高自我效能	低自我效能
任务相关行为 1.面对困难时付出更多努力。 2.面对困难时已经习得的行为得到强化或增强。 3.把努力和注意集中于情境的需要。	任务相关行为 1.减少努力的付出。 2.面对困难时可能放弃任务。 3.把注意力集中于个人的不足和困难上，任务的难度被人为放大。
长期效应 4.在对多种活动和经验的深度投入中帮助自我发展。 5.个体在费力的情境下感到压力不大。 6.最有代表性的是把失败归因于缺乏努力，而不是能力不足。 7.产生引起持续兴趣和投入的挑战性目标。	长期效应 4.由于避免参与丰富的环境和活动，阻碍了发展。 5.在多种行为情境中个体感到焦虑和有压力。 6.径直注意个人的缺点，破坏了对有效技能的利用。 7.为避免压力而产生低期待机制。

一、提高教学行为的有效性

教师教学效能对教师的专业发展具有重要的意义，是教师自主发展的内在动力。研究发现，教学水平相同的教师在同一教育情境下，教学行为和教学效果表现不一样，即使同一教师在不同的班级完成同样的教学任务，教学效果也可能不一样，这在很大程度上与教师效能的高低有关系，教师效能的高低与教师的教学行为表现和教学效果密切相关。教学效能高的教师能够更加积极地面对问题，而且会根据教育情境的变化有效地解决问题，如果发挥教师效能的积极作用，教师的教学行为和教学效果将会得到改善与加强。

教学的有效性是我们教学活动的重要目标之一，教师效能与教学的有效性密切相关，教师效能高低的不同，会影响到教师对教学目标的分析，教学内容的选择，以及对教学情境的认知和对自身教学行为的调控。教学目标的选择影响着个体的行为方向，教学效能高的教师对目标的设定要求比较高，工作动机也比较强，教师在工作中投入极大热情努力去完成教学中的任务，对学生也会表现出积极的期望和评价。当遇到困难的时候也会积极克服，努力实现目标。教学效能高的教师在教学过程中也会自觉地调节自

① Bandura A. Social Foundations of Thought and Action：A Social-Cognitive Theory [M]. New Jersey：Prentice Hall. 1986：357.

己的教学行为，准确地判断哪些教学方式能够激发学生的学习兴趣和学习动机，并根据学生的反馈来适当地调节教学方式和教学行为，课后能够对自己的教学行为进行积极的反思。教学效能低的教师由于对自身教学能力评价较低，在教学过程中往往倾向于选择较容易的目标，不善于调节自己的教学行为和对自己的教学进行反思，当遇到困难时更多地表现出焦虑和不安。这些都不利于教师教学行为的改进。

（一）课堂“有效教学”行为

1.教师“有效教学”行为的内涵

教师课堂“有效教学”行为是指在课堂教学过程中，教师实施的符合教育教学规律和学生身心发展规律，并成功实现了学生有效学习和身心发展及教师自身专业不断发展的系统的教的行为。“有效教学”行为区别于低效和无效教学行为，判断教师“有效教学”行为的标准是学生在课堂中是否实现了高效学习。而教师“有效教学”行为的实施必须具备一定的前提条件和行为特征。

2.课堂教学行为的分类

国外关于教师课堂教学行为的研究生发于对课堂教学有效性及教学质量提升的理想追求。起初的研究主要在关注教师课堂教学和学生课堂学习的理论研究者中产生，带有随意性和研究者个人色彩。随着研究的不断拓展和深化，教师课堂教学行为研究逐渐成为一个研究者和中小学教师共同关注的问题，并成为教学改革研究的一个专门领域。课堂教学行为可以分为两大类：

第一，根据教师课堂行为方式划分。如果按照教师在课堂教学情境中的行为方式及其发挥的功能来划分，课堂教学行为可分为主要教学行为、辅助教学行为和课堂管理行为。主要教学行为简称主教行为，是指教师在课堂中发生的主要行为，包括教师的呈示、对话和指导。这种行为是以目标或内容为定向的，有效的主教行为必须以教师具备扎实的专业知识与技能为基本条件；辅助教学行为简称辅教行为，是为了使主要教学行为产生更好的教学效果而在课堂中发生的教师行为，它是以学生或具体的教学情景为定向的，包括学生学习动机的培养与激发，有效的课堂交流、课堂强化技术和积极的教师期望等；课堂管理行为是为教学顺利进行创造条件，是教师实现教学不可缺少的一种行为，它主要涉及课堂行为问题的管理与时间的分配，同样，有效的辅教行为和管理行为与教师的课堂经验和教师长期从事教育教学工作所具有的专业素养息息相关。课堂教学行为分类如表 4-4 所示。

表 4-4　课堂教学行为分类

分类	内涵	行为类别	决定因素
主要教学行为	直接指向教学目标或教学内容的分析	呈示行为：如语言、文字、声像、动作呈示等；对话行为：如问答（发问、候答、叫答、理答）、讨论等；指导行为：如阅读指导、练习指导、活动指导等	教师具备扎实的专业知识与技能
辅助教学行为	课堂中的学生或情景中的问题	动机的培养与激发；有效的课堂交流；课堂强化技术；积极的期望	主要是教师的课堂经验与教师的教学智慧
课堂管理行为	主要涉及课堂行为问题的管理与时间的分配	课堂规则；课堂问题行为管理；课堂管理模式；课堂时间管理	教师的个性特征，教师的职业责任

第二，根据课堂教学行为存在方式划分。从课堂教学行为存在的方式来看，课堂教学行为可分为外显教学行为和内隐教学行为，外显教学行为往往是指教师或学生说或做等可见行为，涉及的是教师和学生怎么说和怎么做的问题；内隐教学行为则是指教师或学生在做出可见行为之前头脑中的先在的思想、观念，它解决的是教师和学生之所以要这样说、这样做的问题。任何一个人的行为举措都要受一定的思想、观念的影响，此时的思想、观念是静态地存在于人的头脑中的，看不见也摸不着，但却支配着教师和学生行事的方向和路径，在内隐行为与外显行为之间形成一种必然的因果关系。这种因果关系是如何逻辑地演绎着的，也就必然成为教学研究的又一内容。

B Rosenshine & N Furst(1973)采用多种衡量教师行为的观察工具和评价量表直接观察教师在课堂中的教学行为，并进行了教师行为和学生成绩关系的50多项研究，发现9类教学行为产生了最显著的、一致性的教学效果。这9类行为是：清晰明了；充满变化性和灵活性；以教学和学习任务为中心；热爱学科、充满热情和教学激励学生；批评（负相关）；不诚实（负相关）；给予学生学习机会；有针对性的讨论；多种水平的提问或讨论。①

Borich(2000)认为有10种教师行为与理想的学生学习业绩有显著关

① Berliner D C et al. Handbook of Educational Psychology[M]. New York: Simon&Schuster Macmillan,1996:63-65.

系，这10种教师行为包括5种关键行为（key behavior）和5种辅助行为（helping behavior），5种关键行为是：①课的清晰明了；②教学变异性；③以任务为导向；④让学生参与学习过程；⑤确保学生的成功率。5种辅助行为是：①利用学生的观念和贡献；②精心组织；③恰当提问；④展开探询；⑤传递自身的影响。[①] 10种教师行为如表4-5所示。

表4-5　10种教师行为

5种关键行为	5种辅助行为
课的清晰明了	利用学生的观念和贡献
教学变异性	精心组织
以任务为导向	恰当提问
让学生参与学习过程	展开探询
确保学生的成功率	传递自身的影响

教学清晰是有效教师最重要的特征，教师在讲解、提问、组织小组讨论等教学活动时都需要教师讲解的条理性和逻辑性，这也有助于学生理解概念、定理、规则等。清晰的授课能力是有效教师的核心能力，研究表明，学生对教师教学满意度的一个最重要的指标是教师的授课能力。

教学行为是教师的外显行为，一个有效教师的"有效教学"行为的特点包括：其一，重视学生对知识的理解和应用，教师必须明确重点和难点，有条理和富有逻辑性地讲授教学内容，帮助学生进行新旧知识的连接，通过练习及时强化所学的知识；其二，重视学生在学习过程中的学习状态，包括学生的学习动机、学习兴趣等，有效教师能够灵活使用各种教学方法、教学媒体和学习方式来调动学生的积极性，使学生能够主动投入到学习状态中；其三，关注学生学习方法的改变，比如布鲁姆的问题发现法，通过"质疑""探究""发现"来帮助学生建构知识结构，有效教师重视学生的分析问题、解决问题能力的培养，以及实践能力和创新能力提高；其四，教师要实现预设和生成的动态平衡，课前充分备课，重视对教学内容的理解和教学环节的设计，在教学中根据教学情境的变化灵活引导学生实现预设的目标；其五，创造积极的课堂气氛，实现有效的课堂管理。课堂管理的目的在于通过一种

① Borich G D.(2000) Effective Teaching Methods[M] (4th). New Jersey: Prentice-Hall, 2008:8-26.

有序的方式计划和引导各种活动，使学生积极地投入课堂学习过程，并将学生的各种纪律问题减少到最低程度。有学者提出，“有效教师的一个重要特征在于他们能够凭借积极的组织和管理行为，营造促使学生最大化投入的学习环境”①。民主、轻松的课堂气氛能够为学生提供安全的心理环境，激发学生探究和创造的欲望，而良好的课堂管理是教学有序进行的前提。

（二）教师效能对教师教学行为的影响

由于教师素质是教师在教育教学活动中表现出来的，决定其教育教学效果，对学生身心发展有直接而显著影响的思想和心理品质的总和，因此，教师素质除了师德、知识、观念、教学监控能力外，还应包括教师教学效能，它在教师素质结构中应位于更高的层次，处于更高的水平，对教师素质中的其他成分有更大的影响力。为了更好地理解教师的教学行为与表现，应了解和认识教师效能，因为教师效能是教师做出决定的重要影响因素。

我们认为教师的教学不仅包括知识、经验、技能的传授，而且，也涵盖教师对学生的人格、理想、情操和道德的训练等活动。即教学是教师教和学生学的统一，是一种有计划的活动，是实现教学目标的重要媒介。成功的教学除了受学校、目标、课程、教法和教学环境等因素的影响外，还会受到教师本人主观因素的影响。

一般认为，教师课堂教学行为的好坏主要由教师的教学能力决定。因为，能力在概念上是指与个体活动直接相关的某种稳定的心理属性，可见稳定性是其鲜明特征。而教师效能是教师综合能力的体现，但行为是具体多变的。比如，课堂教学行为往往是教师在特定时空关系中的特定现象，同一位教师即使在同样的地点对同样的学生教授同样的知识，其课堂教学行为也不可能完全相同，不同教学行为表现出教学能力的不一致性或不确定性。所以，两因素间稳定与不稳定性的不相匹配，不能说明能力直接决定教学行为。那么，什么因素能有效解释教学行为的差异呢？班杜拉的自我效能理论揭示出：“对行为分析而言，更具理论意义和现实意义的是人性潜能和自我效能概念，而不是能力概念。”而且，“在各种自我现象中，对个体人性潜能的发挥具有关键性决定作用的是个体的自我效能感，它是人的主体因素的核心，并渗透、弥散于人类机能活动的各个方面”。教学能力并不是课堂教

① Creemers B P M & Reezigt G J. School level conditions affecting the Effectiveness of instruction[J]. School Effectiveness and School Improvement，1996(7)：197-228.

学行为的决定因素。依据自我效能理论推知,优秀教师精彩的课堂教学活动,绝非是环境等外界因素的偏爱,而是教师借助良好教学效能的自我创造。

教师效能影响教师对学生的学习指导等行为,从而影响教师的教学效果。比如,因为教师工作强度大,加上学生对某门课程的学习兴趣不大等原因,部分教师教学效能感较低,教学效果较差。他们觉得自己付出了那么多,学生却不重视,考不出好成绩,也不领情,因而得不到学校领导的肯定。因此,这些老师就容易产生厌教情绪,可想而知,他们的教学效能就不可能提高,总是处于低水平状态。因此,他们的教学成绩就难以提高,这又会影响教师的专业化成长。可见,教师效能影响教师对教育工作的积极性及努力程度,甚至决定着教师对学生的期待,影响教师的教学方式。而且,教师效能与教学效果密切相关,是学生学习成绩好坏的重要预测变量。

根据现代教学系统模式理论,制订教学目标是课堂教学设计的第一步和核心环节,因为教学目标直接指导着随后的课堂教学活动;选择达到理想态势的教学策略是决定教学目标能否实现的关键步骤;而教学策略的执行过程又离不开教师的教学监控活动。可见,教学目标、教学策略和教学监控是一节课必备的三个环节,而且环环相扣,具有内在的紧密联系。教师效能对课堂教学的影响体现在以下三个方面:

第一,教师效能与教学归因。韦纳(Weiner)提出著名的归因(Attribution)理论,他认为个体解释影响其成败因素的来自于个人条件或来自外在环境。与个人条件有关的因素如能力、努力、情绪、成熟、健康等,而与外在环境有关的因素如他人、工作、家庭等。教师的教学归因就是教师对自己已完成的教学活动的结果进行分析,形成因果性解释的过程。教学归因是一种认识性动机,对教师的后续教学行为有一种动力作用,恰当的归因或者说积极的归因,能改进教学行为,有利于提高教学效果。① 研究表明,优秀教师会把教学的成功归因于自己的能力和努力的结果,把教学失败的原因归因为外在的环境、运气等因素,这是因为优秀教师有较强的自我效能感,能够对自己的能力和教学情境做出正确的评估,在面对困难时能够调整自己的心境和行为,优秀教师具有较多的成功经验,因此能够形成较稳定的自我认识。

---

① 谷生华.教师教学归因刍论[J].上海教育科研,1999(1):40-43.

第二，教师效能与工作动机。工作动机对于激发、强化教师的教学行为，保证教学活动的有效性具有重要的意义，对调动教师工作的积极性和激发教师的内在工作潜力具有重要的作用。教师在获得相应的学科知识和教学技能后，教师效能便成为决定教学行为的重要因素，教学效果的好坏在很大程度上取决于教师对教学任务的分析和对自己教学能力的主观判断。

教师效能的高低决定了教师的工作动机，由此教师产生了不同的工作需要和期望，这影响了教师对自身能力的估计和对教学投入的热情，努力程度和面对困难的坚持性。教师效能强的教师工作动机也强，他们往往具有很强的教学能力，能够适当的设定教学目标，能够根据不同的教学情境调整教学策略和教学方式，相信自己能够对学生产生积极的影响，具有较强的自我胜任感，这种适当的工作动机对于调整教师的教学行为和教师的教学情绪具有积极的影响。教学效能低的教师往往低估自己的教学能力，选择较容易实现的目标，面对困难往往采取回避的态度，久而久之，教师的自我期望和自我效能感会变低，同时这也会影响教师工作的积极性和教师教学能力的提高。

第三，教师效能与情绪状态。亚里士多德认为，“幸福是有善事物中最值得欲求的、不可与其他善事物并列的东西”“幸福是完善的和自足的，是所有活动的目的”。① 教师的幸福是教师作为其职业人的幸福，是教师在教育活动中获得的一种积极的情感体验，它源自教师对教育的真切理解，源自教师对生命成长的深切感悟和作为研究的充实。②

二、提高学生的学习效能

（一）高效能教师对学生有积极的期望

与此同时，教师还要给予学生积极的期望，提高每个学生的自尊心，尊重每个学生的能力水平。每个学生都带着原有的经验和背景知识走进课堂。教师在上课之前要了解学生各自的需要、相应的知识背景。教师要学会欣赏学生不同的经验，学生所提出的问题往往是经过他们认真思考后提出来，他们并不满足于简单的回答，而是想要通过问题来探索未知的世界。

有效能的教师在反馈方面表现出对学生赋予积极的期望，平等地对待

---

① 刘宗南.论教师专业发展的德行之维[J].教育研究与实验，2010(6)：40-43.

② 黎琼峰，吴佩杰.论教师德性与教育幸福[J].山西师大学报(社会科版)，2008(2)：120-124.

每一个学生，经常表扬学生并给予学生的回答，给予有针对性的建议。

库柏(Cooper)和汤姆(Tom)提出“持续期望”(sustained expectations)理论。教师对学生的最初期望精确与否，影响教师最初对待学生的行为和学生的学习。然而，期望应该可以持续地被修改，以更精确地反映学生的能力。① 有效教师会明确表现出对学生的期望，期望他们成功，并通过设定符合实际的目标帮助学生成功。每个学生都是独一无二的，每个学生都有自己的智力优势，优秀教师善于发现学生的优点和长处，并给予学生积极的期望，相信每个学生都能通过自己的努力获得成功。对学生和自己高期望或低期望的教师的行为如表4-6所示：

表4-6 对学生和自己高期望或低期望的教师的行为②

高期望的教师	低期望的教师
1.清楚地告诉学生课时目标 2.提供扩张的、有组织的、有步骤的解释 3.清晰地把课程内容与学生的兴趣联系起来 4.设立合理的标准，并经常修改它 5.做好计划，当需要的时候提供修改 6.保持一致的训练和修改方向 7.征求学生的意见 8.经常微笑、点头和保持眼神接触 9.经常和公正地让所有的学生回答问题 10.在学生回答问题之前给予学生一定思考的时间 11.帮助学生纠正不正确或不充分的答案 12.不经常批评学生 13.提供大量的、经常的和具体的反馈 14.当学生正在学习时，很少打断他们	1.没有传达目标或没有清晰地传达目标 2.提供不清晰、不完整的解释 3.很少试图将课程内容与学生的需要联系起来 4.设置的标准太高或太低，很少根据情况做出改变 5.不提供补救 6.不保持一致的训练和任务方向 7.不鼓励或忽视学生的意见 8.很少注意到课堂环境 9.很少或不公正地让学生回答问题 10.在学生回答问题之前，给学生很少或没有给学生思考的时间 11.经常称赞那些不正确或不充分的回答 12.经常批评学生的表现 13.很少提供反馈或提供的反馈比较模糊 14.当学生正在学习时，经常打断他们

(二)高效能的教师注重学生主体性的发挥

教育的过程是培养人的过程，不仅培养人的学习和掌握知识的能力，而且更重要的是，培养完整而丰满的人性，特别是通过挖掘和激发人的兴趣、

① 克里克山克，贝勒尔，梅特卡夫，教学行为指导[M]. 时绮，译. 北京：中国轻工业出版社，2003：306.

② Cruickshank D R, Jenkins D B, Metcalf K K. The act of teachering[M]. (fourth editoin). New York: McGraw-Hill. 2006: 331.

理想、激情、直觉力、想象力和创造力等在人性和生命中一切积极的因素和向上的力量来培养完整而丰满的人性。[①] 课堂教学具有以下两个基本目的：一是基础性目的，即教学活动应关注学生的现实生活，不断改善他们的生存状态和生活质量；二是发展性目的，即教学活动应积极建构学生完满的可能生活，不断提升他们的生活意义和生命价值。在教学活动中只有将关注学生的现实生活与建构完满的可能生活有机地统一起来，才能真正实现其唤醒人的生命意识、建构人的精神世界、提升人的生活意义和生命价值的理想目标和价值追求。[②]

首先，关注学生需要，实现学习方式的转变。高效的课堂，教师善于激发学生的好奇心，关注学生的兴趣爱好，营造独立思考、自由探索的良好环境，教师通过启发式、探究式、讨论式、参与式教学，使学生在学思结合中提高能力，教师不仅仅关注教学结果，更关注学生学习的过程，坚持知行统一，不仅关注学生知识的获得，而且关注、促进过程方法和情感态度价值观的目标达成，让学生不仅学会知识，而且学会学习，学会分析和解决问题，学会交流和合作。一节好课必然是高效的课，学生能获得最大限度的发展，教学目标达成最优。学生明确通过努力而能够达到的目标，并且明白目标的达成对个人成长的意义；学习内容安排具有适当的难度，密切联系学生的生活实际和经验背景，设计具有挑战性的教学任务，促进学生在更复杂的水平上理解；多种有效学习方式和教学方式整合，教师能够对教学进行有效的掌控和调整，引导学生进行自主的、探究的、合作的、反思的学习。以往那种"知识至上""分数至上""考试至上"指导下的课堂，不仅"高耗低效"，而且抑制了生命活动和潜能的开发。课改推进了近十年了，但是"教师讲、学生记"这种传统落后的教学方式和教学手段仍然充斥着今天的课堂。我们意识到要实现高效的课堂教学就必须改变这种状况，真正实现课堂教学的转型，即从过于强调接受学习、死记硬背、机械训练的"传授性教学"，向新课程倡导的学生主动参与、乐于探究、勤于动手的"互动型课堂"转型。

其次，关注学生的可持续发展。杜威曾强调："生活就是发展，不断发展，不断生长，就是生活"。[③]而对话教学理论就是要在对话中交流与合作，培养学生学会学习和运用知识的能力。一方面，通过具体的教学活动，培养学

---

① 孟建伟. 教育与幸福——关于幸福教育的哲学思考[J]. 教育研究，2010(2)：32.

② 王攀峰. 论走向生活世界的教学目的观[J]. 教育研究，2007(1).

③ Dewy J. Democracy and Education[M]. New York：The Macmillan Company，1916：10.

生的学习兴趣和求知欲望，养成自觉学习的态度和良好习惯；另一方面，对学生进行学习方法的指导，使学生既能理解和掌握基础知识，又能在实践中灵活运用知识，学会科学的思维方法，对知识进行分析与综合、抽象与概括，拥有一把开启知识大门的钥匙。我们的教学必须为学生的长远发展负责，学生在课堂的学习时间是有限的，教师应该利用有限的时间，培养学生终身学习的能力，使学生在离开学校后仍能运用掌握的方法去学习、去创造，这才是我们教育的目的。

教师的教学要以学生的发展为基础，教师面对的是正在成长的、个性千差万别的学生，他们要在教师的指导下获得知识，提高能力，形成良好的品德。教师不仅要有专业知识和技能，而且还要掌握教育规律，遵循儿童身心发展的规律，通过对话、沟通和理解使学生在掌握知识的同时，发展他们的能力，指导学生学会学习，学会探究，培养学生的创造精神和实践能力。同时，教师要用自己的知识、智慧、人格魅力去影响学生。

最后，培养学生的终身学习能力。在学习化社会中，教师承担着传承文化，甚至创造文化的职能，教学活动作为以文化为中介的活动，要求教师不断丰富自己的知识体系。“在未来社会，每一个人都将是终身学习者。是精神生活的富有者，他应有强健的自然生命力——学习的需要、信心和能力。”①科学技术的飞速发展使我们进入知识经济时代和学习化社会，教育理论也有了新的发展，我们对学习规律的认识也在不断提高，教师只有不断学习，不断更新专业结构，才能适应教育改革发展的需要，才能使自己成为一名研究型教师。对话教学所蕴含的教学相长的教学思想要求教师在教学实践中不断地自我完善。只有教师对自身价值和人格完善的不断追求，才能使教师在平凡的工作岗位上不断反思、总结和创造，不断调整和超越自我，形成独特的教学风格和教学实践智慧，最终达到精神的愉悦，获得职业的幸福感。

---

① 叶澜.教师角色与教师发展新探[M].北京:教育科学出版社,2001:23.

第五章　教师教学效能的结构与主体作用机制

第一节　教师教学效能的结构与测量

对教师教学效能的研究集中在教师效能的结构和主体作用的机制方面，不同的研究者根据自己的需要对这两方面有不同的见解，本文在了解前人教师效能研究的基础上，提出本研究的教师效能主体作用的机制。

一、教师教学效能的结构相关研究

（一）郑燕祥关于教师教学效能结构的研究

学者郑燕祥为我们提供了一个完整的教师教学效能结构图，如图 5-1 所示，并认为教师教学效能由以下几个方面构成。①

1. 先存教师特征：教师在接受师范教育之前已经具备的个人的人格特征、知识、能力、经验和信念等，每个人都有对自己的一个评价。

2. 教师素养：教师在接受系统的师范教育之后所具备在某一领域的专业知识、能力和信念。

3. 教师表现：主要指的是教师在课堂教学中的表现，教师的课堂教学行为表现主要受教师的专业素质的影响，也包括教师对自己能力和教学任务的分析。教师的表现会受到教学环境的影响。

4. 学生学习经验：在教学过程，学生通过师生互动与交流而获得的经验。

5. 学生学习成果：通过各种测评了解学生是否达成了教学目标。是学生的学习进展和收获。

① 郑燕祥. 教育效能转变：效能保证[M]. 上海：上海教育出版社，2006：213-214.

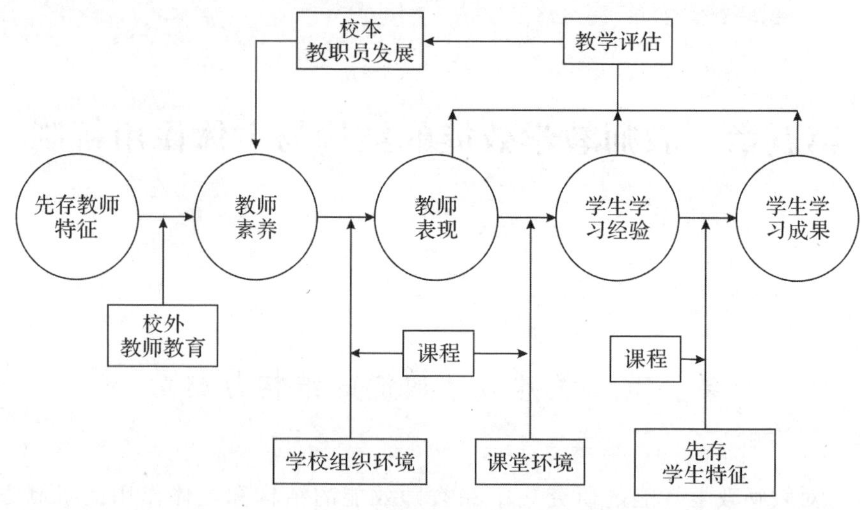

图 5-1　教学效能的结构图

6. 校外教师教育:在教师专业发展的过程中,为了进一步提高教师的专业素养而进行的教育和培训。

7. 学校组织环境:包括学校的设施、教学资源、组织结构、文化氛围等因素。

8. 课堂环境:包括班级学生的学习气氛、学生的学习能力、班级管理等因素。

9. 课程:包括对一门学科教学目标、内容、实施、评价等方面的要求。

10. 先存学生特征:学生个体之间存在的差异,如智力、学习经验、学习方式、学习能力等方面。

11. 教学评估:对教师的教学进行考察,对学生的学习过程和成果进行测评。

12. 校本教职员发展:学校为了自身的发展,根据教师专业发展的需要而进行的有针对性培训活动。

学者郑燕祥提出了这一结构的假设,影响教师教学效能的组成部分存在着因果关系:教师素质的高低、教师表现的好坏、学生学习经验优劣、学习成果的质量都受这一结构各组成部分的影响。在此基础上,郑燕祥提出了教学效能的研究策略:①单组份策略,即研究教学效能结构中的一个组份。如研究教师表现的变项,包括教学计划、教学策略、师生互动等方面。研究方法通常采用质化(qualitative)或量化(quantitative)分析方法,其缺点是不能深入了解教学效能一组份与其他组份间的复杂关系。②双组份关系策略，即研究的焦点在于探讨效能结构中两个组份之间的关系，如教师的素养与教师表现之间的关系。采用质化法和量化法来探讨组份间的关系。其优点在于可以解释一些因素对教学和学习的影响，其研究结果可以帮助我们探讨如何改进教师的教学行为、学生的学习结果(见表 5-1)。

表 5-1　双组份关系策略 ①

产生效应的主要组份	可能受影响的组份(例子)
1. 教师素养	教师表现
	学生学习经验
	学生学习结果
2. 教师表现	学生学习经验
	学生学习结果

③表 5-2 表示的是多组份关系策略研究教学结构中三个或以上的组份。多组份关系策略涉及的因素较多，但能更全面了解教与学的全过程，研究结果更能真实解释“有效教学”及教师的素养及其效能信念是如何影响教师的教学行为和学生的学习结果的。

表 5-2　多组份关系策略②

多组份的效应	受影响的组份
学生学习经验＋课程特征＋先存学生特征＋相互作用	学生学习结果
教师表现＋教师素养＋课程特征＋相互作用	学生学习经验
组织环境＋教师素养＋课程特征＋相互作用	教师表现
校外教师教育＋先存教师特征＋校本教职员发展＋相互作用	教师素养

④全面策略：全面策略则研究教学效能结构的所有组份，这个研究的难度较大，要考虑到不同组份之间的相互关系和相互作用，但通过数据分析，研究结果可以提供如何提高和改善教学效能的对策，能够描述出有效能和无效能的课堂特征。

这四种研究方法遵循从简单到复杂的过程，若想全面了解教学效能的整体结构及其与课堂“有效教学”的关系，就必须了解各组份的特征及其相

---

① 郑燕祥. 教育效能转变：效能保证[M]. 上海：上海教育出版社，2006：218.

② 郑燕祥. 教育效能转变：效能保证[M]. 上海：上海教育出版社，2006：219.

互关系，同时还要知道它们与课堂“有效教学”的关系，这样才能提高教师的教学效能，达到“有效教学”的目的。

也有研究者主张教学研究的生态学取向，即指人们借鉴生态学的原理和方法，研究教学现象和规律时所形成的一些共同的观念、理论与方法。这种研究范式把教学看作一个生态系统，这一系统由教师、学生和教学事件等组成，而且有各自的生态位，彼此相互联系，各自在维护生态的平衡中具有举足轻重的作用。因而，教学也就有了开放性、动态性的特征。[①] 生态学研究范式是教学实践研究的一种新的研究范式，它克服了以往研究范式的弊端，在研究中主张整体把握教学中各要素之间的关系，综合考虑教学活动中教师的教学方法、组织形式、教学效果等，对学生的学习方式、情感、态度等给予极大的关注，强调研究者要深入课堂教学情境中，通过观察、理解和体验来揭示教学背后的价值和意义。

（二）兰德研究教师效能感的结构

就教学效能感的核心内容而言，它包括一般教学效能感与个人教学效能感两个方面。有研究者根据教学效能感这两个方面编制了教师效能感的量表，内容包括如下几个方面(见表 5-3)。

表 5-3　教师效能感所包含的内容

一般教学效能感所包含的内容	个人教学效能感所包含的内容
1. 一个班上的学生总会有好有差，教师不可能把每个学生都教成好学生。	1. 我能根据大纲吃透教材。
2. 一般来说，学生变成什么样是家庭与社会决定的，教育很难改变。	2. 我备课总是很认真、很详细。
3. 教师对学生的影响小于家长的影响。	3. 我能解决学生在学习中出现的问题。
4. 如果一个学生在家里就没有规矩，那他在学校也变不好。	4. 一个学生完成作业有困难，我能根据其水平加以调整。
5. 考虑所有因素，教师对学生成绩的影响是很小的。	5. 我能很好地驾驭课堂。
6. 即使一个教师有能力，也有热情，他也很难同时改变许多差生。	6. 只要我努力，我能改变绝大多数学习有困难的学生。

① 李森，胡守敏. 后现代视野中的教学研究范式[J]. 山西师大学报(社会科学版)，2005(11)：14-19.

续表

一般效能感所包含的题目	个人效能感所包含的题目
7. 好学生你一教他就会，差生再教也没用。	7. 要是我的学生成绩提高了，那是因为我找到了“有效教学”方法。
8. 一个学生能学到什么程度主要与他的家庭状况有关。	8. 如果学校让我教一门新课，我相信自己有能力去完成它。
9. 教师虽然能提高学生的成绩，但对学生品德的培养没有什么好的办法。	9. 如果一个学生前学后忘，我知道如何去帮助他。
	10. 如果班上某学生变得爱捣乱，我相信自己有办法很快使他改正。

两种不同的教学效能感正好反映了自我效能感的两种预期，一般教学效能感反映的是结果预期，个人教学效能感反映的是效能预期。

从教师效能研究的历程来看，教师效能(teacher effectiveness)包括多种因素，本研究中整合了传统的教师特征研究(人格、态度、经验和能力倾向/成就等)、教师行为研究(“过程—结果”研究模式、“过程—过程”研究模式、“过程—过程—结果”研究模式)、教师的专业素养等多角度来构建教师教学效能的结构。从教师个体专业发展的角度来解释教师的专业素质结构(教师专业素养)、教师的课堂教学表现(“有效教学”行为特征)、学生的学习过程及学生的学习成果之间的关系。进而明确教师效能与课堂“有效教学”的关系，即假设教师效能是影响教师课堂教学质量的关键因素，改善教师效能能够提高教师的课堂教学水平。本研究通过实证研究来验证此假设。

教师效能具有情境性，并不是教师稳定的个人特征，而是教师在不同的情境下通过对自己教学能力的分析和教学任务的分析而与其他教学及学生因素相互作用的结果，教师会因不同的情境而产生不同的教学效能。

有学者还对教师的整体效能进行了研究，研究者认为学生不是受单个老师的影响，而是受教师群体的影响，因此，要关注学校教师群体。本研究关注的是教师个体教学效能，因为教学包括许多因素，只有教师个体的效能得到了提高，才能提高教师的整体效能，本研究着重就教师一节课的教学行为表现，试图通过提高教师专业素质和效能信念来改进教师课堂教学行为，进而提高学生的学习效能。

本书是以课堂为研究单位，将教师的教的过程、学生学的过程与班级(课堂)管理过程综合起来进行的课堂教学活动过程及结果的研究。

二、教师效能的测量工具

教师效能的实证研究表现在对教师教学效能感本身结构和测量的研究。早在1976年Armor和Berman等人在教师教学效果评估课题中编制了最早的教师效能量表。1982年艾什顿(Ashton)和韦伯(Webb)在此基础上编制了"个人教学效能量表",此量表包括一般教学效能感和个人教学效能感两个维度,由27道题目组成,这些问题都是教学过程中常见的问题。1984年,Gibson和Dembo在此基础上根据访谈法和文献综述法研制了著名的"教师效能量表"。这个量表由30个题目组成,他们利用因素分析的方法对一所学校的208名小学教师进行了测量,测量结果表明教学效能感存在两个独立的因素,与一般教学效能感和个人教学效能感是一致的。①

有研究者通过对新手型教师和专家型教师教学效能感的对比分析发现:随着教学经验的丰富,一般教学效能感对教师的教学行为的影响不大,而个人教学效能感随着个人教学知识和教学技能的不断积累对教师教学行为具有直接的决定作用。这表明新手型教师和专家型教师的个人教学效能感都与教学行为的各个方面相关显著。

第二节 教师教学效能的主体作用机制

提勘恩—莫尔(Tschanaen-Moran)等人在前人研究的基础上提出了一个教师教学效能感的新模型。② 提勘恩—莫尔认为,教师效能感的形成和发展深受班杜拉自我效能理论提出的言语劝说、替代经验、情绪唤醒、掌握性经验、学校环境与氛围等各种效能信息的影响。教师首先要对各种效能信息进行认知加工,这种认知加工直接影响教师对教学任务的分析和对个人教学能力的评价。在对教学任务分析和个人教学评价的基础上,构建了教师效能,而已形成的教师效能又会影响教师的教学目标、努力度和坚持性,从而影响教学任务的完成,完成教学任务的经验又构成新的效能信息,影响

---

① Gibson S, Dembo M. Teacher Efficacy: A Construct Validation[J]. Journal of Educational Psychology, 1984(76):569-582.

② Megan Tschannen-Moran, et al. Teacher Efficacy: Its Meaning and Measure[J]. Review of Educational Researcher, 1998(68):202-248.

教师教学效能感的形成和发展。①

本研究结合实证研究和理论分析提出了教师效能的主体作用机制，如图 5-2 所示。

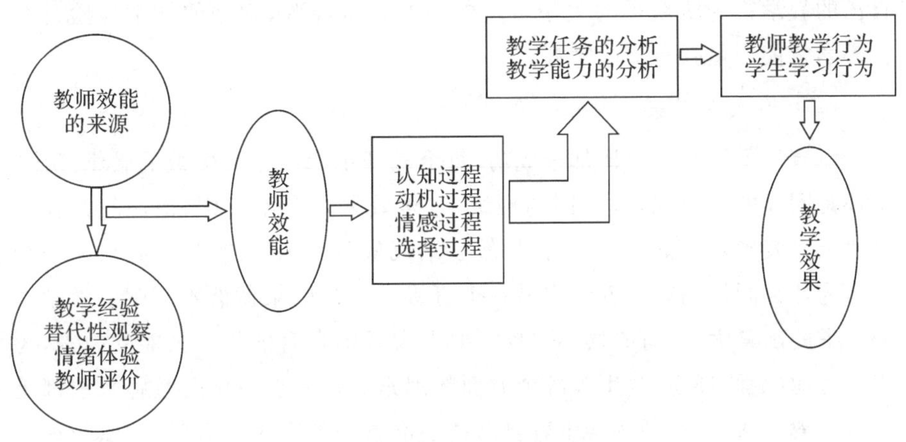

图 5-2　教师效能的主体作用机制

一、教师效能的形成

社会认知理论认为，效能不仅仅通过直接的教学经验，而且可以通过替代性经验、重要他人的社会评价和生理状态的改变而形成。本研究认为教师效能的形成包括以下几个方面。

（一）教学经验

有效教师因为在知识经验、课堂教学技能、教学效能感等方面的优势，在解决复杂和多变的教学实践问题时能对自己的课堂教学行为进行有效的调节和监控。具体体现在以下几个方面：有效教师能够对教学问题进行透彻的分析和理解，富有创造性和新颖性地呈现教学内容；由于在长期的教学实践中积累了丰富的教学经验，因此在教学的过程中能够对学生的知识背景、个性、学习能力等有充分的了解以便因材施教；有效教师掌握了娴熟的课堂教学技能，在认知方面达到了自动化。因此，在处理相似的教学情境时能够根据直觉做出准确的判断和相应的反应，并且能够合理地支配课堂教学资源和有效利用课堂教学时间。概括地说，有效教师的内涵包括了以下

① 郭本禹，姜飞月．自我效能理论及其应用[M]．上海：上海教育出版社，2008：3.

两个方面:在专业方面,拥有精深的学科知识、丰富的教学经验、娴熟的课堂教学技能和课堂管理能力;在个人特征方面,幽默乐观、好学、对教学充满热情、关爱儿童、具有坚定的教育信念和善于反思教学。教学经验是教师通过自己的教学行为所获得的关于自身能力的直接经验,教师的教学经验是个体教学效能中最强有力的来源。

(二)替代性观察

没有一个教师每节课都很成功,每个教师都偶尔会有失败的教学经历。即使是同样的一节课,在不同的班级,教学效果也会不一样,也许教师在一个班级自我感觉良好,但当同样的教学结束从另一个班走出来的时候,他会思考为什么同样的教学方法在另一个班级的教学效果截然不同呢?教学需要考虑的因素太多,有时候不仅仅需要考虑教师自身的教学技能的因素,还需要考虑课程、环境、学生等各个方面的因素。每一次教学对教师来说都是一次挑战。通常,教师都会带着自己精心准备的教案走进课堂,并赋予这次课堂很高的期望(我希望自己的教学设计的每个环节都会吸引学生的注意力,引起学生的兴趣,我要每节课都取得成功),希望通过这次课堂教学能够带给学生更多的收获,但事实往往不尽如人意,当教学效果与教师的期望产生不一致的时候,教师往往会有挫折感,并感到非常沮丧,对学生的评价也会降低,教学效能也随之降低,他们会找各种理由来证明并合理化自己不正确的教学行为。这种情况并不仅仅发生在个别教师的身上,其他的教师也会存在这样的教学困难。所以,同事之间互相听课就成了教师检验自己教学效能的方法之一。

当教师通过课堂听课观察到其他教师也会遇到教学难题、困惑的时候,他也会觉得要取得良好的教学效果并不是件简单的事。当然,教师喜欢谈论教学的成功,因为成功容易带给他们满足感,失败往往会让他们变得焦虑不安和灰心丧气,这一点对于新教师来说更是如此。教学效能感低的教师所观察到的,更多的是其他教师成功的经历,当与自己的教学进行对比时,他们经历着失望与无力感。而且,他们也不愿意请求有经验教师帮助,因为这意味着他们将把自己的缺点暴露出来。而教学效能感高的新教师通过观察同事的教学行为,发现其优点,从而反思自己教学的不足,他们也会意识到教学是一项充满挑战和需要不断改进的工作。一名高效教师需要时间来练就。通过听课来观察其他教师的教学会促使自己思考,许多有经验的教师也乐意帮助这些新教师,新教师所经历的教学最初阶段的困惑和迷茫,他们也经历过，他们会乐意分享他们的经历和传授自己成功的教学设计、管理方式和教学方法等。

（三）情绪体验

教师在教学情境中会体会到各种情绪。轻松愉快的情绪体验预示着自我确信和对未来能够获得成功的预期，但是焦虑、紧张等情绪会阻碍教师心理机能的发挥以及机能和能力的充分利用。在面对教育工作中出现的问题、挫折时，教学效能感决定教师的应激状态、焦虑程度和抑郁等情绪反应。

（四）教师评价

如何评价教学活动的有效性，有学者指出主要有几下评价标准："根据学生学习的结果来评价教学的有效性；根据学生的学习行为来评价教学的有效性；根据教师的个性品质来评价教学的有效性；根据教师的教学行为来评价教学的有效性。"教学所产生的效果不是在短期内就能够达到的，以分数来评价教学效果是片面的，学生的学习行为受多方面因素的影响，教师的品质和教学行为对教学效果的影响也不是简单的一一对应的关系。

探讨有效课堂教学，其中最重要的一个方面就是探讨如何全面、合理地评价教学的效果。科学的课堂教学评价指标有助于教师反思教学，促使教师思考如何有效利用教学时间，探索有效的教学方式，在减轻学生负担的同时高效地完成教学任务。我们可以从认知和情感等多种角度来评价、判断和衡量教学效果，改变应试教育以分数和升学率来判断教学是否有效的功利观，以时代发展对人才培养的要求来衡量教学的有效性。随着新一轮基础教育课程改革的推进，我国教育教学领域发生了巨大变化，对教师的角色定位有了新的认识，同时，对教师素质也提出了新的要求。教育部下达的《基础教育课程改革纲要（试行）》中提出要建立促进教师不断提高的评价体系，指出"要改变课程评价过分强调甄别与选拔的功能，发挥评价促进学生发展、教师提高和改进教学实践的功能"。我国教师评价改革如火如荼地展开，建立发展性教师评价体系，日渐成为教育工作者共同关注的重要研究课题，许多学校开始进行发展性教师评价的探索和实践。

教师评价应发挥评价的促进发展功能。通过评价，使教师更好地反思和总结自己的教学，从而提高教学水平。应该正确处理评价结果，改变只对教师简单打分数或定等级的做法，评价者要和教师共同分析评价结果，帮助教师总结优点，诊断问题和不足，寻找改进和提高的途径。这样才能调动广大教师的积极性，增强教师的自信心，以此来鼓励教师不断反思、不断进步和发展。评价者会及时将评价信息反馈给教师，帮助教师诊断教学中存在的问题和不足，并和教师一起寻找改进的办法，力图促进教师专业发展。

二、教师效能的发展

教师效能是在不断发展的，有研究表明，不同年龄、教龄、职称的教师效能是不一样的，其原因在于随着教学经验的积累，教师对自己教学技能充满自信，对教学目标的设置、教学方法的运用比较得当，教师的教育理念逐步建立，并且愿意尝试更多新的方法。有研究者比较了专家型教师和一般教师的区别，专家型教师经过长时间的教学实践逐渐形成了稳定的教学风格，能够准确地诊断教学中出现的问题，并且通过教学创新来促进学生的发展。

三、教师效能主体作用的机制

(一)认知过程

教师效能包括两个方面，这两个方面是相互联系并且是同时发生的。一方面是分析教学任务，这其中包括了许多影响任务难度的各种因素，教师通过对任务难度的分析来权衡出能推动学习的有效资源。另一方面，是教师对自己教学能力的认知。总之，教师效能和学生效能一样具有情境性。

教师效能并不能单独起作用。班杜拉(Bandura)认为，自我效能在认知发展中以三种方式起着关键作用：学生调节学习活动和掌握学科知识的效能信念；教师对激发和促进学生学习成绩的个人效能信念；学校能够使学生获得重大学业进步的全体教师的集体效能感。

教师效能通过认知系统对教师的行为起作用，其中包括了元认知。元认知是对认知的认识，具体地说，是关于个人自己认知过程的知识和调节这些过程的能力。它具有两个独立又相互联系的成分：认知过程的知识和观念；认知行为的调节和控制。

元认知知识是有效完成任务所需要的技能、策略及其来源的意识——知道做什么，是在完成任务之前的一种认识；元认知控制则是运用自我监控机制确保任务能成功地完成——知道何时、如何做什么，是对认知行为的管理和控制，是主体在进行认知活动的全过程中，将自己正在进行的认知活动作为意识对象，不断地对其进行积极、自觉地监视、控制和调节，因此，元认知控制过程包括对目前认知任务的认识、制定认知计划、监视计划的执行，以及对认知过程的调整和修改。[①]高效能教师的认知表现在以下几个方面。

第一，价值观。

什么是价值观？价值观在高效能教师那里到底起什么作用？

高效能教师的教学行为受到它自身的一套价值观的指引，这些价值观与教学效果密切相关。何为“价值观”？高效能教师具有怎样的价值观，这些价值观是怎样使教师做出正确的决策的？教师是怎样管理课堂和有效利用课堂时间的？教师如何依据正确的价值观开展教学活动？教师在课堂教学中如何体现其价值观？高效能教师了解自己以及自己的教学价值观，它们勇于探索对有效课堂教学的问题。他们对学生高度负责，喜欢对问题本身深思熟虑后做出行动，因此，他们对教学充满热情，他们不断尝试提高教学效果的各种方法。这样的教育信念切实指导着每一位高效能教师的教学实践，指导着他们承担的每一种角色的教学行为，高效教师是教育哲学思想的守护者，知识学习的建构者。

价值观是指导教师教学行为的一种稳定的信念。这种内在的信念可能是无意识的，也可能是有意识的。有时候是可以明确表达的，有时候也可能是无法言说的，教师的教学行为反映着教师的教学价值观。这种价值观会对学生的学习生活产生各种影响。教师通过教学反思会意识到自己的教学价值观，我们对此要关注教师的价值观。教师的教学观、学生观、学习观会明确反映在教师的教学活动中。

清晰明确的价值观是高效教师的一大特点，高效能教师愿意承担教育责任，并清楚地传达自己的价值观，同时这种价值观也会潜移默化地影响学生，学生也会要求自己具备这种责任感。高效能教师对自身教学行为的动机、教学目标、教学效果都有自己的预期，他们对所有的学生都抱有积极的期望，他们通过自己的言语、态度、情感向学生明确表达了这种期望。他们认为，每个学生都有自己的智力优势，每个学生都可以付出努力去实现自己的目标。高效能的教师相信教育的目的在于确保每个学生都能发挥自己的潜能，他们尊重个体之间的差异。

高效能教师尊重学生的差异性。相信每个学生都有权利获得与他所处

---

① 黎加厚．新教育目标分类学概论［M］．上海：上海教育出版社，2010：32.

的环境相适应的学习条件(包括教学资源、教学环境、教学内容),每个学生都有在课堂发言的权利。尊重每个学生,确保每个学生都能取得进步是教育应该达到的目标。

认识到所有的学生都是可教的,将有利于师生之间的互动与交流。高效能的教师很看重学生建构知识的能力,并通过课堂教学来培养学生达到灵活应用知识的自主能力。他们认为学生是学习的主体。每个学生都会对问题有自己的思考,每个学生都有基于经验的批判思维能力。

高效能教师重视学生自主发展的能力和合作学习的能力,但不能忽视这些能力要求给学生带来的挑战:有些学生由于个性原因不愿意参与班级活动,而有些学生会通过扰乱课堂秩序或搞小动作来引起大家的注意,有些学生的认知停留在识记和理解的层面。老师有责任帮助学生认识到学习的意义和价值,并使其学会在小组学习活动中表现自己,教师有责任通过建立良好的课堂环境来促进学生的有效学习——与小组其他成员通过交流和沟通来碰撞出思想的火花,让学生感受到学习知识的意义,拓宽自己的视野来引导学生进行积极的探索,使学生在探索中验证自己的想法,发展自己分析、综合、应用的高级思维能力。教师有责任确保每个学生的进步。

教师的价值观应该是强调对学生的关爱、学生之间的合作和交流,赋予学生权利,而非以学业成绩为中心的功利主义,应尊重学生的差异,重视学生之间的共性,两者相互补充。

第二,教学观。

高效能的教师会在自己的教学实践中践行自己的教学观,并经常进行教学反思和实践探索:"我是否关注学生的个体差异?是否重视学生的学习能力的培养?我如何科学地设计课堂教学?我如何评价学生的课堂表现?我采用什么样方法有效地确保学生的学习潜能得到开发,而且他们能够将所学的知识能够应用到具体的教学情境中?"高效的教师会时时分析自己的课堂教学有哪些成败得失的地方,以及如何更好地改进教学。他们作为知识意义的建构者,会进行反思和探究。高效教师很少是为教而教,他们一定会针对每一节具体的教学情况去分析和评估自己的教学行为。教师只有不断地反思自己的教学思想、专业能力,才能更准确、清晰、恰当地与学生进行交流。

反思和实践同样重要,反思总是与教师的教学实践紧密联系在一起的。高效教师的教育信念里充满着对教学的责任感,包括一套教学的价值观和指导原则,强调反思和探究,积极主动地践行教学理念。高效教师往往会创新或采取不同于常规的教学方法,这些方法是基于明确的教学信念和深思熟虑的结果。高效教师在不断的教学实践中验证这些方法的教学效果,并逐渐形成一种稳定的教学信念。

高效能的教师会对自己的教学行为负责,他们会留心这种教学行为背后的教学理念,注意观察教学行为产生的教学效果。他们会反思:"这种教学方法的效果如何?这种教学效果是否实现了预期的教学目标?学生如何看待教学过程?"高效能教师关注那些使课堂教学充满不确定和复杂的那些因素,他们把自己的教学观、学生观、学习观、课程观、知识观落实到实际的课堂教学中。

第三,学习观。

学习观来源于杜威(Deway)的进步主义和实用主义。他相信,人能够运用经验去适应生存环境,因此意义、真理、知识等概念都与经验有着密切的联系。所谓学习,就是人们通过与事件、事物、人、思想或活动的互动而建构出自己关于经验的意义;人们提出问题,试图找到解决方案,并把新的信息和理解整合到现有的心智结构当中,因为此前的经验背景不尽相同,所以每个人通过经验建构出来的意义或诠释也有一定的差异。但是,这种建构不是随意的,只有在与他人以及文化共识的交流中,建构出的意义和知识才能得到验证,才能判明其有用性。杜威指出,相同的事件可能被赋予无限多样的意义。因此,意义是通过商谈和合作交流而产生与得到验证的,所以,知识是通过社会建构和交流得出的一套观念体系,个人利用知识去探索自己的世界,这些互动或探索的过程即学习,而学习又需要个人发现和社会文化的检视。

高效教师指导的班级允许学生自主行动,培养学生对自主行动的反思能力,并就其效果进行磋商。高效教师最终的目标是切实提高学生的生活质量,促进社会的发展。

第四,学生观。

高效教师将每个学生视为独特的个体,教师相信所有学生都能学习,但每个学生运用的学习方法和思维视角可能会有差异。而高效教师就是力图让所有学生都能有效学习——这些学生当中可能包括成绩优异,勇于发言的学生,也包括成绩一般,沉默寡言的学生。

高效教师追问的不是某个学生是否具有学习能力,或者他是否达到了预期的学习要求，而是某个学生在什么样的环境中学得好，他学到了哪些知识、技能，获得了怎样的学习机会，高效教师关注的是学生自己对知识的建构和运用。他们判定成功的标志是：教师为学生提供了哪些经验？学习者从经验中获得了哪些意义？学习者的交流能力以及运用新知识的能力如何？换言之，所有的学生都需要教师为他们提供丰富多彩的学校环境和多样化的学习机会，以便能主动建构所有的共识。

在有效课堂中，学生都能够进行有效学习，因为高效能的教师认识到学生的差异、学生的价值和学习的价值，有效教师相信，学习是一个循序渐进的过程，学生之间的差异是正常的，每个学生都会对这个社会做出贡献。高效能的教师认为教育的目的在于使每个学生都能在不断变化的社会中充分发挥潜能。

> 卢梭曾说过："每个孩子自呱呱坠地时即有独特的天赋。"
>
> 我们不加区别地让天性各异的孩子接受同样的训练，这种教育毁掉了孩子的天性，只留下呆板的同质性。我们不遗余力地磨灭了孩子们真正的天赋，我们得到的虚假的光彩转瞬即逝，而被我们毁灭的自然才华却无法复生。（引自杜威的著作）

我们观察到，高效能教师注重培养学生的"独特天性"和"内在潜能"。他们经常能够反思自己的教学实践，改善教学环境，致力于学生潜在良好素质的训练。高效能的老师认为每个人都应该以自己独特的方式进行学习，每个人都有基于自己经验基础上对知识意义的建构。总而言之，高效能的教师都注重儿童的个体差异，他们相信每个学生都有自己的智力优势，都有学习的能力。

高效教师非常注重学生的个性差异和学习能力。他们深知，社会在不断变化和发展，仅凭课堂上学到的知识和技能不足以让学生为未来的学习、工作和生活做好准备，他们意识到，未来的工作者需要具备批判性思维的能力、创造的能力和注重实践的能力。学生需要有足够的自信和能力去获取信息、分析信息、综合运用各种资源和信息，而不仅仅是去获取一些记忆性和事实性的知识，只停留在认知的识记层面，而应该让学生达到认知的最高层面——分析、综合和应用的层面。因此，高效能的教师的教学不仅仅传递已知的信息，他们更注重发展学生的探究和发现的能力——批判、质疑、解决问题的能力。总而言之，高效能的学生注重培养学生的自学能力。

(二)动机过程

在认知动机里,人们通常在做事之前就常常激励自己,指导自己的行为和行动,他们在实践中形成自己能做什么的信念,预测不同的努力可能带来的积极和消极后果,他们会为自己设定一些目标,计划实现目标的步骤和过程,以实现有价值的后果,避免不利的后果,如图 5-3 所示。

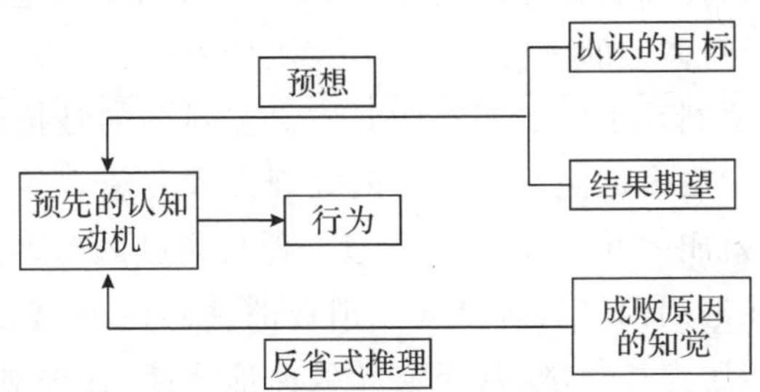

图 5-3　以认识的目标、结果期望和归因为基础的认知性动机概念图解

(三)情感过程

自我效能机制在对情感状态的自我调节中也发挥着关键作用。人们可以区分出效能信念影响情绪体验性质和强度的三种基本方式:通过对思维、行动和情感实施个人控制。

在教学过程中,教学目标的设定除考虑认知因素外,还要考虑教学中的情感因素,积极利用情感的积极作用,做到知情意的统一,从而更好地实现教学目标,达到改善教学的目的,即通过积极的情感来进行教学。积极的情感主要是为学生创设良好的学习氛围,激发学生主动地参与学习,学生在民主宽松的氛围下愉悦地进行学习。凡是能引起学生兴趣的内容,学生就愿意积极主动地学,并在学习的过程中体验到学习的快乐,满足了自我学习的需要,如果学习不能引起学生的兴趣,学生则会在学习的过程中产生厌学和痛苦的体验。学生在教学的过程中能否产生积极的体验主要在于教师的引导,教师要重视学生情感,引导学生在积极愉快的氛围中体会到成功的快乐、学习的乐趣。引导学生愉快地学习,教师需要采取情感性教学策略,而情感具有感染性,教师的情绪情感主要通过语音、语调、教师的个人魅力、手势等表现出来,教师有教学热情,语调抑扬顿挫,语气中透出对学生的关爱和积极期望等,这些都会潜移默化地影响到学生的情绪。另一方面,教师要仔细研究教学内容,创设学习问题情境,使教学活动与学生的需要相结合,充分调动学生参与的积极性和学习的兴趣。

积极情感的教师自觉地把教学当作是一种创造性劳动，把教书与育人当作是自己的价值追求，并把自身的专业发展与学生的快乐成长联系起来，在创造性劳动中体验到劳动的快乐与内在的尊严。研究发现，有些教师能够积极乐观地面对每天的教学，能够信心十足地处理教学中遇到的各种教学问题，这是因为他们相信自己能够有效地控制教学中遇到的各种困难，能够很好地调整自己的心态和行为，不会在应对各种教学情境中表现出紧张、不安，甚至表现出身体上的不良反应和心理上的疾病。

有些教师在遇到教学中的困难的时候更多强调的是自己能力的不足，对于教学中的难题更多的是采取消极的处理方式和悲观的态度，这是因为这些教师的教学效能感低下，他们由于过于低估自己的能力，而不愿意积极面对教学改革，在遇到困难时容易采取消极的逃避行为，甚至是自卑心理，久而久之，焦虑与压力相伴随，甚至会导致抑郁情绪，这种对教师的心理健康是极为不利的。由此可见，教师教学效能的高低关系到教师的身心健康和职业幸福，所以增强教师的教学效能尤为重要。

一位优秀教师曾经说过：教育事业充满理性，教师职业饱含深情。古人云："亲其师，信其道。"孔子曰："其身正，不令则从，其身不正，虽令不从。"可见，"亲其师"是"信其道"的感情基础，"信其道"是"亲其师"的必然结果。而我认为教师的"爱心"是学生"亲其师"的前提条件。换句话说，只有学识渊博、热爱学生、关心学生的教师才能赢得学生的尊敬和爱戴，这样的教师才能以自己的智慧言行和人格魅力来影响学生。

世界上任何一种爱都是双边的，是互动的，师生之爱更是如此。教师需要倾注感情、投入精力、花费时间、付出心血、不求回报，才能赢得学生的尊敬和爱戴。其实，学生尊重教师有很多原因，但师爱是真正打动学生内心的道德力量。就对学生一生的影响来讲，学识、权威、外表等加在一起，也远不如"爱心"重要。教师的"爱心"对学生影响之大，其深远性甚至能影响学生的一生，成为学生未来的立身之本。可以说，教师的爱没有任何豪言壮语，来不得半点虚情假意。因此，教师的"爱心"是无言的、是无声的、是无私的、是神圣的……"师爱无言，师德无声"。

表 5-4　热情的与不热情的教师区别

热情的教师	不热情的教师
1. 显得自信和友好	1. 显得焦虑、保守
2. 建立并传达出科目与学生之间的关系	2. 机械，不能将学生的兴趣和需要与课程联系起来
3. 用丰富的手势强调要点	3. 在整节课中通常站在或坐在一个地方
4. 有创造性，教学方法多样性	4. 仅仅使用一种或两种教学方法
5. 在教学过程中全身心投入	5. 漠不关心，不能全身心投入
6. 与学生保持眼神的交流	6. 避免与学生的眼睛接触
7. 运用不同的音高、音量、表情使演讲更有趣	7. 讲课音调单一
8. 耐心	8. 不耐烦
9. 坚信学生能完成任务	9. 当学生不能很快做出正确的反应便很快放弃
10. 意识到并能很快地处理任务外的行为	10. 忽视了学生任务以外的行为
11. 保持相对快的课程进度	11. 时间效率低下
12. 有幽默感，能够自嘲	12. 经常很挑剔
13. 通过走动保持学生的兴趣和注意力	13. 站在教室的前面，很少走动

Cruickshank D R, Jenkins D B, Metcalf K K. The act of teaching[M]. (fourth editoin). New York: McGrawK-Hill. 2006: 326.

有研究表明，教师的热情和课堂的积极氛围以及学生的高学业成绩密切相关，具体见表 5-4 热情的与不热情的教师区别。学生积极参与学习的精神状态和对教学内容的兴趣是与民主和睦的课堂气氛分不开的。有研究认为在课堂教学中，教师和学生建立了学习共同体的关系，在这个共同体中，知识具有文化性和社会性，教师作为一个拥有丰富知识的引导者，其作用在于使学生获得知识，并使学生拥有的信息量不断扩大。

（四）选择过程

个体通过选择来适应环境。他们避开自认为超越其能力的活动和环境，而积极担负自己有能力从事的活动，选择自己能应对自如的社会环境。

教师要根据学生的认知特点、思维水平、知识经验、兴趣、需要等进行教学活动设计，以促进整体素质的全面提高为目的，力求通过精心的教学设计来提高教学质量。教学设计要强调学生学习的自主性，要能够激发学生学习的动机和兴趣，这要求教师要积极搜集与主题教学相关的资料，运用更加直观的教学手段，如图片、录音机、幻灯片等来激发学生积极参与、主动探究。通过精心设计问题情境，为学生营造良好的学习氛围，问题的设计要逐层深入，要有利于培养学生的创新思维。

第六章　教师教学效能结构指标及影响因素

本研究以班杜拉的自我效能理论为基础，借鉴已有的研究成果，通过对课堂教学观察的实践提出教师效能结构指标，根据这五个维度编制教师效能量表。并对影响教师效能的因素进行了分析。

第一节　教师教学效能结构指标

一、教学计划

国外教学计划的模式很多，如表6-1、表6-2所示。

表6-1　课时计划的精选模式①

Eby (2000)	El-Tigi (2000)	亨特 (2004)	雅各布森等 (1985) 莫尔 (2000)	纽约时报
1. 标题 2. 主题 3. 年级水平 4. 描述 5. 目标 6. 需要的材料 7. 程序 8. 评价	1. 目标 2. 评估学习者的学习准备 3. 需要的资源 4. 描述教学过程 5. 结束 6. 评估、评价	1. 目标 2. 设置导言 3. 输入与示范 4. 检查学生的理解程度和在教师指导下的练习 5. 独立练习	1. 决定教学内容 2. 目标 3. 介绍 4. 教学方法 5. 结束 6. 对学习者的评价	1. 课程概述 2. 需要的时间 3. 目标 4. 学习的资源 5. 活动程序 6. 评价 7. 活动扩展 8. 与其他课程的关系 9. 与标准的关系

① Cooper J M. Classroom Teaching Skills[M](ninth edition). New York: Linda Schreibeer-Ganster, 2006: 171.

表 6-2　课堂教学计划格式介绍①

1. 目标——表明本节课的教学目标 2. 资源——表明所使用的资源和材料 3. 导入——描述本节课是如何被介绍的 4. 方法——描述教与学是如何进行的	5. 评价——清晰地描述出学生学习是如何开展的 6. 结束——总结本节课的内容 7. 反思——考虑本节课的效能

有效计划是"有效教学"的关键。教师所准备的课程计划可以帮助他们有效组织和传授当日的课程。大量研究表明，对教师来说，良好的课程组织与教学效果具有极高的相关性。② 教学计划的因素包括以下几个方面，如图 6-1 所示。

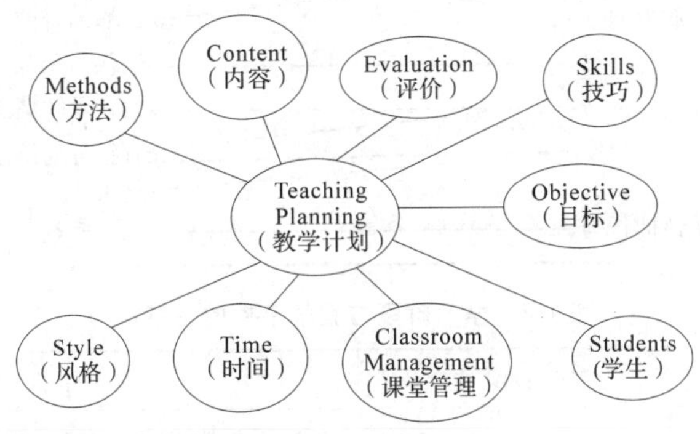

图 6-1　教学计划的因素③

教师为了达成教学目标，需要对一节课进行详细的计划，包括决定学生学什么和如何学。除此之外，教师还要考虑具体的教学的组织形式和教学内容的安排，如讲授、提问、讨论等时间的合理分配，这时教师的角色是一个教学决策者。教师在制定教学计划时必须考虑三方面因素：学习者、学习内容和教学方法。对学生的了解包括对学生的智力水平、能力、人格（学习风格、自我意识）、学习需要的了解；学习内容包括学科内容的选择、呈现的次序、主次等，教师如何把学科内容知识按照学生的认知水平让学生更容易识记、理解、分析和以后的应用；教学

① Cooper J M. Classroom Teaching Skills[M] (ninth edition). New York: Linda Schreibeer-Ganster, 2006: 171.

② 荷烈治. 教学策略——有效教学指南[M]. 第 8 版. 牛志奎，译. 北京：中国人民大学出版社，2010. 49.

③ Cooper J M. Classroom Teaching Skills[M] (ninth edition). New York: Linda Schreibeer-Ganster, 2006: 48.

方法要教师在介绍学科内容时注意恰当的速度和节奏、呈现方式（讲授和讨论）、学习方式（小组讨论、独立学习）、课堂管理。

教师必须要界定出关键事件，在制订教学计划时先假定教学事件将会影响学生的学习。其中最为有名的是 R. 加涅和布格里斯（1979，1992）所建议的七个教学事件。这七个方面也是“有效教学”最重要的方面。而亨特（1982）所建议的一种事件序列与七个教学事件有相同之处（表 6-3）：①

表 6-3　两种有联系的教学事件观

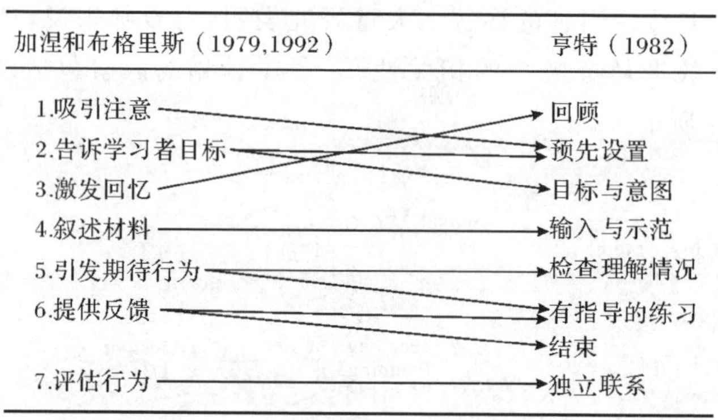

表 6-4　学习阶段与教学事件的关系②

描述	学习阶段	教学事件
学习准备	1. 注意	通过不寻常的事件、问题或者刺激的改变来引起学习者的注意
	2. 预期	使学习者了解目标
	3. 提取（相关信息/技能）	刺激对先前学习的回忆进入工作记忆
获得和表现	4. 刺激特征的选择性知觉	呈现区别性的刺激特征
	5. 语义编码	提供学习指导
	6. 线索提取	诱发行为
	7. 强化	提供信息反馈
学习迁移	8. 线索提取	评估行为
	9. 泛化	

① 鲍里奇. 有效教学方法[M]. 第 4 版. 易东平，译. 南京：江苏教育出版社，2002：121.

② Gredler M E. Learning and instruction：Theory into Practice[M].（fifth Edition）. New York：Merrill Prentice Hall，2005：177.

这七个方面并不是都包括在每一个课时计划中，但“有效教学”必须要考虑到每个教学事件所涉及的教学活动类型，以及这些教学活动是如何与学生的内部学习活动联系起来的。有效教师能够确定如何选择、传递和组织学习经验的过程，从而使教学效果和学生的成就最大化。在开始教学之前，优秀教师会考虑教什么以及如何呈现教的内容，以使自己的教学对所有的学生都能有价值。经过课堂观察，我们发现，优秀教师往往能够对一节课的教学有一个整体的把握：①计划课堂内容的呈现顺序；②采用多种教学方法激发学生的兴趣和动机；③提出清晰和明确的问题；④通过示范、举例来呈现例子；⑤善于利用学生的回答积极给予反馈；⑥适当地总结和作业布置。

“有效教学”必不可少的部分是对教学计划持续不断的完善。关于教学内容和教学方法的决策主要建立在对学生学习进度的判断及对各种学习和经历的平衡性考虑上。因而是一个动态的和创新的计划。①

一个完整的教学计划包括许多方面，其中最重要的是教学目标。泰勒(Tyler，1974)指出，在确定学生应该优先学习什么时要考虑五个因素。如图 6-2 所示：

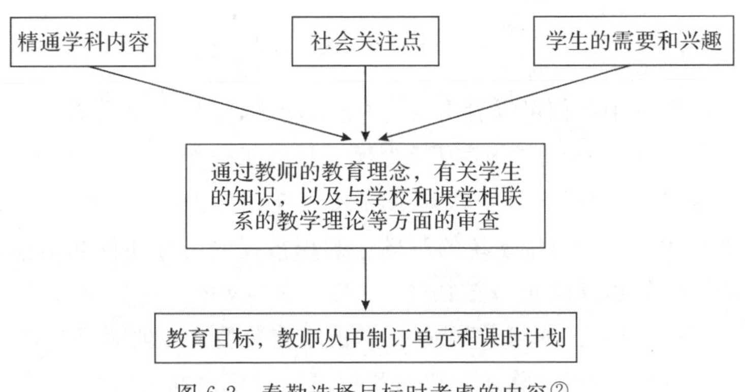

图 6-2　泰勒选择目标时考虑的内容②

教学目标在表述时要尽量使用行为目标，行为目标指的是可观察、可测量的行为变化，而且教学目标要包括认知、情感、动作技能的不同层次，以前我们制定教学目标更多的是认知领域的识记、理解、分析的低层次方面，而

① 威伦，哈奇森，博斯. 有效教学决策[M]. 第 6 版. 李森，王伟虹，译. 北京：教育科学出版社，2008：152.

② 鲍里奇. 有效教学方法[M]. 第 4 版. 易东平，译. 南京：江苏教育出版社，2002：12.

高层次的综合和评价则较少，随着科技的不断发展，人们更加关注学生在实际生活中如何对事物进行批判性的思考、分析、推理及解决问题，因此，教学目标的制定要包括不同的层次。

教学效能的评价对课堂教学设计、实施、反思起到了重要的指导作用。因为评价教学效果主要是看它在多大程度上达到预期的教学目标，目标阐述得越详细，评价就越准确。其中，布卢姆教育目标分类学详细地阐述了学生在学习领域中应该达到的目标。学者马扎诺提出了人的学习行为模式和新的教育目标分类的二维框架图，如图 6-3 所示。

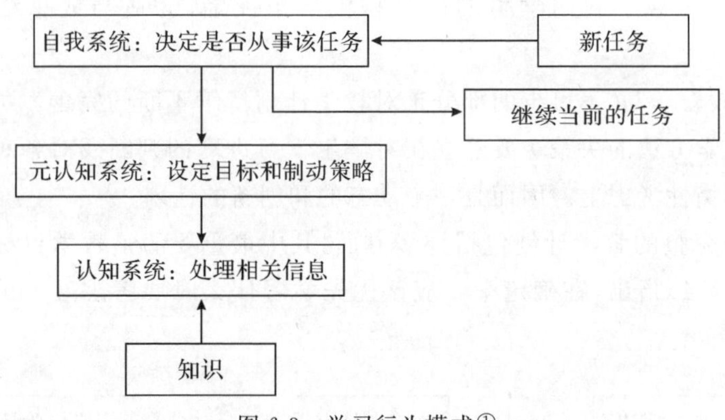

图 6-3　学习行为模式①

从这个图标中我们可以看出，在教学活动中，学生在接受新知识之后是如何进行信息处理的。这个学习行为模式呈现了三个思维系统：自我系统、元认知系统和认知系统，其中认知系统又被细分为提取、理解、分析和知识运用。而知识是三个思维系统的基础。知识可以分为陈述性知识和程序性知识。陈述性知识通常可以被描述为“是什么”(what)的结构句型，而程序性知识可以被描述为“如何做”(how to)的结构句型。心理学家斯诺(Snow)和洛曼(Lohman)指出，“陈述性知识和程序性知识之间的区别，更简单一些说，就是内容知识和程序知识的区别”。学习效能是自我系统、元认知系统和认知系统相互作用的结果。

新课程标准明确提出了建立三维目标的课堂新组织模式，从知识与技能，过程与方法，情感、态度与价值观三方面阐述课程目标。

---

① 黎加厚.新教育目标分类学概论[M].上海：上海教育出版社，2010：15.

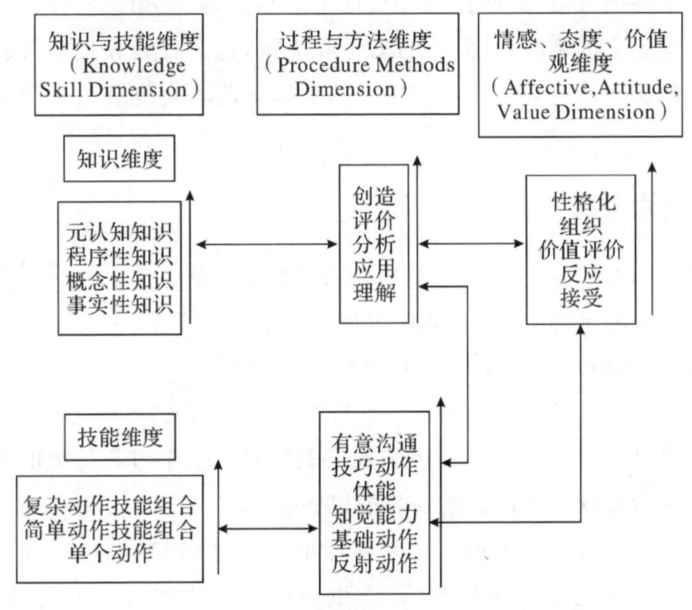

图 6-4　国家课程标准教育目标分类体系

关于教学目标的分类，不同的学者有不同的看法，如表 6-4 所示：

表 6-5　教学目标的分类

代表人物	教学目标的分类	层次					
布卢姆、恩格尔哈特、希尔、福斯特和克拉斯沃尔(1984)	认知	知识	理解	应用	分析	综合	评价
克拉斯沃尔、布卢姆和马西亚(1964)	情感	接受	反应	价值化	组织	个性化	
哈罗(1972)和摩尔(1992)	动作技能	模仿	控制	精确	连接	自动化	
		最低水平↔最高水平					
		较不真实↔较真实					

研究者假设这些水平是等级式的，较高水平的目标包含并依赖于较低层级的目标，而且高层次的目标包含了更复杂的心理操作。教学目标的较高水平的认知、情感、技能相对于较低水平的目标是更真实的行为，因为，学

生对知识掌握的程度可以通过识记、理解来测试，而对知识的分析、综合、评价需要学生独立的判断、批判性的思考和决策，这些行为和技能可以检测学生对知识的运用情况，因此，较高层级的目标更能真实地反映出学生的技能和行为。

二、课堂管理

克里克山克(Cruickshank)采用综合研究的方法。他在综合了多个有关教师效能研究的基础上，把有效能教师应具备的素质归纳表现为以下两个方面：课堂上的组织管理方面和课堂教育学方面。

课堂管理可以被定义为创造和维持“教与学”行为产生的环境所必要的规则和程序(Duke)。清晰的规则表明了教师对学生学习和行为的期望。惯例为学生的活动程序提供了指导的框架。①

课堂管理的目的在于通过一种有序的方式计划和引导各种活动，使学生积极地投入课堂学习过程，并将学生的各种纪律问题减少到最低程度。有学者提出，“有效教师的一个重要特征在于他们能够凭借积极的组织和管理行为，营造促使学生最大化投入的学习环境”。②

当有效教师考虑采用哪种课堂管理策略时，必须考虑到要建立哪些需要学生遵守的规则。卡尼恩(1970)在一项研究中表明当单个学生或一群学生的行为不规矩时，教师所采取的惩罚或制止方式对全班的影响，实验表明：教师的制止行为实际上伴随着对伴随着全班所有成员的影响。卡尼恩称之为“涟漪效应”。③

有效管理的教师更多地依靠教学行为。其途径是为良好的学习环境创造条件，尽可能地避免纪律问题。有效的教师也是一个有效的管理者，而一位有效的管理者能够防微杜渐。有效的管理者按照一定的环境规则将教学组织起来，有效地开展学习活动；有效管理的教师根据不同的情况施以不同

---

① 克里克山克，贝勒尔，梅特卡夫．教学行为指导[M]．时绮，译．北京：中国轻工业出版社，2003：349.

② Creemers B P M, Reezigt G J. School level conditions affecting the Effectiveness of instruction[J]. School Effectiveness and School Improvement, 1996(7): 197-228.

③ 荷烈治．教学策略——有效教学指南[M]．第8版．牛志奎，译．北京：中国人民大学出版社，2010：148.

的教学,以不同的方式实现学习目标,并激发学生的兴趣和参与热情。[①] 有效教师会使教学策略与管理密切配合,形成整体,使课堂运作顺利、秩序井然、富有成效。

科尼恩(Kounin)早在1970年的研究中就发现,有效教师在教学准备、教学组织及活动之间的顺利过渡上,都会表现得更出色。他们重视激发并维持学生注意力,尽力为学生安排个性化的、有趣的作业,并能凭借敏锐的观察力预测学生的需求和课堂潜在的问题。克里克山克(Cruickshank)则认为有效教师具有卓越的管理专长,尤其在计划课程教学内容、学习活动、学生活动方面,课堂管理能力较强。[②]

"有效教师在班级生活中,善于营造各种有助于学习的气氛,以激发学生学习动机,增进对学习的内驱力。因而,良好的班级气氛不仅具有条理性、效率性的特征,还能为学生提供一定的支持。"[③]

教师的教学效能的高低会影响课堂管理策略。这意味着,教师在计划课堂管理策略时需要考虑,自己想要哪种课堂环境,以及建立这种环境所需要的规则和惯例。此外,教师必须学会如何使学生遵守规则,以及如何加强和奖励学生的这种行为。最后,教师必须计划在不良行为确实产生时如何制止。[④]

有研究者发现,高教学效能的教师比低教学效能的教师对学生更容易采取民主的态度。民主的课堂教学管理对于学生个性的培养和创新的培养具有重要的意义,教学效能高的教师相信自己的教学能力能够很好地激发学生的学习动机,影响学生的学习方式和学习效果,因此能够对教学内容进行合理的设计,灵活地执行教学设计。伍尔福克 Woolfolk(1990)在此基础上还发现,教学效能强的教师也愿意让学生在轻松民主的气氛中进行学习,并且教学效果更好;而教学效能感低的教师认为学生不能很好地管理自己的学习,需要外部的奖励和严格的纪律才能使课堂教学有序进行,才能更好

① 威伦,哈奇森,博斯.有效教学决策[M].第6版.李森,王伟虹,译.北京:教育科学出版社,2008:85.

② 克里克山克,贝勒尔,梅特卡夫.教学行为指导[M].时绮,等,译.北京:中国轻工业出版社,2003:350.

③ Walberg H J. Syntheses of research on teaching. In M. C. Wittrock(Ed.), Handbook of Research on Teaching, New York: MacMillan, 1986:214-229.

④ 克里克山克,贝勒尔,梅特卡夫.教学行为指导[M].时绮,等,译.北京:中国轻工业出版社,2003:1.

地维护教师的权威地位。

有效课堂管理需要教师和学生的积极参与，教师要解决学生的行为问题和学习问题，教师的角色是一个引导者和帮助者，教师需要帮助学生制订学习计划、并监督学生执行或修改计划并不断努力来追求成功。在课堂上教师要根据学生的需要有计划地安排学习进度，有效利用学习时间。马斯诺的需要层次理论认为，个体的行为在很大程度上是由其需要决定的，这意味着教师首先要判断什么样的需求会导致学生什么样的行为，进而再强调学生的需求，当教师真正了解学生的需求、相信他们是课堂中的最重要的和被尊重的个体，教师就会营造一个积极的、支持性的课堂气氛，帮助学生建立一个积极的自我形象，引导学生正确地自我认知和自我实现。当学生的某些行为出现偏差时，教师也不会去一味地否定学生，纠正其错误，而更多的是强调每个学生的内在价值，每个学生都有不同的智力优势，并通过积极地反馈和对学生积极的期望来激发学生做得更好，只有这样，学生了解了教师的要求，也会进行自我管理和自律，教师也不必花更多的时间在课堂管理上，可以把更多的时间用在学生的学习上。因此，有效的课堂管理有其内在的行为准则，这些行为准则是与学生的自我实现相一致的。一个有效管理的班级会让学生关注到个人发展，而非安全和归属。

三、教学策略

多种多样的教学策略能够为学生提供多样的教学活动，从而使学生的注意力能够集中在学习内容上，减少学生在学习上的焦虑和理解上的困难，让学生在学习过程中通过小组合作、独立探究来独立地思考、分析和解决问题，通过多样化的学习方式，让学生在彼此的互动中相互学习，让学生拥有更大的自主权。有研究者表明，有效教师在教学策略上灵活多样，而且，在课堂上能够保持一种创造性和积极的氛围，没有经验的教师往往不会运用替代性教学策略，而对学生的调查表明，多样化的教学策略会让人觉得有趣而不枯燥。教学策略包括了直接教学策略和间接教学策略，如表 6-6 所示。

表 6-6　直接教学策略和间接教学策略的比较①

直接教学策略	间接教学策略
以教师讲授为中心 目标：把事实、规则和动作序列传达给学生。 表现：日常检查、呈现新内容、指导学生练习、反馈和纠正、独立练习、每周和每月的总结。（罗森夏因）	以问题探究为核心 目标：给学生教授概念、模式和抽象理论。 表现：教学内容的组织者，概念性的归纳和演绎，正反例的运用，用问题来指导探寻和发现，利用学生的观点、学生自我评价、小组讨论。

多样化的教学策略必须结合具体的教学内容和目标，这些教学策略才能显著提高教学效率。经过课堂观察我们发现：有些教师比别的教师课上得更生动有趣，更能激发学生学习的兴趣，同学们更愿意学习这门课。我们可以用一些词语来描述这样的老师——热情、富有创造力、平等、条理清晰等，除了这些因素之外，能够激发学生兴趣最重要的因素是教师运用多样化的教学这一关键行为。有研究者通过对有经验教师和没经验教师的比较，发现有经验的教师比没经验的教师在教学策略上更灵活多样，没经验的教师不善于运用替代性教学策略。而反应在教学效果上，学生更喜欢运用多样化教学策略的教师。因为，灵活多变的教学策略更能引起学生的兴趣和注意，更能创造出一种积极的、民主的课堂气氛。

有研究者认为，有两种宽泛的学习结果的分类：类型一，事实、规则和动作序列；类型二，概念、模式和抽象概念。类型一的结果反映了教学目标分类的三个方面的较低水平：认知领域（知识、理解和应运水平）、情感领域（注意、反应、价值化）、动作技能领域（模仿、控制、精确化）。而类型二反映了教学目标分类的三个方面的较高水平：认知领域（分析、综合、评价）、情感领域（组织、性格化）、动作技能领域（连接、自动化）。

根据两种学习结果采用不同的教学策略。强调知识的获得一般采用直接教学策略——教授事实、规则和动作序列，而教授概念、模式和抽象概念时最常采用的策略是以探寻和解决问题为主的间接教学策略。那么直接教学策略和间接教学策略的定义是什么？优缺点是什么？表现形式是什么？见表 6-7。

① 鲍里奇.有效教学方法[M].第 4 版.易东平，译.南京：江苏教育出版社，2002：202.

表 6-7　直接教学的特征①

全班教学(相当于小组教学)
围绕你提出的问题组织学习
提供详细而反复的练习
呈现材料的方式使学习者能够逐一学习新的事实、规则和动作序列
正式的课堂安排,使学生获得最多的朗读和练习机会
1.日常复习,检查前一天的作业,并重新讲解(如果必要)
2.呈现新内容并赋以结构
提供概述
以小步骤(如有必要)前进,但节奏要快
如有必要,详细而反复地指导和解释
在测量旧技能时逐步引进新技能
3.指导学生练习
高频率的提问和公开的学生练习(出自教师和教材)
在初次学习时给予提示(在恰当的时候)
所有学生都有机会回答并获得你的反馈
教师通过评估学生的回答检查他们的理解情况
继续练习直到学生能够肯定地回答
在初次学习时成功率要达到 80%或者更高
4.反馈和纠正(如有必要,循环教学)
给学生反馈,特别是在他们回答正确,但却还犹豫的时候
学生的错误给教师提供了反馈,有必要纠正或重教
通过简化问题、给出线索、解释或复习步骤,或者重教最后几步等方法来纠正必要时,以更小的步骤重新教授
5.独立练习,以便学生能够肯定而自动地回答
当堂作业
模块化和自动化程度(过渡学习的练习)
保证学习投入当堂作业的程序需要(也就是说,教师或助手监督)90%或者更高的准确率
6.每周和每月的总结
如有必要重教

直接教学策略适用的范围:直接教学策略主要以教师的讲解为主,教学过程包括师生互动,教师的问与学生的答、复习、练习以及纠正学生错误等。当学习的内容涉及认知的高层次分析、综合、评价等水平,需要学习者的高度参与才能掌握学习内容,这时,需要教师通过精心设计的课堂对话来引导学生探寻和发现。要达到解决问题、批判性思考和对问题做出判断等水平,首先需要学生掌握一些学科内容的基本原则和与任务相关的先前知识,当学习者已经掌握了这些知识的时候,再使用直接教学策略,就会降低学生的学习效率。

① 鲍里奇.有效教学方法[M].易东平,译.南京:江苏教育出版社,2002:146.

间接教学是一种教授和学习的方式，在这种方式里：①习得过程为探寻，②结果是发现，③习得的内容为一个问题。结构主义认为，教师应该鼓励学生结合自己的经验，主动构建知识的意义，而不是让学生去被动地接受教师组织好的知识。现实世界的活动常常包含认知方面的分析、综合和决策，情感方面的组织和个性化行为表现以及心理动机方面的自然化行为表现和口头表达。这些使教学变得复杂起来，因为这些行为并不是像较低水平的复杂性行为那样，通过记忆各部分，然后快速自动地把这些部分组合成一个整体；相反，他们需要学生自己的努力去调动个人经验和过去的知识储备来为刺激材料找出意义和赋予意义。[①]

表 6-8　间接教学法的功能 [②]

1. 内容组织：作为“固着点”，提供先行组织者
了解要点
集中掌握最有成果的领域
2. 概念性训练：使用归纳和演绎的方法
选择事件来构建普通的概念和范式（归纳）
将原理和一般理论用于具体事件（演绎）
3. 例子和无例子
采用标准属性来提升精确的普遍化原理
逐渐扩展一套例子
用非本质特征来突出辨别活动
4. 提问：发出问题
展现相互矛盾的情况
为更深的理解而提出探究性问题
将学习的责任转给学生
5. 学习者的经验（运用学生的观点）；鼓励学生
参考他们亲身的经验
通过例子来发现分类法
得出类似的或相关联的情况
6. 学习自我评价
请学生评估他们自己反应的合适性
提供导致不恰当反应的线索、问题和暗示
7. 讨论：促进那种鼓励学生进行如下活动的课堂对话
检查另外的情况
对结论做出判断
做出预测
发现那种鼓励批判性思维的概括
其中提问策略是教学中常用的一个策略

① 鲍里奇. 有效教学方法[M]. 第 4 版. 易东平，译. 南京：江苏教育出版社，2002：180.

② 鲍里奇. 有效教学方法[M]. 第 4 版. 易东平，译. 南京：江苏教育出版社，2002：183.

提问在教学过程中扮演着重要角色，教师首先要掌握提问的技巧，引导学生进行有意义的思考，设计好问题帮助学生达到教学目标，教师不能占据大部分时间来进行讲述和提问，而应该鼓励学生提问，这样，才能激发更多学生相互之间进行交流，才能产生更高水平的问题，并促进学生正确分析推理。课堂之间的互动是师生之间的相互交流，教师不能单方面地以提问来占据课堂的大部分时间，这样就会使学生变得消极和依赖教师，学生就难以产生创造性、批判性思维，而这也是学生应该具备的。有研究者认为，提问策略包括会聚、发散、评价和反思性提问四种。

任何一种策略都要以事先预定好的目标的能力作为判断标准。在考虑到对知识的理解和识记的层面，需要学生掌握关于事实和识记的知识时，教师使用会聚问题是恰当的，教师会鼓励学生将回答集中或聚焦在一个中心主题上，并启发、诱导学生做出简短的回答。

发散性问题则与会聚性问题不同，其目的在于拓宽学生的思考面，引导学生进行更高水平的发展。发散性问题不一定要有标准答案，这样的提问对于有困难的学生是有好处的，教师要鼓励学生创造性地回答问题和使用独特的方法解决问题。教师要引导学生进行多样的回答，尊重并倾听他们的回答。

教师在使用发散性问题策略时要提前写好问题，并明确清晰地表达问题，这样你才能清楚地向学生传达你所要表达的意思。课堂观察发现，许多学生已经习惯于简短地回答问题，停留在认知的低层次方面，当教师改变提问策略，期望学生回答的问题显示出高水平的思考——应用、分析、综合，你就会发现学生会积极参与，并能给出更多样的回答和更深刻的思考。

评价策略与发散策略相比多了一个评价要素，评价性问题有一套内在的评价标准，包括判断事物的好坏，并说出你所判断的依据；为什么用这个理论能更好地解释这个问题，你对这个事件的评价等。当你设计一个评价性问题时，你应该强调学生在做出判断时所依据的具体标准。教师的角色就是帮助学生建立一套评价事物的标准。如当你提出问题要求学生回答时，学生做出了回答，当你再次追问学生为什么时，学生会回答“因为”，这时你就会发现有些学生不懂得如何对事物进行评价，不知道如何去构建一套符合逻辑的评价标准。这时教师的作用更多的是引导学生，为学生创造一个有助于形成学生发展逻辑评价标准的积极环境。

反思策略与评价策略一样包含了评价的因素，其主要在于引导学生去推理、预测等高层次思考。反思的过程是学生分析性和批判性思考的过程。反思策略着重于让学生自己去构建问题的意义。

教师选择教学策略和设计教学活动不仅要考虑到教学目标的价值，还要考虑到所选择的教学方法和使用的教学材料适合教学目标，并且通过合理的教学活动来使学生达到教学目标的要求。每种教学策略都有自己的优点和缺点，这要求教师自己要了解每种教学策略的使用条件，建立一个基于自己教学实践反思的教学策略资源库。教师策略的选择必须适应课程内容和课程目标的需要，没有一种教学策略对所有的教学情境、教学目标，对每个学生或班级都适用。当教师面对一个班级，其教学目的主要是要学生掌握知识时，教师可以采用讲述的教学方法，但教学内容需要学生参与体验来获得的信息时，教师可以采用小组讨论合作学习或独立学习的教学策略。

四、师生互动

常常有教师在课堂教学中由于与学生思想碰撞而产生灵感，也有不少教师得到来自学生的启发。这是真正的师生互动，是师生双方发自内心的相互欣赏、欢迎和肯定，是教师与学生在精神上平等的相遇，是教育过程中师生的共同提高。教师不再是所有知识的拥有者，学生可能会通过各种渠道获取比教师多的知识和信息，这就要求师生之间互相学习，取长补短，教学相长。教师既是知识的传授者，又是学生全面发展的引路人，教师要帮助引导学生学会求知，学会做事，学会做人，学会生存。

在传统教学中，学生获得知识的机制是理解——记忆或记忆——理解，两种习得的过程是不同的，学习者的感觉是不同的，学习成果也是不同的。通过师生互动，学生不仅获得了活的知识，重要的是获得了对话理性，并在启发式的、探索式的对话中获得了主体性的发展。学生具有很强的探究欲望，他们渴望与他人交流和沟通，好奇心和探究是儿童的本性，儿童总是喜欢问为什么，喜欢通过各种感官来感知外界事物，教师就是要创造有利于学生身心发展的环境，引导学生通过对话与交流，自由、自主地探究，使学生在探究中成长，在探究中体验到成功的乐趣。通过调查，我们了解到教师对新课改的认识不够深入，对新课改的基本理念、课程目标、课程标准认识不到位，许多教师认为新课改只是一些教学技术方面的改革，如用新的教学方法改变传统的课堂教学模式，这样的认识存在很大的局限性。教师在课程改革中遇到的困难和困惑表面上看是操作方面的，实际上是教学观念没有转变为教师的教学行为。师生的思想影响着教师对课堂教学目标的理解和课堂教学活动的实施方式，教师要能根据具体的教学情境不断调整教学行为，并结合学生的生活经验，从教学目标、教学过程、教学效果等方面动态地生成课程。这同时也影响着教师在教学中的角色地位，教师在教学设计和实施中，要发挥主动性、创造性和自主性，实现从静态的课程向动态课程的过渡，教师要以自己的专业知识理解课程的性质和价值，以批判和创新的精神主动生成课程，改变课程是不可变更的陈旧观念。

只有民主、平等、对话的师生关系才是真正符合人性的师生关系。这里的互动不仅仅是指师生双方狭隘的语言交谈，而且是指师生双方各自向对方的精神敞开和彼此接纳，是一种真正意义上的精神平等与沟通。

课堂教学应该是教师和学生心灵的对话和交流，是师生心理相融的过程。巴西教育家保罗·佛莱雷说："没有了对话，就没有了交流；没有了交流，也就没有真正的教育。"教学理论提倡以人为本，注重人的全面和谐发展，充分尊重学生的个性，促进学生潜能的发展，通过课堂教学，不断发展和解放人的个性，充分张扬人的个性和自我表现。教师在课堂上应该成为学生学习活动的组织者和引导者，尊重和赞赏学生，在教学中要关注每一个学生的发展，关注学生的情绪生活和情感体验，关注学生的道德生活和人格的形成，师生共同探讨问题，教师为学生创设开放、合作的课堂氛围，鼓励学生自主、合作、探究地学习，培养学生批判性思维和创新精神。

（一）教师与学生之间的关系

师生互动消解了传统师生关系中的二元对立，教师与学生的关系不再是以知识为中介的主体对客体的单向灌输关系，取而代之的是一种"我—你"的对话关系。师生互动以交往行动理论为基础，交往行为有四个功能：一是理解的功能，有助于把握知识；二是合作的功能，使社会形成一个有机的整体，以实现社会的目标；三是社会化功能，即能够使个体认同社会规范和价值导向，从而有助于形成某种价值导向；四是社会转型功能。真实交往互动的理想课堂具有以下六个特征：一是参与度，即学生全员参与、全程参与和有效参与；二是亲和度，即师生之间愉快的情感沟通与智慧交流；三是自由度；四是整合度，即整体地把握学科知识体系；五是练习度，即学生在课堂上动脑动手动口的程度；六是延伸度，即在知识整合的基础上向广度和深度延伸，从课堂教学向社会生活延伸。课堂教学是教师的教与学生的学的统一，强调师生之间的交往。现代教学论指出，教学过程是师生、生生之间相互交往、积极互动、共同发展的过程。没有交往，没有互动，就不存在或未发生教学，那些只有教学的形式表现而无实质性交往发生的"教学"是假教学。在交往中，师生都是教学的主体，都是具有独立人格和尊严的人，都有着丰富的内心世界和独立的情感表达方式，新型的师生关系应该是一种民主平等、互相尊重、相互理解的关系。交往互动意味着对话和参与，交往互动意味着学生主体性的凸现，交往互动意味着上课是生命活动，交往互动还意味着教师在教学中由知识传授者转向学生发展的促进者。学生在交往互动的师生关系中，体验到平等、尊重、理解与关爱，同时，受到来自教师和同学的激励、感化和建议，形成积极的、丰富的人生态度与情感体验。

（二）学生与学生之间的关系

传统的学习是以死记硬背为特征的接受式学习，加上以考试为主要形式的教学评价方式，学生之间相互竞争，甚至是恶性竞争。"牺牲别人就等于成就自己"，成了学生之间一条心照不宣的准则。所以，为了在应试竞争中取胜，学生之间无形中就筑起了一道道藩篱，互相防范，甚至互相敌视。学生之间缺乏合作和相互探讨，彼此将自己封闭起来，学习成了闭门造车，学生之间是一种防他型的隔离关系，这无益于学生身心的健康发展。《基础教育课程改革纲要（试行）》指出："倡导学生主动参与、乐于探究、勤于动手，培养学生搜集和处理信息的能力、获取新知识的能力、分析和解决问题的能力以及交流与合作的能力。"学生之间的交流与合作是课堂教学的重要组成部分，我们应该建立一种合作型的生生关系，鼓励学生之间友好交流，合作探讨，彼此交换学习、生活中各自不同的体验和认识。在这种合作型学习中，由于学习者的积极参与，学生之间高密度的交互作用和积极的自我概念，使得教学过程不仅是一个认知过程，同时还是一个审美过程和交往过程。生生互动就是让学生通过对话、交流与合作使学生个人之间充满敌意的竞争转化为小组之间友好健康的竞争，从而培养学生良好的社会情感、健康的竞争意识和合作精神。

五、教学反思

教师的反思是教师对于教育事件进行理性选择的一种思维方式和态度。教师反思是教师为了改进专业实践而进行的自我检查、自我评价的过程,也是行为主体立足于自我以外、批判地考察自己的行为及其情境的能力,是形成思想、观念、信条的手段和方法。① 范·梅南(Van Manen,1987)认为反思有三种层次:技术理性、实践行动和批判性反思(见表6-9)。②

表 6-9 反思层次表

反思连续体		
技术理性	实践行动	批判性反思
回答"是什么"和"怎么样"的问题	回答"为什么"的问题	回答"这样做是否正确"
根据既定的要求,采取常规的行动	选择和建立教学上的优先活动的问题	根据伦理和道德标准做出价值判断

在不同的职业发展阶段,教师应根据不同的教学情境进行反思。在日常教学活动中,教师要不断审视自己的教学设计是否符合课程的呈现方式,当教学技能日趋成熟的时候,教学风格已经形成的时候,教师要更多地考虑为什么,即从伦理和道德的高度来考虑公平、平等问题,考虑教学设计和组织是否符合学生发展的需要,是否有利于实现教学目标。

教师的教学反思是教师对自己的教学行为以及对学生的影响的一种认知,是一个持续的过程,是与教师的专业发展联系在一起的,有助于教师不断了解教学的各个因素,如教学方法、策略,不断熟悉学生的情况,从而坚定教学信念,调节教学行为,增长教学实践智慧。反思有助于教师从自身的教学实践中不断地学习。教师反思的过程也是教师不断学习的过程,教师在学习活动中会对自己的教学策略、教学组织进行积极的思考,并对教学内容重新组织,更多地考虑学生的需要,会为学生的学习创造更多的机会,让学生在真实的问题情境中去体会,去感知,从而培养学生分析问题、解决问题的能力。

教学反思是教师对自己教学行为的内省和剖析,高效能的教师善于学习别人的长处,能够及时总结教学经验,将教学实践中发现的问题上升到理论的层面进行反思,从而为自己的教学理念、教学行为找到合理的理论依据。

---

① 胡萨.反思:作为一种意识——关于教师反思的现象学理解[J].教育研究,2010(1):95-99.

② 威伦,哈奇森,博斯.有效教学决策[M].第6版.李森,王伟虹,译.北京:教育科学出版社,2008:396.

教师专业发展是教师在职业生涯中，通过专业学习掌握教育教学专业知识，提高教学技能和专业素质，实现教师专业自主发展，成为一位优秀的教育专业工作者的专业成长过程。教学作为一种专业，教师作为专业人员的地位得到确认，教师在专业发展中要有自主权，即教师不受外界环境的干扰，能够根据自己的需要、能力选择适合的学习内容，确立发展目标。

第二节 教师教学效能影响因素

早期的研究侧重于对教师特质的研究，随着教师效能研究的深入，教师效能作为影响教师教学行为和教学效果的重要因素越来越受到人们的重视，逐渐成为研究的热点。

早期的研究发现，教师效能是预测教师教学行为和教学效果的指标之一，教师在教学行为和教学效果上出现差异的一个重要原因是教学效能高低的不同，教学效能通过对教师的教学行为的影响，进而影响到学生的学习成绩。教学效能与教学行为存在显著正相关。那么，影响教师效能的因素有哪些？具体而言包括教师个人因素和外部环境因素。有研究者通过对教师性别、教师年龄、教师学历、教师教龄等方面了解影响教师效能的因素。有学者对教师效能影响的研究涉及学校规模，学校的组织结构和学校氛围，学生因素等，他们的研究结果表明：学校的结构和气氛对教师的自我效能信念具有显著影响，其中良好的人际关系、强有力的学校管理、高的学习期望这三个因素是教师教学效能最重要的预测变量；校长对教师能力的评价也会影响教师效能。①

一、外部因素

（一）社会氛围

教师对于社会的发展做出了一定的贡献，教师应该享有相应的社会地位和受到社会的尊重，国家已经明确了教育优先发展的思路，而教师是基础

① Woolfolk A E., Rosff B, Hoy W K. Teachers'sense of efficacy and their beliefs about managing students[J]. Teaching and Teacher Education, 1990(6). 137-138.

教育发展的主力军，“建设一支具有良好政治业务素质、结构合理、相对稳定的教师队伍，是教育改革和发展的根本大计”。教师的社会地位也从侧面反映了一个国家的文明与进步程度。教师承担繁重的教学任务，同时还承受社会与家长的高期望，当教育出现问题时，教师第一个要受到责难，而教师并没有享受相应的待遇与社会地位。随着基础教育改革的不断深入，国家越来越重视教育的投入和重视教师的作用，教师的待遇和相应的社会地位也得到了提高，社会和学校也为教师的发展创造了宽松的条件。

（二）学校评价制度

教师的发展在一定程度上决定了学校的发展，学校要为教师的发展搭建好的平台，注重教师队伍的建设，学校在组织管理上要重视以下几个方面：营造积极愉快的校园文化；创造宽松的教研学术气氛；组建教师专业发展共同体；制定相应的激励机制。同时，学校还要关心教师在生活和教学上遇到的问题，采取各种措施调动教师的积极性，使那些真正有真才实学，个性鲜明的教师更充分发挥他的作用，实现他的人生价值与追求，激励教师的成长。

学校要为教师创造良好的外部条件，实施激励措施，鼓励教师积极主动地投入到工作中去，在教学实践中不断完善知识结构，提高教师教学水平。同时学校在确立发展目标时要强化效能意识，创造有益于效能提升的宽松的自由环境，根据不同学科、不同教师个体的具体情况提出不同的效能标准。学校要为教师提供具有高效能的专业发展的环境和提高终身学习能力的系统，学校在完善内部效能的同时，也要关注外部效能和社会效能的实现。

当前，我国大多数学校把对教师评价的结果与其奖惩、职称、工资挂钩，主要是为“奖优罚劣”提供依据，忽视了评价结果对教师将来发展的促进作用。教师也将这样的做法看作是区分教师优劣，获取经济利益的手段。奖惩性教师评价制度是对教师过去工作的总结和奖惩，这不仅不能调动教师的工作积极性，还容易挫伤教师的感情，使教师的主动性和创造性受到压抑。

评价从本质上说就是一种价值判断活动，本来就包括对长处、优点和价值方面的估计。① 目前，我国中小学主要通过奖惩对教师过去的工作进行总

① 祝溧．由英国的PRP教师评价制度审视我国的发展性教师评价[J]．教学与管理，2005(9)：78-80．

结性评价，奖惩更多的时候成为实现学校管理目标的工具，失去了对教师工作的诊断作用，更不能激励和促进教师发展。受我国国情的影响，当前我们还不能完全废除奖惩性教师评价，可以在评价实践中适当降低奖惩的比重，改变评价目的单一性的问题，尽量消除奖惩性评价的弊端，发挥奖惩性教师评价制度中奖惩机制的激励与约束作用。

我国中小学现行的教师评价普遍采用统一的评价标准，教师之间搞一刀切，都用一把尺子、同一评判标准，采用单一的模式来评价教师。这种评价方法忽视了教师之间的个体差异，评价结果是不合理、不客观的。因为，不同教师在知识经验、工作经历、性格等方面都有不同的特点，教师间的这种个体差异性是客观存在的。当前单一的教师评价标准泯灭了教师的个性，使教师之间恶性竞争，挫伤教师工作的积极性。改变当前我国教师评价标准中过分注重学生考试成绩和升学率的现象，针对教师的职业道德、学科知识、文化素养、教学能力、参与意识、合作能力、终身学习以及课堂内外的全部工作进行比较全面的评价。① 学生的考试成绩只反映了学生对课本知识的掌握情况，学生的能力、情感、价值观等的变化无法通过考试成绩来衡量。教师不仅要向学生传授科学文化知识，还要培养学生分析和解决问题的能力，只有从多个方面进行评判，才能对教师做出科学的评价。有关教育主管部门负责制定评价标准的基本框架，不要求各学校制定统一的评价方案，学校可以根据自己的情况灵活制定具体的评价细则。

对于教师的评价，一是要建立一种发展性的评价体系，因为不同的学校、不同的教师，起点不同，发展的目标也不同，所以，评价的标准也应有所不同，我们倡导一种“因人施评”的评价，对年轻的教师、骨干教师、老教师、性格活泼的教师、性格内向的教师，评价的侧重点都应有所不同，评价应根据教师的特点，不断发挥每位教师的优势，从而使其形成自己的教学风格。二是建立以学生为主体的评价体系，“学生是一面镜子”，一名好的教师会受到学生的喜爱。

（三）教师教育和培训

教师的发展是一个长期的过程，学校应为教师教育和培训做好相应的制度保障。学校要为教师的专业提供良好的外部条件，关注教师自身的发展，通

---

① 雷兴东，马莉莉．新课程下的教师评价理念[J]．辽宁教育研究，2004(3)：28-29．

过建立专业发展共同体来支持、帮助教师发展，从而形成教育发展的合力，促进学校的创新与发展和教师教学效能的提高。学校要为教师建立同伴互助合作的专业发展机制，通过专家的专业引领、同事的专业合作和经验分享来提高教师的专业素养和教学效能，专业引领不能用统一的标准来评价教师。在信息化和学习化社会，教师只有不断学习，掌握必备的课程和学科知识，了解学生的需要、动机，才能使自己走上高效的自主专业发展之路。

二、个体因素

有研究表明教师的专业发展是教师追求教学效能的条件。相关研究如下：有效教师的技能如表 6-10 所示。

表 6-10　专业实践的成分

领域 1：计划与准备	领域 2：课堂环境
成分 1a：展现课程内容和教学法的知识	成分 2a：创建尊重与融洽的教学环境
教学内容知识和学科结构	教师与学生的互动
前提性关系知识	学生之间的互动
与内容相关的教学法知识	成分 2b：建立一个学习的文化氛围
成分 1b：展现有关学生的知识	教学内容的重要性
学生身心发展特征的知识	对学生学业成绩的期待
学习过程的知识	学生对所做的事情的一种自信
学生知识、能力、语言运用的知识	成分 2c：课堂秩序的管理
学生的兴趣和文化遗产的知识	学习分组的管理
学生特殊需要的知识	课堂环节过渡的管理
成分 1c：选择教学目标	教学材料和用品的管理
价值、序列、校对	非教学职责的表现
清晰性	对志愿者和教辅人员的管理
平衡性	成分 2d：管理学生的行为
对多样化学习者的适应性	期望
成分 1d：展现资源知识	对学生学习行为的监控
课堂使用的资源	对学生错误行为的反应
扩大教学内容知识和教学法的资源	成分 2e：课堂环境的布置
学生可用的资源	安全性和可行性
成分 1e：内在一致性的教学设计	课桌的摆放和物品资源的利用
学习活动	
教学材料与资源	
教学分组	
课时和单元结构	
成分 1f：学生学业成绩评价	
教学结果与教学目标的一致性	
评价指标和标准	
形成性评价的设计	
利用规划	

续表

领域 3:教学	领域 4:专业责任
成分 3a:与学生的交流	成分 4a:反思教学
学习期望	准确性
指导语和程序	在未来教学中的使用
教学内容的解释	成分 4b:坚持精确的记录
口头和书面语言的使用	学生作业的完成情况
成分 3b:使用提问和讨论的技能	学生学业上取得的进步
提问的质量	非教学记录
讨论的技能	成分 4c:家庭交流
学生的参与	关于教学活动的信息
成分 3c:使学生积极参与学习	关于学生的个人信息
活动安排和作业	使家庭参与教学过程
教学材料和资源	成分 4d:参与社区活动
教学结构和步骤	与同事的关系
成分 3d:在教学中使用评价	为学校服务
评价标准	参与学校和社区的项目
监控学生的学习	成分 4e:专业成长与发展
对学生学习的反馈	提高教学内容知识和教学法技能
学生自我评价和监督学习过程	从同事那里获得反馈
成分 3e:灵活性和反应性	专业服务
课时调节	成分 4f:专业主义展示
对学生的反应	遵守职业道德
坚持性	为学生提供服务
	倡导
	决策
	符合学校和社区的规定

Cruickshank D R, Jenkins D B, Metcalf K K. The act of teaching[M]. (fourth editoin). New York: McGraw—Hill. 2006:7-8.

在这个体系中,教学活动被分为四个板块,领域 1,计划与准备;领域 2,课堂环境;领域 3,教学;领域 4,专业责任。共 22 个组成部分,这些组成部分既相互联系又有区别。教师的教学计划和准备、课堂环境的构建都会影响到教师的课堂教学。而对一节课或一个单元的反思又会影响到教师的下一次教学计划和准备,而教师正是在这样的教学实践过程中不断提高教学技能、反思教学,从而获得专业成长。该体系对于新教师而言,他们可以把这个教学体系当作了解复杂教学活动和评价自己教学效能的一个参照,对于有经验的教师,他们可以把这个体系当作一个"支架"来使自己的教学更有效,从而改善课堂教学。

教师能力标准:国际培训、绩效、教学标准委员会(International Board of Standards for Training, Performance and Instruction, IBSTPI)制定的教师能力标准。这套能力标准是在 1993 年版教师能力标准的基础上修改而成的。它包含了 5 个能力维度,18 项能力,98 条绩效指标。新版的教师能力标准反映了教师的核心能力,即优秀教师所应具备的知识、能力和情感态度。这套标准所描述的能力标准只是一般性的教学技能,并没有针对具体的教学情境和教学组织。如表 6-11 所示。

表 6-11 教师能力标准①

专业基础	能力 1:有效地交流沟通	(1)根据受众、情境及文化背景、采用合适的语言。
		(2)使用合适的语言及非语言符号。
		(3)寻求并吸收多样的观点。
		(4)根据不同的情境采取积极有效的倾听技巧。
		(5)运用适当的技术进行交流。
	能力 2:更新和提高自己的专业知识和技能	(1)拓宽有关学习原理和教学策略的知识。
		(2)不断更新技术知识和技能。
		(3)建立并保持专业联系。
		(4)参加专业发展活动。
		(5)建立个人工作文档备用。
专业基础	能力 3:遵守已有的道德规范和法律条文	(1)认识教学实践中潜在的道德和法律问题。
		(2)遵守组织和职业道德规范。
		(3)确保公平对待所有学习者。
		(4)遵守保密及匿名请求。
		(5)避免冲突。
		(6)尊重包括版权在内的知识产权。
	能力 4:树立和维护职业声誉	(1)示范职业操守。
		(2)尊重他人的价值观和见解。
		(3)具备学科专业知识。
		(4)对变革和改进持开放态度。
		(5)将教学与组织背景及目标相联系。

① 克莱因,等.教师能力标准——面对面、在线及混合情境[M].顾小青,译.上海:华东师范大学出版社,2007:18-23.

续表

计划与准备	能力 5:设计教学方法和教学内容	(1)确定学习者、其他参与人员和教学环境的相关特征。
		(2)设计或修改教学活动以适应学习者、教学环境和呈现方式的需要。
		(3)明确目标、任务及次序。
		(4)选择适合的教学方法、策略和呈现技巧。
		(5)设计或修改课程内容、教师手册、评估工具和支持材料。
		(6)根据需要创建或修改基于技术的资源。
	能力 6:教学准备	(1)对学习者的困难和问题进行预测并做好准备。
		(2)进行学习者分析。
		(3)确定关键知识点、相关实例、轶事及其他补充材料。
		(4)确认支持后勤和物质保障。
		(5)确保所有学习者都能获取所需教学资源。
		(6)确认设备、技术和工具准备就绪。
教学方法与策略	能力 7:激发并维持学习者动机和学习投入	(1)吸引并保持学习者的注意力。
		(2)保证学习目标清晰明确。
		(3)培养良好的学习态度。
		(4)建立提高学习动机的策略。
		(5)建立学习者设立合理的期望值。
		(6)为学生提供参与学习并获得成功的机会。

续表

教学方法与策略	能力 8:表现出有效的表达技巧	(1)根据学习情境采用合适的表达方式。
		(2)采用多种方式表达关键概念。
		(3)根据案例,阐明含义。
		(4)让学习者参与表达过程。
		(5)根据学习者需要采用合适的表达方式。
	能力 9:表现出有效的初学技巧	(1)利用所有参与者的知识和经验。
		(2)为全体学习者指明努力方向。
		(3)使学习活动高度聚焦。
		(4)鼓励和支持合作。
		(5)引领学习活动及时终止。
		(6)监控、评估和适应动态变化的情境。
	能力 10:表现出有效的提问技能	(1)提出清晰和恰当的问题。
		(2)有效跟进学习者所提问题。
		(3)使用多样的问题类型和问题层次。
		(4)提出并重新引导到那些促进学习的问题。
		(5)用问题激发和引导讨论。
		(6)以回答问题来连接学习活动。
	能力 11:提供阐释和反馈	(1)为学习者提供机会请求阐释。
		(2)使用多样的阐释和反馈策略。
		(3)提供清晰、及时、中肯和具体的反馈信息。
		(4)提供和接受学生反馈时保证开放与公平。
		(5)为学习者提供机会进行反馈。
		(6)帮助学习者提供和接受反馈。
	能力 12:促进知识和技能的巩固	(1)将学习活动与已有知识联系起来。
		(2)鼓励学习者对概念和思想观点进行细化。
		(3)提供综合和整合新知识的机会。
		(4)提供实践新学技能的机会。
		(5)提供反思和回顾的机会。

续表

教学方法与策略	能力 13:促进知识和技能的迁移	(1)提供与知识技能、运用环境相关的案例和活动。
		(2)示范知识技能在真实情景中的运用。
		(3)提供在真实情境中的实践机会。
		(4)提供为未来的运用作出规划的机会。
		(5)和学习者一同探究可能促进或阻碍知识和技能迁移的情形。
		(6)提供自主学习的机会。
	能力 14:使用媒体和技术来加强学习、改进绩效	(1)认识教学媒体和技术的潜能与局限。
		(2)运用媒体和技术开展最佳实践。
		(3)以多样的方式呈现内容。
		(4)为学习者使用媒体和技术做好准备。
		(5)发现并解决小的技术故障。
评估与评价	能力 15:评估学习和绩效	(1)针对评价标准进行交流。
		(2)检测个人和小组绩效。
		(3)评估学习者的态度情感和反映。
		(4)评估学习结果。
		(5)提供自我评价的机会。
	能力 16:评价教学效果	(1)评价教学材料。
		(2)评价教学方法和学习活动。
		(3)评价教师绩效。
		(4)评价教学环境和设备的影响。
		(5)记录与公布评价数据。
教学管理	能力 17:管理促进学习与改进绩效的环境	(1)预测并处理可能影响学习和绩效的情形。
		(2)确保学习者都能获得所需资源。
		(3)与学习者共同制定基本规章和学习期望。
		(4)在教学中运用时间管理原则。
		(5)采用合适的方式方法,及时阻止不良行为举止。
		(6)及时并公正地解决冲突和问题。
	能力 18:适当地使用技术管理教学过程	(1)使用技术支持教学管理功能。
		(2)使用技术查找和共享信息。
		(3)使用技术存储和重复利用教学资源。
		(4)使用技术维护学习者个人信息的安全及隐私。

"新教师评价和援助跨洲联盟"研发了一套标准,其目的是为新教师的能力水平设立标准,如表6-12所示。

表6-12 "新教师评价和援助跨洲联盟"标准

"新教师评价和援助跨洲联盟"标准	对教师工作表现的描述
准则1	理解所教课程的结构、核心概念、疑问切入点;能引发学生有意义的学习体验。
准则2	理解学生的学习和发展状况,提供学习机会以有利于他们的发展。
准则3	理解学生在学习方法上的差异,为不同的学生创造学习的不同条件。
准则4	述职并使用多种教学策略。
准则5	创造一个鼓励积极的社会交往、主动学习和自我激励的学习环境。
准则6	使用交流技巧,鼓励主动质询、合作和有益的交往。
准则7	根据学科内容、学生社区和课程目标设计教学。
准则8	熟悉并使用正式和非正式的评价策略。
准则9	教学反思。
准则10	与同事、父母和社区机构建立联系。

Moore K D. Eeffective Instructional Strategies: from theory to practice[M].(2nd ed). New York: Sage publications,2009:9.

英国课堂教学评价的标准:2001年,英国政府提出以下8个方面课堂教学评价的标准,对教师的知识和理解、教师的教学与评价、教师的专业特征以及学生的进步等指标进行全面考核。①有效地计划教学,制定可理解的清晰目标。②具备良好的学科知识和理解。③使用的教学方法能够促使所有学生进行有效的学习。④有效组织学生,维持高行为水准。⑤全面评价学生的学业。⑥学生取得丰富的学习成果。⑦有效地利用时间和资源。⑧有效利用家庭作业来强化和扩充学习。[①]

教师的专业素质是教师追求教学效能的重要条件。课堂教学是学校工作的核心部分,是实现教育目标和素质教育最主要、最有效的途径。教学质

① 许明.英国中小学教师的评价制度和特点[J].外国教育研究.2002(12):45-49.

量的提高,除了学校有效的管理、优质的课程资源和学生生源质量外,还取决于教师的专业素质,教师的效能水平是影响教学质量的关键因素。随着教学理论的不断丰富,教师的教育观、教学观、知识观、学生观等也在不断发生变化,教师教学效能的研究从关注教师的个性特征、外在的行为表现转变为关注教师的专业特征。教师教学效能的研究模式呈现多元化的特点。

教师素质被看作是教师拥有教学情境的知识、能力和信念的集合,它是在教师具有优良的先存特性的基础上经过正确严格的教师教育所形成的品性与能力。所谓先存特性,即先天禀赋,它更多地通过教师的专业性向得以表现。教师的专业性向,是指教师成功从事教学工作所应具有的人格特征或适合教学工作的个性倾向。

教师的专业素养是教师在教学活动中表现出来的一种稳定状态,对于基础教育课程改革而言,教师的专业化水平影响着教育的发展和学校的教学水平,世界各国政府都在探索教师专业素质的构成和教师专业标准的研究,专业素养是教师在教学活动中显现出来的,这对于教学效果和学生的学业成绩都具有显著影响。从有效教师研究的历程来看,研究者提出教师的专业素质结构包括三方面:专业知识、专业道德和专业精神。也有研究者认为教师的专业素质包括教育信念、知识结构、能力结构、专业态度、专业自主发展意识等方面。本书认为高效教师的专业素质包括以下几个方面。

(一)教育信念——教师从事教学工作的信念支撑

就"素质"而言,首先,素质是对教师能力的要求,即通过理论学习和教学实践使教师掌握专业知识和课堂教学技能。其次,一个有效教师仅仅掌握专业知识还不足以成为一个成功的教师。成功教师首先要具备坚定的教育信念,其包括三方面:关爱学生;具备高尚的人格;明确的教学责任。

优秀教师对学生的关爱是从灵魂深处流淌出来的。这是优秀教师的心境要求。陶行知先生言道:"捧着一颗心来,不带半根草去。"这里的"心"就是真爱心。优秀教师是教育公平的典范,他会为每一个学生提供公平的发展机会;作为未成年人,学生既是学习者,又是未完成、待雕塑的人,在追求真知、发展身心、保护天性、培养个性的过程中,他们应该享有平等的机会,获得公平的待遇。

一个有效教师能够真正从学生的成长出发,在教学观念上不能仅仅把学生当成是接受与储存知识的容器,而是把学生当作教学活动的主体。用发展的眼光看待学生之间的差异,正视学生的主体性和独特性。包括了解每个学生自身的独特思维方式、智能结构,学生的优点和智能强项,为学生成长提供发展平台。

教师授课能力、思维能力、教学组织能力等是教师从事教学必不可少的能力。研究证明,这些能力与教学效果成正相关,教师在具备了娴熟的教学能力后,其人格特征会成为影响学生品德、成长与进步的重要方面。心理学将人格的概念界定为:人格是构成一个人的思想情感及行为的特有模式,这个独特的模式包含了一个人区别于其他人的稳定而统一的心理品质。人格具有独特性、稳定性、统一性、功能性等特征,反映着一个人的内心世界和精神面貌,它包括气质、性格、认知风格、自我调控等方面。① 罗森塔尔的"皮格马利翁效应"的实验证明,教师对教学热情,关爱学生,对学生有积极的期望,这些良好的人格特征,对学生的发展确有积极作用。②

承担责任的教师都有着一个明确的教育信念,使教师自觉地把教学当作是一种创造性劳动,把教书与育人当作是自己的价值追求,并把自身的专业发展与学生的快乐成长联系起来,在创造性劳动中体验到劳动的快乐与内在的尊严。有效教师明确自己的角色定位,知道如何运用教学策略和技巧来实现"有效教学"。研究发现,有效教师能够积极乐观地面对每天的教学,能够信心十足地处理教学中遇到的各种教学问题,这是因为他相信自己能够有效地控制教学中遇到的各种困难,能够很好地调整自己的心境和行为。

(二)专业自觉——有效实施课堂教学的内在动力

教师专业自觉是指教师对自己所从事的教育工作的专业性的清晰体认,明确教师专业的特点和发展方向,形成坚定的教师专业信念和崇高的专业理想,主动维护教师专业的声誉标。③ 学习化社会的到来使教师面临着巨大的挑战,具体表现在教育的复杂性和不确定上,教师只有根据个人专业能力的发展状况,明确个人未来的专业发展方向,才能有效地激发自己的专业潜能,提高自己的教学水平。教师专业素质的提高首先意味着教师需要自觉地学习。教师的学习要基于个体发展的需求,同时协调好自我学习的需

① 彭聃龄.普通心理学[M].北京:北京师范大学出版社,2004:426.

② Glatthorn A A, Jones B K. Developing highly qualified teachers: a handbook for school leaders[M]. Thousand Oaks, CA: Corwin Press,2006:23.

③ Blumberg P, Weimer M. Developing. learner-centered teaching: a practical guide for faculty [M]. San Francisco: Jossey-Bass, 2009:52.

求与社会、学校和学生的需求的关系；教师要在日常的专业活动中结合教育教学理论知识，把专业发展与一日的教学活动紧密地结合在一起，在教学实践中提高教学技能和自我效能；其次，善于教学归因。教师的教学归因是教师对自己完成教学活动的结果进行分析，形成因果性解释的一种心理过程。研究表明，优秀教师会把教学的成功归因于自己的能力和努力的结果，把教学失败的原因归因于外在的环境、运气等因素，这是因为优秀教师有较强的自我效能感，能够对自己的能力和教学情境做出正确的评估，在面对困难时能够调整自己的心境和行为，优秀教师具有较多的成功经验，因此能够形成较稳定的自我认识。

专业自觉包括了以下两个方面：

第一，专业自我意识。与传统强调教师的知识和能力倾向相反，在教师专业素质的态度领域，人们越来越重视教师的自我意识或自我价值。高“自我”的教师，倾向于以积极的方式看待自己，能够准确地、现实地领悟他们自己和所处的世界，对他人有深切的认同感，具有自我满足感、自我信任感、自我价值感。① 教师的专业自我意识，即教师在对自己教学效果和能力认识、评价的基础上产生的自我满足感和自我价值感。

提高教师的主体意识，促使教师经常对自己的教学进行反思，从而提高教师的理论思维水平，并在已有认识的指导下，不断完善、更新和改造自己的教学行为。教师在进行教学的过程中总会遇到各种各样的问题，如：怎样改变过于注重知识传授的倾向，在使学生获得基础知识和技能的同时，培养学生正确的情感、态度和价值观，以及使学生在分析问题、解决问题的同时，具有创新意识和批判精神；如何使教学内容与学生的生活、经验、兴趣、需要，以及社会和科技发展相联系；如何注重学生的体验和感悟，培养学生的科学精神和人文素养，使学生的整个精神生活得到满足。这些问题困扰着教师的教学，于是教师自然而然地就产生了问题意识。教师可以和教学研究者合作共同解决这些问题，研究者提供理论指导，并根据研究的目的、任务、问题的性质提出某种假设，教师在教学实践中搜集资料并加以分析来验证假设，进而描述、解释问题产生的原因，通过深入剖析问题，提出解决问题的办法，从而达到理论指导教学的目的。教师要成为研究者，一是对教学进行研究，通过专业发展成为研究者；二是与专业的研究人员一起合作，提高

---

① Nelson B N, Sassi A. The Effective Principal: instructional leadership for high-quality learning[M]. New York: Teachers College Press, 2005:79.

自己的理论思维水平和研究能力。通过教学研究把先进的教学理念转化为教师的教学行为，进而提高教学质量，促进学生发展。教学研究是描述、解释、预见和改进教学，通过对教学的整体把握，帮助教师更好地认识教学活动的特点和规律，更好地实现教学目标。教师作为研究者要经常对自己的教学实践进行反思，从自己和他人的教育教学实践中汲取经验教训，通过学习教育理论知识，掌握科学研究方法，不断提高自己的理论思维水平，在教学研究的过程中促进专业发展。理论研究者需要深入教学实践，通过参与教学观察，设身处地地去体验和感悟，对教学活动进行整体把握，对教学活动的价值进行反思，这样获得的理论是对教学实践的理解和重构，而不是建立在假说演绎之上的说明或基于先验起点的逻辑推理。

第二，专业理想。教师要有自己专业发展的目标，不能仅仅把教学当作一种谋生的职业，要把教学当作一种事业对待，对教学工作精益求精、谦虚好学，在专业发展中坚持学习、教学、研究三位一体，在不断反思的过程中完善教学，自觉地维护教师的专业地位和专业尊严。我国著名特级教师窦桂梅通过她自己的教学实践，认为教师专业发展首要的是教师要有自我专业追求。正确的信念就是稳定的动力。教师的自我追求如果内化为信念，就不会被消解，从而形成坚毅、持久的信念。追求就在自身的土壤中，一旦拥有它，生命的种子就会迸发出无限潜能，生根、发芽、开花，结出丰硕的果实。①

专业自觉是教师发展的巨大动力。具有专业自觉的教师对教学工作产生了认同感，具有较强的工作动机，它是教师师专业素质的动力系统，是与教师认知、动机、个性、需要等相联系的，它们共同构成了高效教师的动力发展机制。

（三）教学决策——有效推进课堂教学创新的重要因素

亨特（Hunter，1984）把教学定义为“对于影响学习可能性的不断的决策过程，是在与学生互动前、互动中互动后所作出的决策”。研究表明，教师的信念对他的教学决策有影响。勒里希和卢夫特（Roehrig and Luft，2004）发现，教师关于学生和学科方面的信念直接影响着他们在课堂中对特定的教学措施和教学方法的选择。

① 窦桂梅.激情与思想：我永远的追求——特级教师专业成长研究[J].课程·教材·教法，2004(5)：3-13.

有效教师是反思性的决策者，他们通过观察、询问、诊断和评价，及时处理课堂上各方面的问题，这些问题又将成为他们进行下一次教学决策的重要信息。这就意味着，教师在教学实践中不断分析教学材料和教学对象，分析如何教学效果会更好，分析如何使得学生参与、保持学习的积极性。(Darling-Hammond，2006)在有效的课堂中，教师就是为活跃的决策者。①

每一次的"有效教学"之前必然存在教师有效的教学决策。如图 6-5 所示，影响教学决策的因素和教学决策的实施步骤：②

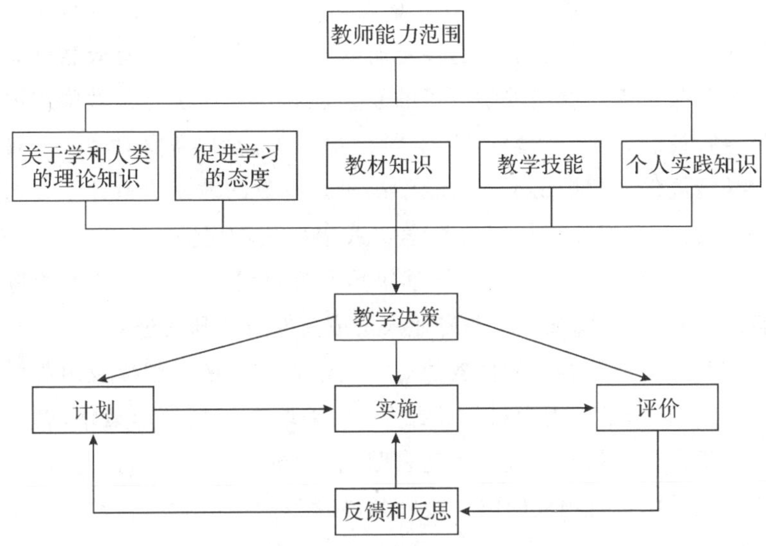

图 6-5 影响教学决策的因素及实施步骤

"教学就是教师对影响学生学习可能性的不断的决策过程，就是与学生互动前、互动中和互动后所做出的决策。"教师的教学决策包括了教学的三方面：教学设计与准备、教学互动和教学效果的评价。③ 教学决策的过程反映了教师的认知风格和教师的思维水平。

第一，认知风格。认知风格指教师对教学信息的感知、思维、决策的方式，是教师个体偏爱的信息加工方式。对于场依存性认知方式的教师倾向

① 威伦，哈奇森，博斯. 有效教学决策[M]. 第 6 版. 李森，译，北京：教育科学出版社，2008：9-10.

② Cooper J M. Classroom Teaching Skills[M](ninth edition). New York：Linda Schreibeer-Ganster，2006：17.

③ William W，Ishler M，et al. Dynamics of Effective Secondary Teaching[M]. New York：Allyn &Bacon. 2005：18.

于以学生为中心，鼓励和接纳学生的情感，善于与学生形成积极的互动；而场独立性的教师往往不受学生和外在因素的影响，注重教师的高度参与性、学科的结构性和提高学生在任务完成上的行为有效性。

第二，思维水平。“有效教学”决策反映了教师的思维水平，而思维水平在很大程度上决定着教师教学的方向和结果。教师在面对复杂的现实问题时，解决问题的方法、思路主要来源于教师敏锐的观察、准确的判断、合理的分析和推理以及创造性地思维过程。

有效教师善于运用自己所学的专业知识和掌握的教学技能，对复杂的教学问题准确地判断并能够创造性地解决教学问题。因此有效教师是一名有效的教学决策者。课堂教学情境的复杂性和多变性决定了教师需要对某些变量进行控制，如班级、教学环境、学生情况等，教师需要对这些变量根据具体教学情境的变化做出不同的教学决策。有效的教学决策并不是通过训练来获得的，而是教师在长期的教学实践中形成的，这体现了教师的知识、能力、信念等因素，因此，有效的教学决策是在教师专业知识和能力等基础上的教学判断，是教师从一个非专业人员成为专业教师的过程。

教师教学决策的能力来自教师对一门学科结构的了解以及对教学科学的组织和计划，善于运用学科知识结构，并采取有效的教学策略，勤于反思和善于分析自己的教学实践。研究表明，教学决策对其如何进行教学、选择什么样的教学内容有很大影响。教师的教学信念是教师进行教学决策的基础，教师教学过程的所持有的信念影响着教师的教学行为以及教学效果，进而影响着学生的学习和生活。同时教师的教学信念也影响着教师的教学风格、教学态度和决策方式。教师要不断反思自己的教学信念，以确保符合教育规律和原则，这样教师在教学活动中所进行的决策就会有效地排除那些不合理的推理和设计。教师都是课程的开发者，都有给予自己学科知识对课程目标、内容的理解，教师在制定教学计划时，首先会面对一些这样的问题：对于学生而言，什么知识最重要？课程对学生发展的意义是什么？如何确保课程的适切性？以怎样的方式来呈现课程内容？每一个教师都必须面对这样的问题，这些问题也会体现在教师的教学决策中：教学的目标是什么？如何处理好知识、情感和态度价值观的问题？我的教育信念如何影响课程的实施？对此，教师要有自觉的课程意识和批判精神，在教学活动中积极实施符合社会期望的课程，从而促进学生的身心发展，因此，教师的教学决策是重要的，影响着教学的成效。

(四)教学智慧——有效开展课堂教学的活动的重要品质

教学活动具有不确定性,即教学很难按照某种预设的确定性发展。但是,"教学"又是具有"意向性"的,而所谓教学的意向性是指教学活动意在引起学生的学习行为以达到某种特定的发展。① 教学的复杂性和不确定性需要教师的教学智慧,"智慧"是对事物能认识、辨析、判断、处理和发明创造的能力。② 教学智慧指教师运用所学的专业知识和掌握的教学技能对特定的教学情境中的问题做出判断和解决问题的能力。教学智慧表现在多个方面:教师如何明确教学的重点和难点;如何有条理和富有逻辑性地讲授教学内容;如何帮助学生进行新旧知识的连接,通过练习及时强化所学的知识;如何灵活使用各种教学方法、教学媒体和学习方式调动学生的积极性,使学生能够主动投入到学习状态中;如何机智地处理教学问题;等等。那么,教学智慧需要哪些条件呢?

第一,专业知识和教学技能。舒尔曼(Shulman)认为教师知识包括学科知识、学科教学法知识和课程知识。他提出,教师必须知道如何把他所知道的转换为学生能够理解的表现形式。只有这样,教学才会取得成功。为此,教师应当掌握的知识包括七类:学科知识——教师上课的学科课程的知识;一般教育学知识——各科都用得上的课堂教学管理和组织的一般原则和策略;课程知识——对课程、教材概念的演变、发展及应用的通盘了解;学科教育学知识——各学科所需要的专门教学方法和策略;学生及其学习特点的知识;教育情境的知识——对学生的家庭、学校以及社会等环境对教学影响的知识;教育目的与价值的知识。伯利纳(Berliner)认为教师知识包括学科知识、学科教学法知识及一般教学法知识三个主要方面。③

学科教学知识可用来区别对内容理解透彻的专家与学究式教师。我们希望以数学为专业的能理解数学,或者历史学家能理解历史。但是区别教学知识基础的关键在于教学和学科的交叉点。教师要有能力将他所拥有的学科知识转化为有力的教学形式,适应不同能力、不同背景的学生。④ 研究者虽然在教师知识分类和结构上存在分歧,但普遍认为掌握教学专业知识

① 石中英.教育哲学导论[M].北京:北京师范大学出版社,2004:197.

② 现代汉语词典[Z].北京:商务印书馆,1996:1625.

③ Berliner D C. Expert knowledge in the pedagogical domain[J]. American educational psychological association, 1989(12):14-17.

④ Shulman L. Knowledge and teaching: Foundations of the new reform[J]. Harvard Education Review,1989(57):8-15.

和学科知识是教师“有效教学”的基础。研究表明，教学专业知识较学科知识而言更是有效教师更显著的特征。一个教师即使有丰富的学科知识，但如果不了解教育教学方面的专业知识，那么也不会有好的教学效果。在比较优秀教师与新教师教学行为的研究中，优秀教师较新手教师而言能够更好地监控自己的教学过程，灵活机智地处理教学问题，对教学规律和学生身心发展的规律更了解，这表明在同样具备学科知识的前提下，教学专业知识是教师有效开展教学活动的重要因素。除此以外，教师的实践知识也是非常重要的，教师在课堂教学实践中形成的实践智慧、教学风格、教学感知和专业判断等对教师教学效能也会有重大的影响。

学者提出了最佳课堂教学的6种教学行为技能：整合性单元；小组活动；呈现式学习；课堂工作室；真实体验；反思性评估。它有助于创建最佳课堂教学。[①] 也有学者认为有效教师教学技能表现在指导、教学方式清晰多样，师生交流与互动有效，课堂管理能力较强，适当反馈与矫正等方面。教学充满了不确定性、挑战和变化，教师只有掌握了娴熟的教学技能才能应对复杂的教学情境。娴熟的教学技能表现在以下几个方面：善于提问（注重提问的水平、清晰度、候答时间），例如按布卢姆的教育目标分类理论可以把问题分为低阶聚合性问题、高阶聚合性问题、低阶发散性问题、高阶发散性问题。有效教师善于根据学生的认知水平由浅入深，清晰地表达问题。对学生的提问留出一定的思考时间以便学生做出相应的反应。对学生的回答，教师还可以做进一步的追问，因为这有利于学生更进一步的明确问题，启发学生积极思考，努力澄清、扩张和寻找证据支持其观点；课堂管理的民主性，有效教师在班级管理中，善于营造民主、轻松的课堂气氛，提供安全的心理环境，以激发学生探究的创造欲望；注重教学管理的条理性、效率性的特征，为学生提供帮助和支持；教学内容的呈现结构化。提高学生的学习最有效率的是掌握和运用知识结构。结构具有较知识点要强得多的组织和迁移能力，我们期望达到的目标不仅是学生对与结构相关知识的牢固掌握和熟练运用，直到内化，更为重要的是学生具有发现、形成结构的方法及掌握和灵活使用结构的能力。[②] 学科内容是按知识的内在逻辑由简单到复杂的建构过程，在教学过程中，教师的任务之一就是帮助学生掌握学科的内在知识结

---

① 丹尼尔斯.最佳课堂教学案例——六种模式的总结与应用[M].余艳，译.北京：中国轻工业出版社，2004：7.

② 叶澜.重建课堂教学价值观[J].教育研究，2002(5)：3-7.

构,并能达成理解、掌握、运用的目的。而且更为重要的是使学生能够形成发现与知识结构相关的信息和拓展知识,达到灵活应用知识结构的目的。

(五)教师教学反思能力——提高教师效能的重要方面

反思是教师以自己的课堂教学活动过程为思考对象,来对自己所做出的课堂教学行为、决策以及由此所产生的结果进行审视和分析的过程,是一种通过提高参与者的自我觉察水平来促进能力发展的途径。① 教师要完成对专业知识的反思,可以通过系统学习教育理论知识来提高理论素养,还可以与同事分享和交流剖析自己的教学观念与行为变化以及通过专家的引领等找出教学中的问题,教师要在教学实践中将教、学、研结合进行反思。国外有学者指出:"成功的有效率的教师倾向于主动地创造性地反思他们事业中的重要事情,包括他们的教育目的、课堂环境以及他们自己的职业能力。"国内也有学者指出:"一个教师写一辈子教案不一定成为名师;如果一个教师写三年反思则有可能成为名师。"

教学反思是教师对自己教学行为的内省和剖析。高效能的教师善于学习别人的长处,能够及时总结教学经验,将教学实践中发现的问题上升到理论的层面进行反思,从而为自己的教学理念、教学行为找到合理的理论依据。有效教师的反思意识和能力较强,能够主动学习理论知识,并调节教学方式,改进教学行为,提高教育教学能力和教学效能。

基础教育课程改革对课程内容、课程结构、课程体系进行了一系列改革,教师面临着新的教学内容、教学方式的变革,基础教育实施素质教育要求教师的知识与能力结构要实现四个转变:"学习基本知识的能力向升华为新的思维、新的知识的能力转变;掌握单一学科的基础知识向掌握多学科知识的转变;以课堂教学为中心的能力向具有设计、创新、指导、运用能力的转变;由完成教育教学任务向把工作过程变为教育研究过程的转变。"一个有效教师不仅要善于学习,更要能根据时代发展的需要,提升自己的专业技能,自觉把教学理论转变为教学实践。

教师专业素质是实现"有效教学"的前提。一方面,学校要为教师的专业发展和专业素质的提高创造良好的外部条件和制度保障,通过建立专业发展共同体、同伴互助合作机制、专家的专业引领机制等来帮助教师实现教师专业发展,同时学校在确立发展目标时要关注教师的专业发展目标,对教

① 刘加霞,申继亮.国外教学反思内涵研究述评[J].比较教育研究,2003(10):30-34.

师的绩效评价要根据不同教师的专业发展阶段、学科特点和教师具体情况制定不同的效能标准，形成多元的效能评价标准，努力为教师创造良好宽松环境；另一方面，教师要积极投入到教学工作中去，在教学实践中不断完善自己的知识结构，通过专家的引领、与同事的经验交流与合作、理论学习来提高自己的专业素养，进而提高自己的教学水平和教学效能。

第七章　教师教学效能的现状调查

第一节　教师教学效能的研究设计

21世纪是信息化社会和学习化社会，近十年来，我国社会、经济取得了巨大发展，我国教师效能研究也得到了长足发展。我国在强调教育公平与教育均衡发展的同时，提出全面提高教育水平和培养创新型人才，这对研究者提出了更高的要求，教师效能必须围绕教学中重大理论与实践问题开展研究，坚持理论研究与实证研究相结合，采用科学的研究方法，建立教学实验基地。我国研究者经过近十年的独立探索，在引进、介绍国外教师效能理论的同时更加重视结合我国课堂教学实际，以解决教学中的问题为目的，对教学与实践的关系、教学中的师生关系、课堂价值观、学生的主体性、教学实验等问题进行了更加深入的探讨，教学理论者在实践问题的基础上从多角度、多维度探索教学的规律，极大地推动了教师效能研究的现代化、科学化和本土化。提高了教师效能研究对实践的指导作用，这不仅有利于丰富教学理论体系，而且推动了课堂教学实践改革。

结合前面的理论分析，本研究深入课堂教学实践进行实证调研，了解教师效能的结构、主体作用的机制、层次指标及其影响因素，并通过调研分析了解教师效能与课堂“有效教学”的关系，并提出提高教师效能的建议。

一、研究整体设计

(一)研究假设

假设教师效能是影响课堂“有效教学”的重要因素。因此，有必要了解影响教师效能的结构。假设教师的教学思维、信念、知识、教学效能感等将会直接影响教师做出重要的教学决策及其随后的教学行为，从而使得学生在一定教师影响下进行学习和生活。因此,要提高教师教学行为的有效性,教师要有意识地了解构成教师效能结构的指标,了解这些因素,从而使教师有意识地去改变教学行为,提高教学行为的有效性和教学效能,并且,以此为基础来发展个人独特的教学态度和习惯,形成个人教学风格。同时,对于这些假设,经过实践的检验,以确保与大家所认同的教育原则相符合。教学是由许多动态变量的相互作用形成的,教师的任务是尽量对这些变量进行控制,并且对那些不可控制的变量做出明确的反应,课堂“有效教学”有一些共同的特征,但在教学实践中这些特征是以教师独特的个人方式表现出来的,在真实的教学情境中,教师必须根据其知识、信念、教学效能感和人格等在不同条件下与学生互动,从而达到“有效教学”。

(二)研究目标和研究内容

1.研究目标

本研究总目标是分析教师效能的结构、主体作用的机制、教师效能构成指标,并经过实证研究提出改进教师教学效能的策略,最终实现“有效教学”的目标。这其中包括逻辑联系的六个部分:

(1)厘清教师效能、课堂“有效教学”、课堂“有效教学”行为等概念;

(2)通过理论分析提出教师效能的结构、主体作用的机制;

(3)厘清不同专业发展阶段教师的教学效能。

(4)实证研究并提出教师效能结构的指标;

(5)实证研究并提出影响教师效能的内外因素;

(6)实证研究并提出改进教师效能,优化课堂教学的策略。

2.研究内容

作为教育教学改革的核心人物,教师面临着更多的挑战和新问题。首先,社会对教师的能力提出更高的要求;其次,教师的角色也变得复杂;再次,学校管理方式的转变,教师需要发挥更大的作用,促进学校教学目标的实现。本研究希望通过对教师教学工作本身和教师的课堂教学行为进行研究来了解教师效能的复杂性和情境性。教师效能研究本身就是一个多层面、多范畴研究的课题,本研究试图在厘清教师教学效能内涵、结构、主体作用的机制的基础上提出教师效能结构的指标和影响因素,并通过实证来了解教师效能是如何影响教师的课堂教学效果的。并通过问卷、访谈等实证研究来验证理论的可行性。拟解决的关键问题:

本研究以研究教师效能的结构为核心,研究目标是提高我国基础教育课堂教学质量和效率，以便改进目前师生在课堂教学中教得费力、学得费时而学习效率低的状况。

本研究将面临的重点和难点问题包括：

(1)教师效能内涵、结构、形成和主体作用的机制是什么？

(2)教师效能结构指标是什么？影响教师效能的因素是什么？

(3)教师课堂上所表现的行为(教的过程)与学生所能发生的行为及后果(学习效果)之间有着显著相关，课堂“有效教学”的特征是什么？

(4)通过实证研究来了解教师效能对教学效果产生什么影响，它是如何作用于教师课堂的行为并进而影响学生学习效果的。

(5)通过实证提出提高教师效能，优化课堂教学的策略。

(三)研究思路和技术路线

1.研究思路

(1)通过文献梳理和实证调查总结提出教师效能的内涵、结构、形成和主体作用的机制。

(2)个案研究并验证教师效能结构指标的五个方面，研制“课堂”有效教学“观察记录表”“教师课堂‘有效教学’行为课堂观察表”“教师效能量表”。借鉴“教师反思能力量表”和“自我效能感量表”了解教师的教学反思与教师对自我的认知。

(3)以“观察记录表”观察教师的课堂教学，通过行动研究法和课堂观察法验证和完善“教师课堂‘有效教学’行为课堂观察表”。分析影响教师效能的结构要素及其对课堂“有效教学”的影响。

(4)通过行动研究发现课堂教和学习行为的不足。与教师一起通过行动研究提高教师效能的策略，验证并总结这些策略对改进教学的效果。

2.技术路线

为了保障教师效能研究进度的顺利进行，本研究制定了详细的研究计划。进度安排如下:第一阶段，搜集资料，深入了解和把握国内外教师效能研究现状，明确本研究目标。第二阶段，阅读相关理论，修改研究思路、框架。第三阶段，进行实证研究，包括制定调查表和访谈提纲等，进入课堂观察并记录教师教学行为，展开行动研究。第四阶段，根据前期课堂观察，调整课堂观察记录表，进行数据处理，并对研究的教师进行访谈。根据实证结果分析教师效能与课堂“有效教学”的关系，发现问题并提出改进对策与建议，如图 7-1 所示。

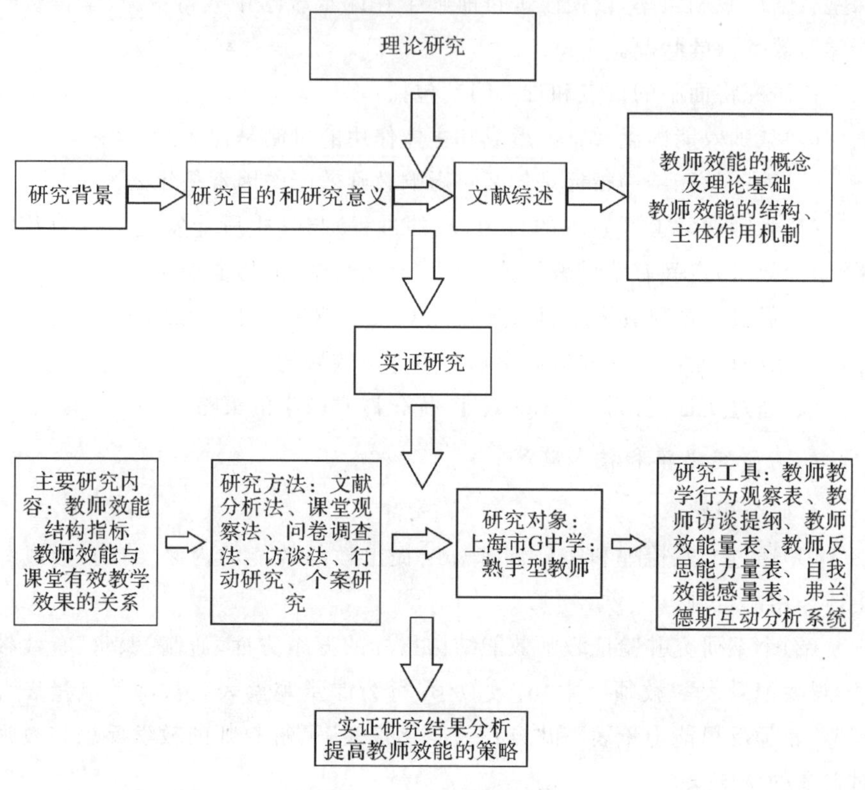

图 7-1　研究思路流程图

（四）研究方法

当前的教学研究在方法上较为单一，应综合运用各种研究方法对教学进行研究，使研究方法由一元走向多元化。运用文献法对相关研究成果进行梳理，可以借鉴和吸收西方先进的教学研究成果，还可以挖掘我国传统教学研究的精华。运用课堂观察法，研究者深入课堂教学实践，有目的、有计划地观察并描述教学现象，揭示教学内在的意义与价值，并上升到理论的高度从而指导教学实践。研究者通过观察教师在课堂教学中的教学设计、教学方法、教学组织以及教学效果，及时发现教师教学中存在的问题与不足，促使教师反思自己的教学，进而达到改进课堂教学的目的。

教师效能研究应采用定量和定性相结合的方法，量化研究能够通过变量来了解教学现象，量化方法强调教学研究要有一定的规范性，通过研究获得的知识来解决教学中的实际问题，并形成具有指导教学实践的理论。教学研究的本质是对教学活动中教与学意义的整体把握。教学

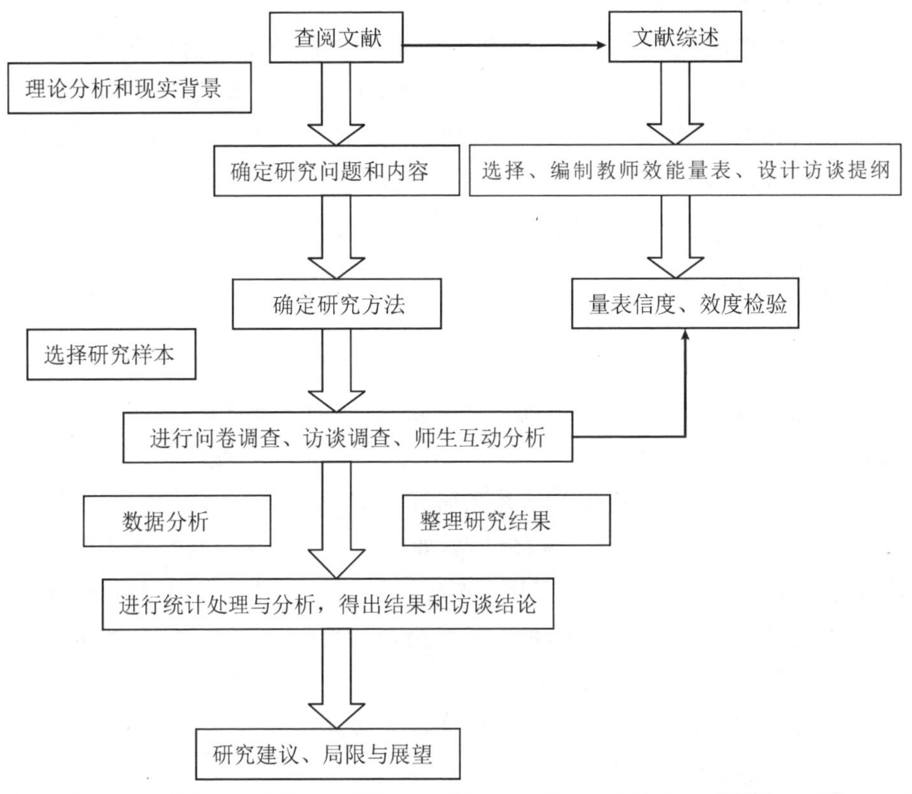

图 7-2　技术路线图

是传递社会知识、价值、情感、态度的过程，是师生双方交流的过程，教学活动无法脱离社会、文化、环境的影响，因此，教师效能研究不仅要对教学活动中各因素进行客观描述，还需要定性研究，如深度访谈法、个案研究等研究方法。定性研究注重教学过程和教学主体的研究，在一定的教学情境中，充分尊重学生的主体地位，注重学生的积极参与和学习方式的转变，学生通过知识的同化、顺应主动建构自己的知识结构，在教学过程中教学目标是预设的，而不是生成的，教学不是按照固定程序对学生进行知识灌输，而是师生在互动中实现交流和互动，在研究中不仅考虑学生的智力因素，而且要考虑学生的需要、动机、意志、个性等非智力因素，只有通过对教师效能的诠释和理解，才能全面把握教师效能的本质。定性研究注重从教育与社会、政治、经济、文化关系中了解教学活动及其制约因素，通过研究对教学活动进行整体把握和价值判断，促使教师转变教学观念，提升学生的主体地位，实现教学中师生的对话和交流，进而提高教师专业水平和促进学生发展。

教师效能研究必须具有适切的方法，教师效能的复杂性特点决定了在教师效能研究中所采用的方法应是一个方法的组合和体系，具有多元性或综合性的特点。[①] 因此，我们要根据研究对象、目的、任务综合采用各种研究方法。开展教学研究应该遵循以下几个原则：第一，要以科学求真的态度核实研究资料；第二，要在定量研究的基础上进行定性研究；第三，要实证研究和思辨研究并重；第四，要加强逻辑推理能力的训练。本研究采用的研究方法如下。

1. 文献分析法

归纳、梳理国内外“教师效能”和“有效教学”的文献资料，为制定访谈问卷提供可靠的文献资料。

2. 课堂观察法（见附录 A）和个案研究

主要采用一些教师行为观察量表，如教师提问。课堂观察法主要是研究者深入课堂教学实践，通过量表来观察教师的教学行为，教学行为包括了教师的主教行为、辅教行为等，如主教行为包括教师的讲授、提问、指导。运用“课堂观察记录表”“教师课堂教学行为观察记录表”进行个案研究，为课堂“有效教学”和教师效能研究提供实证数据和资料。

3. 访谈法和问卷法

在整理和分析国内外相关文献资料的基础上，制定“教师效能量表”（见附录 B）和“教师访谈提纲”，引用“教师反思能力量表”（见附录 C）、“一般自我效能感量表”（见附录 D），结合课堂观察和理论分析，自编教师效能量表，包括教学计划、课堂管理、教学策略、师生互动、教学反思五个方面。主要研究教师对自己课堂教学的反思能力，教学反思能力是教师的一项重要能力。主要反映教师对教学在学生发展中的作用和教师对自己能力的认知。

4. 行动研究法（Action research）（见图 7-3 德金行动研究模式）

运用行动研究法，使一线教师与理论研究者共同合作，对教学实践中的问题进行研究，通过分析、归纳和总结，得出科学的研究结论，再通过教学实践来检验研究结果。这种研究方法以解决实际问题和改进教学为目的，重视研究结果的反馈。通过运用科学研究方法达到提高教育教学质量，改进

---

① 叶澜. 教育研究方法论初探[M]. 上海：上海教育出版社，1999：9-12.

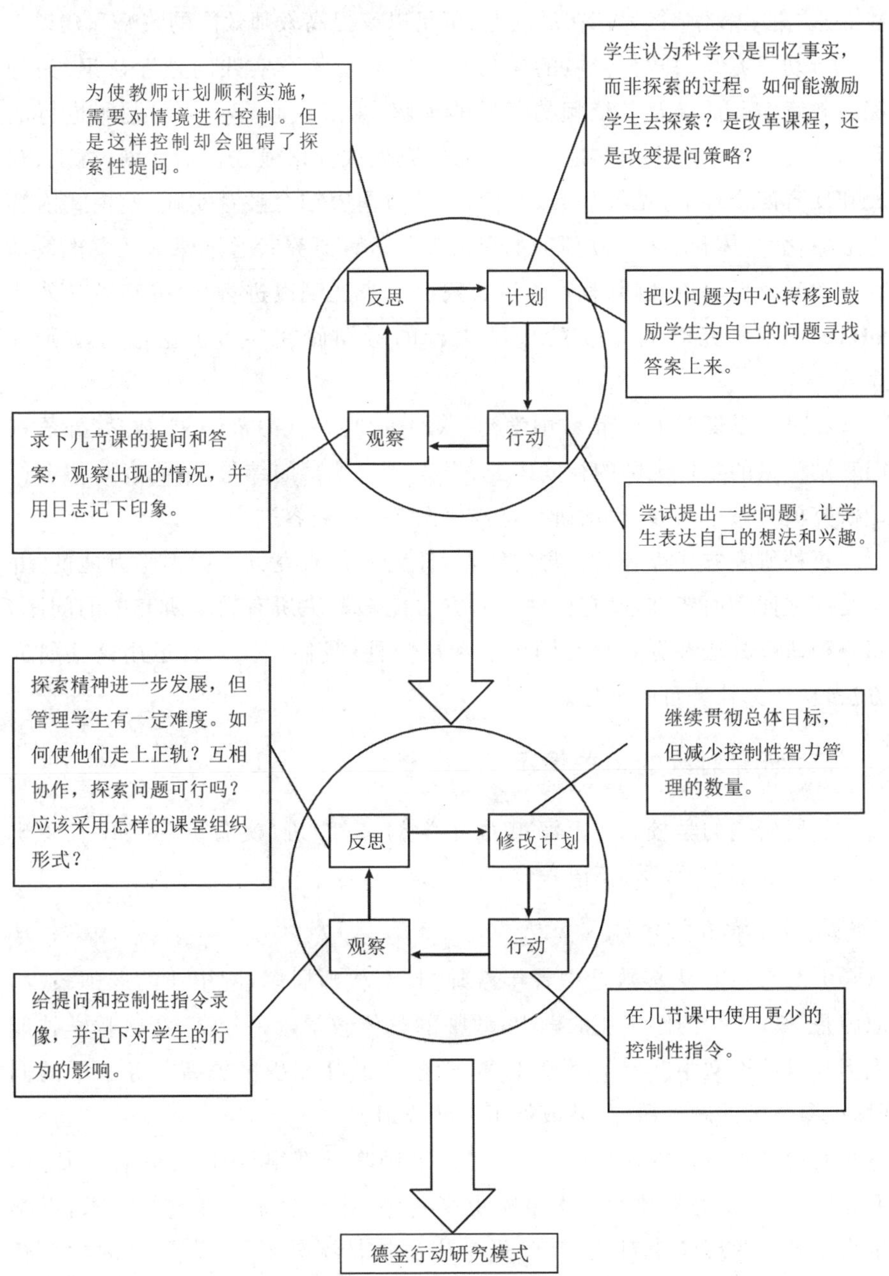

图 7-3　德金行动研究模式

教学环境，提高教师教学水平，深化教学改革的目的。和教师一起反思和查找课堂“有效教学”行为存在的问题、不足以及提高教师效能的策略和建议。

行动研究是由教育情境的参与者为提高对教育实践的理性认识，为加深对教育实践活动及其依赖的背景的理解，为解决教育实践问题所进行的反思研究。本研究采用的是德金行动研究模式。该模式包括计划、行动、观察和反省四个环节(见图 7-3)。这四个环节内容结合教育实践，使模式内容更形象化、具体化。[①] 行动研究的目的就是教育研究者通过课堂观察把教师存在的问题反映给教师，教师通过自我反思来达到改进教学，提高教学效能的目的。本研究对上海市 G 中学进行的行动研究参考了德金行动研究模式。

经过一学期对上海市 G 中学初一(2)班和初一(3)班语文、数学、外语三门基础学科的六位老师的行动研究，根据课堂观察的结果，本研究对德金行动研究模式做了修改，行动研究将按照图 7-4 的内容进行。

每种研究方式都有其自身的特点，任何一种研究方式都不是万能的，并不是放之四海而皆准，没有一种研究方法能够解决所有教学研究中的问题，每一种研究方法都有其存在的价值和局限性，我们应该综合运用这些研究方法，从而弥补各自的不足。

二、研究对象的相关情况

我所研究的学校——上海市 G 中学初一(2)班(实验班)和初一(3)班(对比班)的语文、数学、英语六位熟手型教师，每个学科两位老师。

(一)师资力量分析

上海市 G 中大多数是中青年教师，且女教师居多，刚毕业的老师较少，原因是学校很少招刚毕业的学生，教师的整体教学水平较高，在区教学技能大赛和科研论文中获奖的教师很多，学校的老师在积极提高业务水平的同时，也参与区课题的研究，并取得了一些成绩。

实验班和对比班的教师对比：各位老师教学都很认真，各有各的特点，但相比之下，优秀老师的教学策略更高一筹，并且遵循了课改的要求，以学生为主导。两班学生对比：实验班学生总体情况较好，认真学习的学生较多，对比班学风较散漫，上课秩序较差。

---

① 孟万金，官群. 教育科研——创新的途径[M]. 上海：华东师范大学出版社，2004：107-110.

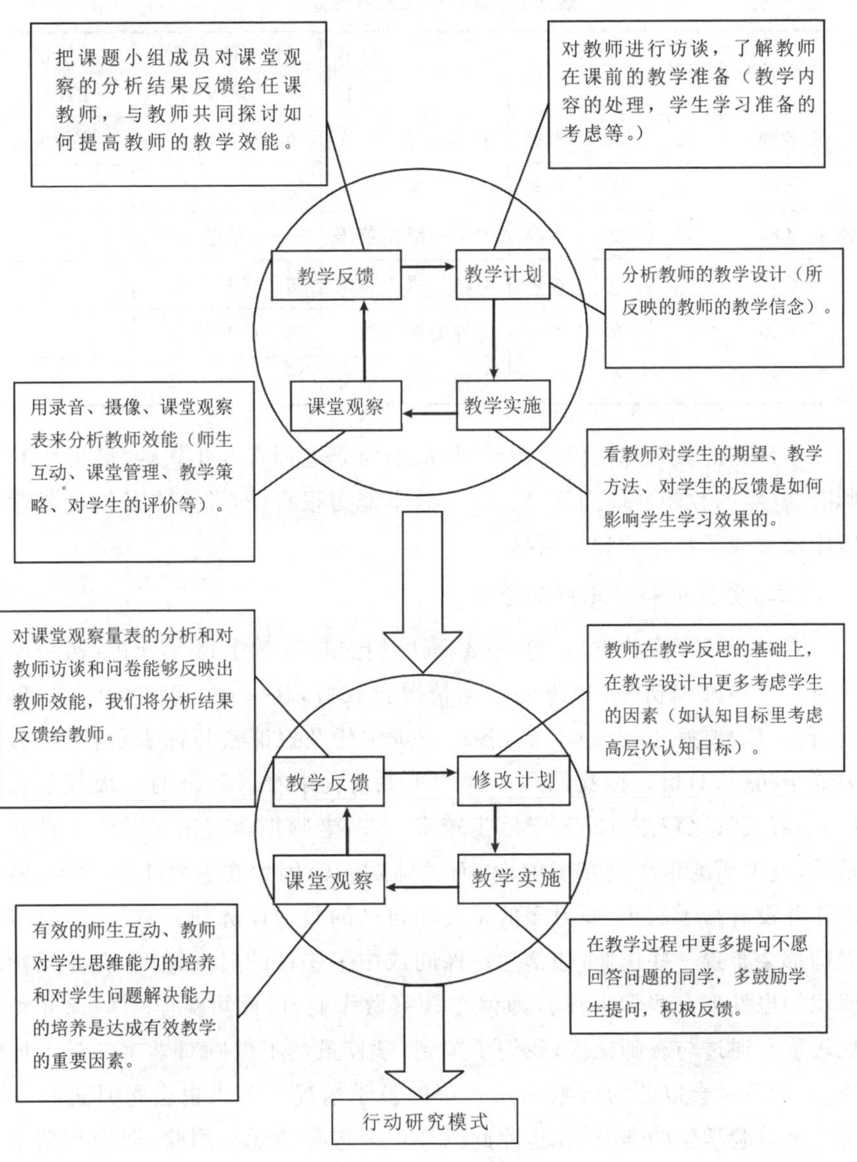
把课题小组成员对课堂观察的分析结果反馈给任课教师，与教师共同探讨如何提高教师的教学效能。
对教师进行访谈，了解教师在课前的教学准备（教学内容的处理，学生学习准备的考虑等。）
教学反馈
教学计划
分析教师的教学设计（所反映的教师的教学信念）。
用录音、摄像、课堂观察表来分析教师效能（师生互动、课堂管理、教学策略、对学生的评价等）。
课堂观察
教学实施
看教师对学生的期望、教学方法、对学生的反馈是如何影响学生学习效果的。
对课堂观察量表的分析和对教师访谈和问卷能够反映出教师效能，我们将分析结果反馈给教师。
教师在教学反思的基础上，在教学设计中更多考虑学生的因素（如认知目标里考虑高层次认知目标）。
教学反馈
修改计划
课堂观察
教学实施
有效的师生互动、教师对学生思维能力的培养和对学生问题解决能力的培养是达成有效教学的重要因素。
在教学过程中更多提问不愿回答问题的同学，多鼓励学生提问，积极反馈。
行动研究模式

图 7-4　行动研究模式

表 7-1 教师个人基本信息表格

个人信息	年龄	性别	学历	职称	任教科目	任教班级	担任的职务
A老师	43	女	本科	中学高级	语文	初一(2)(4)班	教研组长
B老师	42	女	本科	中学一级	数学	初一(1)(2)班	
C老师	43	女	本科	中学一级	英语	初一(2)班	
D老师	46	女	本科	中教一级	英语	初一(3)(4)班	
E老师	53	女	本科	中教一级	数学	初一(3)(4)班	
F老师	31	女	本科	中教一级	语文	初一(3)(4)班	

本研究的教师都是熟手型教师，最小的F老师有8年教龄，最长的E老师有30年的教龄。他们都对自己的教学能力很自信，并且在长期的教学实践中都形成了稳定的教学风格。

(二)实验班和对比班的分析

初一(2)班(实验班)，初一(3)班(对比班)。学生情况分析：初一四个班，初一(1)班和初一(4)班的学生情况比较好，初一(2)班和初一(3)班相比，初一(2)要好于初一(3)班，各班的班主任及授课教师都表示初一(2)班要好于初一(3)班。据我们几节课的听课情况来看，(2)班的班级气氛比较好，学习气氛比较浓，(3)班学困生较多一些，老师把学习困难的学生放在了最后，爱说话的学生放在了前面，而教师对于学困生在课堂上的睡觉、做小动作并没有给予制止，而更多的是关注自己的教学任务的完成情况，每节课老师都会布置一些作业，让学生在课间或中午午休的时间做完，在课间操时间我们也发现有些学生被教师留在教室做作业，由此可见学生的课业负担比较重。通过与教师交谈，我们了解到，学校虽然不鼓励对学生的学习成绩排名，但还是会以此为依据衡量各班的教学情况。各班也会每月进行一次考试来检验学生的学习情况，除此以外还会进行单元小测验，期中和期末考试。实验班初一(2)班和对比班初一(3)班课程表如表7-2、表7-3所示。

表 7-2 初一(2)班课程表

时间	周一	周二	周三	周四	周五
8:25—9:05	语文	数学	语文	语文	数学
9:15—9:55	数学	语文	英语	数学	英语

续表

时间	周一	周二	周三	周四	周五
10：05—10：50	音乐	英语	数学	英语	体育
11：00—11：40	英语	体育	科学	体育	美术
13：20—14：00	历史	历史	劳技	科学	语文
14：10—14：55	体育	书法	体育	地理	地理
15：10—15：50	科学	班队	英阅	思品	

表 7-3　初一(3)班课程表

时间	周一	周二	周三	周四	周五
8：25—9：05	语文	数学	英语	数学	语文
9：15—9：55	体育	语文	数学	英语	英语
10：05—10：50	英语	英语	语文	美术	数学
11：00—11：40	数学	体育	地理	体育	音乐
13：20—14：00	思品	科学	科学	语文	劳动
14：10—14：55	科学	历史	体育	音乐	体育
15：10—15：50	历史	校本	书法	地理	

表 7-4　班级的基本信息

基本信息	人数	男生	女生	年龄	班主任	语文老师	数学老师	英语老师
初一(2)班	40	23	17	13—15	M 老师	A 老师	B 老师	C 老师
初一(3)班	37	21	16	13—15	N 老师	F 老师	E 老师	D 老师

(三)学生使用的教材(表 7-5)

表 7-5　学生使用的教材

教材	年级	出版社
语文教材	七年级　第二学期(试用本)	上海教育出版社
英语教材	七年级　第二学期(试用本)	上海教育出版社(牛津英语)
数学教材	七年级　第二学期(试用本)	上海教育出版社

注:(从实验学校借了数学、英语教材各一本,语文教材没有,了解教材方便了解教师上课的进度、教学内容情况。)

(四)时间安排(表 7-6)

表 7-6 时间安排

时间安排	具体内容
第一阶段	课堂观察和进行课堂听课记录,对教师的教学设计进行分析和针对每节课对教师进行访谈。
第二阶段	对观察数据进行整理,分析研究结果。

第二节 教学个案分析

一、优秀教师三节课的教学分析

本研究结合具体的案例,运用定量分析——课堂语言行为互动分析系统和定性分析——课堂观察和访谈,通过对一位初中语文教师的三节课进行分析,揭示该教师的课堂教学结构、教学风格等,在此基础上探索教师的教学效能。

(一)个案研究教师的背景资料

A 老师是上海市 G 中学的一名中学老师。现任该校初一语文教研组组长。具有丰富的语文教学经验,从教 20 年来,多次获得“优秀教师”和“教育先进工作者”称号,在教学技能比赛中多次获奖,多篇学科教学与教育科研论文在各级比赛中获奖。是学生眼中的“好老师”,同事眼中的知识渊博、教学技能娴熟、科研能力强的优秀教师。她的教育格言:“三尺讲台、两寸粉笔、一方黑板,不是为了表现教师的能干,而是为了培养能干的学生!”具体情况如表 7-7 所示。

表 7-7 教师的个人背景资料

教师	性别	年龄	教龄	学历	专业	职称
A 教师	女	43	20 年	本科	语文	语文教研组长

表 7-8　三节课的背景资料

<table>
<tr><th>年级</th><th>课时</th><th>课型</th><th>课文题目</th><th>题材</th><th>教材</th></tr>
<tr><td rowspan="3">初一</td><td rowspan="3">40 分钟</td><td>公开课(新授课)</td><td>爱莲说</td><td>文言文</td><td rowspan="3">上海教育出版社《初中语文》(七年级下册)</td></tr>
<tr><td>常态课(新授课)</td><td>大自然的语言</td><td>说明文</td></tr>
<tr><td>习题课</td><td>永不录用</td><td>现代文阅读</td></tr>
</table>

(二)研究工具:弗兰德斯课堂语言行为互动分析系统

第一,FSIA 简介:20 世纪 60 年代美国教育学家内德·弗兰德斯(Flanders)提出了课堂语言行为互动分析系统(Flanders' System of Interaction Analysis,简称 FSIA)。该系统是教育科学化研究中的一种理想的工具,由于它用数量化的方法评价课堂教学,从而使我们能客观、公正地认识课堂教学的本质。也是我们探索课堂教学规律的一条有效途径。弗兰德斯在对课堂教学进行大量观察的基础上把课堂教学中师生的语言行为分为教师的语言行为、学生的语言行为和其他语言行为三大类,其中包括 7 类教师的语言行为、2 类为学生的语言行为和 1 类其他语言行为。具体分类标准如表 7-9 所示。

表 7-9　十类语言分类

<table>
<tr><th colspan="2">分类</th><th>编码</th><th>内容</th></tr>
<tr><td rowspan="7">教师语言</td><td rowspan="4">间接影响</td><td>1</td><td>接纳学生的情感和感受</td></tr>
<tr><td>2</td><td>赞赏或鼓励</td></tr>
<tr><td>3</td><td>接纳或利用学生的观点</td></tr>
<tr><td>4</td><td>提问</td></tr>
<tr><td rowspan="3">直接影响</td><td>5</td><td>讲解</td></tr>
<tr><td>6</td><td>命令</td></tr>
<tr><td>7</td><td>批评或维护权威</td></tr>
<tr><td rowspan="2">学生语言</td><td>被动回答</td><td>8</td><td>学生应答</td></tr>
<tr><td>主动回答</td><td>9</td><td>学生主动讲话</td></tr>
<tr><td>其他</td><td></td><td>10</td><td>无声或混乱</td></tr>
</table>

第二,记录方式(表 7-10)。弗兰德斯课堂互动分析系统严格按照时间顺序记录师生课堂语言互动行为,时间间隔为 3 秒钟,即一分钟记录 20 次,

初中阶段一节课的时间是 40～45 分钟，大概要记录 800～900 次，我所观察的三节课都是每节课 40 分钟，记录方式为代码(coding)的形式，即 10 个数字代表 10 类课堂语言互动行为，为了方便记录，通常用“0”来代表“10”。

第三，矩阵分析 。以前 3 分钟为例，课堂师生语言行为代码为：6、8、6、6、6……除首尾两个代码各使用一次外，其余的代码分别与前后代码结成一“序对”(order pair)，如果观察得到 N 个代码，可以形成 N－1 个“序对”即 3 分钟共得到 60 个代码，可以形成 60－1＝59 个“序对”，上面代码的“序对”分别为(6,8)、(8,6)、(6,6)……10 类师生课堂互动语言行为纵横组成 10×10 阶矩阵(matrix)，每一“序对”的前一个数字表示行数，后一个数字表示列数。如序对(6,8)表示在第六行、第八列的方格中记录一次，依次记录，得出的下列的矩阵图(表 7-11)便是一个课堂教学师生互动的记录。

表 7-10 《爱莲说》前三分钟导入新课原始数据资料

6	8	6	6	6	0	6	0	6	5	0	5	0	5	5	5	0	0	5	5
5	5	5	5	5	5	5	5	5	5	5	5	5	0	5	5	5	5	5	5
5	5	4	4	0	0	0	8	8	8	8	8	8	8	8	8	2	5	5	5

表 7-11 《爱莲说》弗兰德斯互动分析矩阵图

类别	1	2	3	4	5	6	7	8	9	10	座表数总和
1	3		1		6						10
2	3	29	1	5	5	4		3			50
3		1	15	9	2		1	4		3	35
4				40	26			30			96
5		2	2	12	109	37		8		6	176
6				8	3	47		48		13	119
7			1	2		1	6				10
8	4	17	14	4	13	12	2	116	24	3	209
9										24	24
10		1	1	16	12	18	1			110	159
座表数总和	10	50	35	96	176	119	10	209	24	159	888

续表

类别	1	2	3	4	5	6	7	8	9	10	座表数总和
%*	1.13	5.63	3.94	10.81	19.82	13.40	1.13	23.54	2.70	17.91	
%	间接教学 21.51				直接教学 34.35			学生语言 26.24		17.91	
%	教师说话总和　55.86							学生话语总和 26.24		无有效语言 17.91	

注:1—10 代表 10 类语言,每类语言占比百分比。

从表 7-11 中可以看出 A 老师某些语言行为类型出现的频率,教师接纳学生感受占总时数的百分比、教师表扬或鼓励学生占总时数的百分比、教师利用或接纳学生想法占总时数的百分比等。弗兰德斯课堂语言行为互动分析系统把师生课堂语言行为分为 10 类,它不仅强调师生课堂语言行为,而且体现了师生语言行为的互动性,由于对每类语言行为下了操作性定义,所以便于我们判断师生的语言行为究竟属于哪一类。

(三)研究数据分析

1. 每类语言的次数和所占总次数的百分比(表 7-12)

表 7-12　每类语言的次数和所占总次数的百分比

10 类语言行为		接纳学生的情感和感受	赞赏或鼓励	接纳或利用学生的观点	提问	讲解	命令	批评或维护权威	学生应答	学生主动讲话	无声或混乱
每类语言的次数	公开课	10	50	35	96	176	119	10	209	24	159
	常态课	35	60	45	105	135	85	6	205	20	120
	习题课	40	65	53	120	128	70	8	235	18	85
所占百分比%	公开课	1.13	5.63	3.94	10.81	19.82	13.40	1.13	23.54	2.70	17.91
	常态课	4.29	7.35	5.51	12.87	16.54	10.42	0.07	25.12	2.45	14.71
	习题课	4.87	7.91	6.45	14.60	15.57	8.52	0.97	28.59	2.19	12.77

2.课堂结构(表 7-13)

表 7-13　课堂结构

变量(Variable)	行为比率计算公式	缩记符号(Symbol)	课型
教师话语比率(Percent teacher talk)	1—7 列/总次数	TT	公开课——55.86% 常态课——57.05% 习题课——59.89%
学生话语比率(Percent pupil talk)	8—7 列/总次数	PT	公开课——26.24% 常态课——27.57% 习题课——30.78%
安静或混乱比率(Percent silence or confusion)	第 10 列的次数/总次数	SC	公开课——17.91% 常态课——14.71% 习题课——12.77%

从以上三种课型所得出的数据,我们可以大概了解 A 老师语文课的基本结构。从教师话语比率、学生话语比率、安静或混乱比率,我们可以看出三节不同课型的语文课是以教师讲授为主的,而且主要采用的主要是问一答式的教学模式,结合课堂观察,学生能够积极参与学习活动,课堂气氛非常活跃,也比较融洽和民主。

3.教师倾向或教师风格(表 7-14)

表 7-14　教师倾向或教师风格分析

教师倾向或教师风格分析(Style of teaching)	比率公式	课型比率
间接影响与直接影响比例	1—4 列次数/5—7 列次数	公开课——62.62% 常态课——108.4% 习题课——134.4%
积极影响与消极影响比例	1—3 列次数/6—7 次数	公开课——73.64% 常态课——153.84% 习题课——202.56%

Flanders 将教师的教学风格分为两类:(1)直接的教学风格;(2)间接的教学风格。虽然直接教学风格与促进学生主动学习态度与成就相关,但这并不意味着直接教学风格不好,Flanders 认为只要学习的目标明确,直接教学风格对学生行为与态度的培养,仍然可以有效,在有些情况下,如呈现新的教学内容或给予指导时,就可以采取直接的教学风格。也有研究比较过直接教学与间接教学的优缺点。

从表 7-14 可以看出，公开课中间接影响与直接影响是 62.62%，其比率小于 1，这表明这节课 A 教师主要以语言讲授为主，重视对学生学习的直接引导。说明本节课教师更多在呈现新的教学知识。常态课和习题课中间接影响与直接影响的比率大于 1，说明这两节课 A 老师更加鼓励学生积极参与教学。从课堂观察来看，这两节课分别进行的重点是段落划分和对习题中问题的回答，所以 A 老师能够根据不同的课型来调整教学策略。

从公开课教师的积极影响与消极影响来看，积极影响与消极影响的比率小于 1，说明教师在公开课强调更多的是按照预先的步骤进行，多了一些指令性的话语。从课堂观察来看，教师是对学生施加了积极的强化，但 Flanders 互动分析系统认为积极影响与消极影响的比率小于 1，则教师施加了消极的强化，这可能在进行观察时把教师对学生的要求都记录为 6（命令）。而常态课与习题课积极影响与消极影响的比率大于 1，说明教师对学生的鼓励、赞扬比较多。实施了积极强化。比较符合实际课堂观察情况。

4. 课堂气氛（表 7-15）

表 7-15　曲线分析——稳定格、积极整合和缺陷格（以《爱莲说》为例）

	1	2	3	4	5	6	7	8	9	10	合计
1	3	0	1								
2	3	29	1								
3	0	1	15								
4				40							
5					109						
6						47					
7						1	6				
8						12	2	116			
9									0		
10										110	
合计											

表中对角线上的各个单元格叫作稳态格。编码落在这些格里,表示某种行为出现的时间超过3秒钟,表明持续地做某事。矩阵中1—3行与1—3列相交的区域叫作积极整合格。矩阵中6—7列与7—8行相交的区域是缺陷格。从表7-15中我们可以看出公开课,教师讲授(编码5—5)和学生回答问题(编码8—8)这个单元格比较密集,而(编码10—10)无有效语言的单元格也比较密集,根据记录和课堂观察,我把教师提问留给学生思考的时间和学生讨论暂时出现的混乱都记为10(无效语言)。积极整合区中记录的次数比较密集,说明该教师的课堂气氛活跃,教师善于鼓励和接纳学生的情感。缺陷格这个区域中记录的次数很少,也反映了教师与学生进行了充分的互动,A老师很注重调动学生的积极性来实现师生互动。

(四)对三节课的评价

从以上图中可以看出师生语言行为的比例和结构,从这些比例中我们可以大致了解一节课的总体特征和基本轮廓,如教师语言行为和学生语言行为的次数在总的语言行为中所占的百分比,教师间接语言行为与直接语言行为的比例,积极强化(1、2、3)和消极强化(6、7)之比,其计算公式分别如上表7-14所示,从中我们可以了解到这节课是以教师讲授为主,还是以学生为主,师生互动的气氛如何,学生是否主动参与等方面,从中我们可以看出,A教师的教学模式属于问答式的教学模式。结合课堂观察,我们发现A老师提出的问题包括封闭性问题和开放式问题两种。通过A老师公开课(新授课)、常态课(新授课)、习题课教学的观察、数据分析、归纳,说明A老师符合优秀教师的所有品质。如三次课型不同,教师和学生活动的比率也不同,因为是语言课,教师的语言行为和师生的问答行为较多。

第一,直接教学和间接教学策略的运用。

直接教学属于以教师为中心的教学策略,包括讲授、叙述和演示教学。这些策略强调教师提供信息或形成问题,以激发学生思考,促进学生之间的互动。直接教学策略注重结构性、教师的高度参与、集中的目标和提高学生在任务完成上的行为的有效性。① 长期以来人们对直接教学策略有一种误解,他们认为以教师为中心的教学必然主要以教师的讲授为主,学生则被动地接受灌输和训练,忽略学生的需要,学生对知识的掌握主要是机械的记忆

① Wilen W, Ishler M, Hutchison J, et al. Dynamics of Effective Secondary Teaching[M]. New York: Allyn & Bacon, 2005:312.

学习，也不会形成积极的课堂氛围。但研究结果表明，直接教学策略是基础教学阶段普遍使用的一种教学策略。直接教学是为了完成特定的教学目标，严密的组织教学，通过讲授使学生掌握学科的基本知识和结构，监督并控制学生的学习过程，在教师的引导下，提高学生的学习效率。

从三节课的分析来看，A 老师分别使用间接教学和直接教学策略，有研究表明，间接教学能够激发学生主动参与和积极思考，而且班级的课堂气氛比较活跃，能够激发学生的学习动机，学生的学习成绩也能得到很大的提高。在小学阶段，间接教学和直接教学并没有多大区别，按照皮亚杰划分的认知阶段，初一年级的学生处于具体运算阶段，所以教师采用间接教学更能促进学生的认知发展。因为提问、鼓励和赞扬、纠正学生的想法更能提高课堂教学的有效性。但这也并不是说只有间接教学能够产生好的教学效果，教师必要的讲解、指示、批评和纠正也是必不可少的，这还要根据具体的学科、教学内容和具体的教学情境来分析。从三次课来看，A 老师能够很好地根据不同的教学情境来分配直接教学和间接教学的比例，如在习题课上，A 老师有更多的提问时间，鼓励学生积极发言，通过提问引发学生对问题做进一步的思考，也鼓励学生之间互问，在此过程中，教师接受学生的观点或纠正学生的观点，使问题的本质更进一步清晰化。

第二，善于提问，注重问题的水平、清晰度、候答时间。

表 7-16　问题水平的划分①

问题水平	水平Ⅰ——低阶聚合性问题：要求学生记忆水平和观察水平。	水平Ⅱ——高阶聚合性问题：要求学生超出记忆水平利用智力来组织材料以表明对信息的理解。	水平Ⅲ——低阶发散性问题：要求学生对有关信息进行批判性思考。让学生们自己分析信息来找出原因和理由，然后得出结论或对其进行概括，找出支持自己观点的论据。	水平Ⅳ——高阶发散性问题：要求学生进行独创性和评价性的思考。学生自己预测问题，解决问题，创造问题并且基于这个问题的内部和外部的标准判断自己的思考、行为和表达的推测，发表意见。

① 威伦，哈奇森，博斯. 有效教学决策[M]. 李森，王纬虹，译. 北京：教育科学出版社，2009：313.

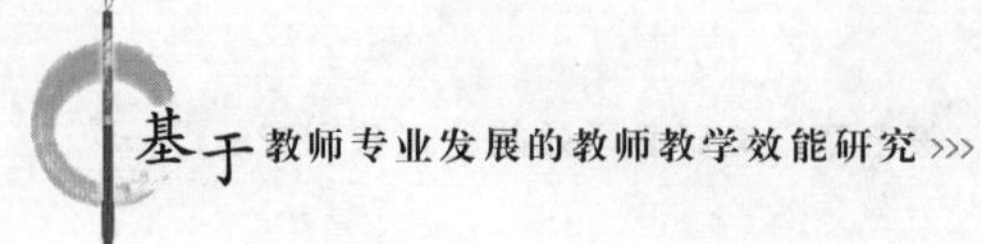

表 7-17　教学片断分析——《爱莲说》提问水平、类型

1.这篇文章题目是“爱莲说”,从哪些句子可以看出来作者对莲的喜爱?	请同学回答,老师归纳总结:予独爱莲之出淤泥而不染,濯清涟而不妖,中通外直,不蔓不枝,香远益清,亭亭净植,可远观而不可亵玩焉。
2.莲花有哪些特点?作者从哪几个方面来描写莲花的?莲花具有哪些品质?	学生回答,教师总结:出淤泥而不染(生长环境)——高洁,不同流合污 濯清涟而不妖(不慕名利)——质朴 、庄重 中通外直 ,不蔓不枝(洁身自好)——正直 ,不趋炎附势 香远益清(体态香气)——芳香 亭亭净植,可远观而不可亵玩焉(风度)——高洁的品质
追问: 作者写莲花其实是为了表达自己的情感,即借物喻人,那么作者把莲花比喻成什么?学生回答,教师引导(比喻成君子)把莲花喻君子,那么莲花和君子有什么相似之处?	作者通过这些描写,不但写出了莲花的生长环境、美丽的外表、芬芳的气质,而且描写了莲花高洁的品质和高尚的情操,充分表达了作者对莲花的喜爱之情和赞美之情。这也是作者为什么喜欢莲花的原因。 莲花“出淤泥而不染”一句比喻君子在恶劣的环境中不为世俗所污;“濯清涟而不妖”一句比喻君子在优越的环境中不媚于世;“中通外直”一句比喻君子内心通达,行为正直;“不蔓不枝”一句比喻君子性格正直,纯正无邪;“香远益清”比喻君子美德布于四方,声名远扬;“亭亭净植”一句比喻君子卓然挺立,坚守节操;“可远观而不可亵玩焉”一句比喻君子端庄严肃,被人敬仰。君子虽然身处污浊的黑暗的封建社会,但他们能够洁身自好,有着不慕名利、不同流合污的生活态度。
文章的题目是“爱莲说”,作者以莲花为歌颂对象,却几次提到了菊花、牡丹,作者的用意是什么?	这样写是为了和莲花形成对比,衬托(正衬、反衬)莲的高洁品质。 文章通篇以菊花为正衬,以牡丹为反衬,突出莲花超然脱俗、超脱卓群的品性,表现了作者不追逐名利的生活态度。
作者在第一段为什么连用两个“独”字?	说明作者和陶渊明都有不慕名利、洁身自好的生活态度。作者虽然欣赏陶渊明不随波逐流的生活态度,但不欣赏他隐居、逃避现实的消极方式。

该教师注意了提问的水平、陈述问题的清晰度,对学生的提问留出一定的思考时间以便学生做出相应的反应,而且有些问题属于封闭性问题,即涉及内容的事实性问题,学生可以通过学过的内容直接解决,有些问题属于开放性问题,即这类问题不以事实内容答案的发现为主,教师重在引导学生积极思考,培养学生分析、综合、判断及重组的能力,促进学生认知水平和思维水平的提高。对学生的回答,教师做进一步的追问,因为这有利于学生更进一步地明确问题,启发学生积极思考,努力澄清、扩张和寻找证据支持其观点。

A老师三节课的授课内容及教学流程

表7-18　《爱莲说》教学设计框架

情景导入：（学习的准备）	A老师利用多媒体出示几张莲花图，提问：这是什么花？这种花的别称是什么？学生回答：荷花、芙蓉、芙蕖，教师总结：莲花又称荷花、芙蓉、芙蕖。 描写莲花的诗句有哪些？ 同学踊跃回答："小荷才露尖尖角，早有蜻蜓立上头""接天莲叶无穷碧，映日荷花别样红""清水出芙蓉，天然去雕饰"。 教师总结（利用多媒体出示古代诗人的诗句）：李白"清水出芙蓉，天然去雕饰"，杨万里"小荷才露尖尖角，早有蜻蜓立上头""接天莲叶无穷碧，映日荷花别样红"。王昌龄"芙叶罗裙一色裁，芙蓉向脸两边开"，齐白石"荷花瓣瓣大如船，荷叶青青伞样圆"。 从古到今，有许多人描写过荷花和赞美荷花，并把它当作高洁品质的象征，今天，我们学习一篇赞莲的佳作——宋代周敦颐写的《爱莲说》。
解题：明确学习目标	我们今天学习《爱莲说》就是要掌握以下几个方面：什么是"说"？"说"这种文体的特点是什么？（"说"是古代的一种文体，可以记事，也可以议论，都是为了说明一个道理。）"莲"是作者描写的对象，"爱"表现了作者对莲花的喜爱之情。那么本文的题目《爱莲说》是什么意思呢？（"谈谈爱莲花的道理"）作者借描写莲花来抒发自己的感情，并说明爱莲的道理，这就是托物言志的写法。学习这篇文章一方面是要了解"说"的这种文体，另一方面要了解托物言志的写法以及作者是如何托物，如何言志的。
教学目标	1.理解文言文的字词句，在掌握全文内容的基础上积累文言文的知识。 2.了解"说"的文体，学习托物言志的手法和衬托（正衬、反衬）在文中的作用。 3.理解作者对莲花的情感，培养学生洁身自好、不同流合污的高贵品质和道德情操。
教学手段	多媒体辅助教学
教学过程	1.朗读课文，了解文言文的字词句 2.分析课文内容，领悟作者的情感 3.熟悉文中内容，了解文中运用的修辞手法 4.联系实际，拓展训练
小结	学习这篇文章给我们的启示是什么？

公开课的教学设计

一、朗读课文,了解文言文的字词句

(一)听课文的录音朗读一段,教师范读剩下的部分,要求学生注意生字的读音,注意句子朗读时的语气语调。

(二)请几位同学朗读课文,请同学们齐声朗读描写莲花的句子,要求学生注意朗读的一般要求:字正腔圆,吐字清晰,有感情地朗读。老师和同学共同帮他们纠正读音、语气和语调。

(三)利用多媒体请同学给下面的疑难字词注音:颐 蕃 濯 亵 逸 鲜

周敦颐(　　)可爱者甚蕃(　　)

濯清涟而不妖(　　)

可远观而不可亵玩焉(　　)

花之隐逸者也(　　)陶后鲜有闻(　　)

(四)在熟读文章的基础上老师利用多媒体要求同学翻译下列句子:

a. 出淤泥而不染,濯清涟而不妖。

b. 中通外直,不蔓不枝。

c. 可远观而不可亵玩焉。

d. 菊之爱,陶后鲜有闻。

二、分析课文内容,领悟作者的情感

(一)这篇文章题目是"爱莲说",从哪些句子可以看出来作者对莲的喜爱?

请同学回答,老师归纳总结:予独爱莲之出淤泥而不染,濯清涟而不妖,中通外直,不蔓不枝,香远益清,亭亭净植,可远观而不可亵玩焉。

(二)莲花有哪些特点?作者从哪几个方面来描写莲花的?莲花具有哪些品质?

出淤泥而不染(生长环境)——高洁,不同流合污

濯清涟而不妖(不慕名利)——质朴 、庄重

中通外直,不蔓不枝(洁身自好)——正直,不趋炎附势

香远益清(体态香气)——芳香

亭亭净植,可远观而不可亵玩焉(风度)——高洁的品质

学生回答,教师总结:作者通过这些描写,不但写出了莲花的生长环境、美丽的外表、芬芳的气质,而且描写了莲花高洁的品质和高尚的情操。充分

表达了作者对莲花的喜爱之情和赞美之情。这也是作者为什么喜欢莲花的原因。作者写莲花其实是为了表达自己的情感，即借物喻人，那么作者把莲花比喻成什么？学生回答，教师引导（比喻成君子）把莲花喻君子，那么莲花和君子有什么相似之处？

莲花“出淤泥而不染”一句比喻君子在恶劣的环境中不为世俗所污；“濯清涟而不妖”一句比喻君子在优越的环境中不媚于世；“中通外直”一句比喻君子内心通达，行为正直；“不蔓不枝”一句比喻君子性格正直，纯正无邪；“香远益清”比喻君子美德布于四方，声名远扬；“亭亭净植”一句比喻君子卓然挺立，坚守节操；“可远观而不可亵玩”一句比喻君子端庄严肃，被人敬仰。君子虽然身处污浊的黑暗的封建社会，但他们能够洁身自好，有着不慕名利、不同流合污的生活态度。

三、熟悉文中内容，了解文中运用的修辞手法

（一）托物言志

托物言志的手法首先要描写出所托之物的外形，揭示内在的精神品质，本文所描写的是莲花，描写莲花的句子我们已经分析过了，其内在的精神品质，我们也已经分析过了。作者借莲花来抒发自己的情感。

（二）对比烘托手法

文章的题目是“爱莲说”，作者以莲花为歌颂对象，却几次提到了菊花、牡丹，作者的用意是什么？

这样写的目的是和莲花形成对比，衬托（正衬、反衬）莲的高洁品质。

文章通篇以菊花为正衬，以牡丹为反衬，突出莲花超然脱俗、超脱卓群的品性，表现了作者不追逐名利的生活态度。

（三）作者在第一段为什么连用两个“独”字？

说明作者和陶渊明都有不慕名利、洁身自好的生活态度。

作者虽然欣赏陶渊明不随波逐流的生活态度，但他不欣赏他隐居、逃避现实的消极方式。

（四）课文第一段和第二段前半部分均按“菊—牡丹—莲”的顺序写的，为什么文末却按“菊—莲—牡丹”的顺序呢？

前半部分按“菊—牡丹—莲”的顺序，是为了突出作者对莲的喜爱；后文按“菊—莲—牡丹”的顺序写，是从褒贬的角度，说明凡是超凡脱俗的事物，欣赏的人就少，而趋势媚俗的事物，欣赏的人就多。把正面放在前写，最后用反面的反衬一下，更有独到之处；从表达方式来看，第一段侧重于记叙、描

写，第二段侧重于议论和抒情。

（五）一般句式有陈述、疑问、祈使、感叹四种，作者描写了三种花，三种不同的句式。“菊之爱，陶后鲜有闻。”“莲之爱，同予者何人?”“牡丹之爱，宜乎众矣!”分别是什么句式？在朗读时应该注意什么？

同学回答，老师总结：

陈述句在朗读时应读平调，重音应放在“鲜”字上，应读出“惋惜”的语气。

疑问句朗读时应读升调，应该读出“赞美”的语气。

感叹句朗读时应读降调，要读出“鄙视”的语气。

请同学们齐声把这几句再朗读一遍。注意语气和语调。

四、联系实际，拓展训练

（一）在我们今天的社会也有人为了追逐名利而不择手段，那么我们如何看待这种现象呢？

（学生回答，老师引导学生树立正确的生活态度。）

（二）填空。（多媒体显示以下句子）

①本文用来比喻君子既不与世俗同流合污，又不孤高自傲的句子是________，________而最能概括莲的高贵品质的一句是________。

②本文中作者拿________和________与莲对比，前者是________，后者是________，作用是突出________。

（三）学习这篇文章给我们的启示是什么？

学生回答：写文章一定要写出真情实感，这篇文章作者写得有新意，反映了当时的社会现象。体现了作者的生活态度和独特的个性。同时我们了解了莲花高洁脱俗、正直纯真的品格。明白了“说”的文体和托物言志的写法。此外，也了解了文中多种修辞手法的运用，如比喻、拟人、排比、对比、衬托等，句式的变化：陈述句、疑问句、感叹句的运用表达了作者复杂的情感；还有记叙、议论、抒情的运用。

教师总结：同学们说得都非常好，学习这篇文章我们不仅要了解文言文的字词句、修辞手法，还要学习作者不追逐名利、洁身自好的生活态度。

《爱莲说》的访谈

1. 您课前做了哪些准备？

教材分析。《爱莲说》是上海教育出版社初中语文七年级下册的一篇文言文，根据语文课程标准的规定，“语文课程应致力于语文素养的形成”。本课文要求学生在能够背诵的基础上，了解文章大意，掌握“说”的文体和托物言志的手法以及衬托在文中的作用。让学生体会作者爱莲的思想感情。使学生在掌握文言文学习方法时，真正感受到我国古代优秀文化之美，提高学生的人文素养和高尚的品质。学生学习前准备。在学习《爱莲说》之前，我已经要求学生预习课文并能够背诵课文，在预习的时候把不认识的生字查出来，这为本课的学习奠定了一定的基础。

文言文对于初一的学生来说，文章的内容还是比较难的，所以我在讲授新课之前先要求学生熟读课文并且能够背诵，在此基础上找出课文中的生字、难句，这不仅训练了学生独立自学的能力，而且我在讲授新课时能够留出更多的时间来帮助学生分析课文内容、了解文中运用的修辞手法。要求学生预习是培养学生自学的能力和习惯，而课堂训练体现了“以学生为主体，培养其独立阅读能力”。

2. 您是如何设计这节课的？

我是从文本解读、修辞手法的运用、托物言志与现实生的联系、拓展训练四个方面来讲解这篇课文的。所以我在讲新课的时候，能够在学生熟读成诵的基础上，紧紧围绕文中内容，帮助学生找出文中的生字、难句，并解释字词、疏通句意。

教学大纲明确规定文言文的学习要求学生能够朗读成诵，《爱莲说》是一篇经典的文章，在学习这篇文章时，我通过范读（听课文录音一段。老师范读剩下的部分，在范读的过程中，要求学生注意生字的读音和重点听语音语气语调。）老师范读的目的是要求学生要读得字正腔圆，有感情地朗读，并通过让个别学生读，让其他同学帮着纠正错误，体现了合作学习的特征。

第二方面，我在对文本进行解读、了解作者写作手法的时候，引导学生欣赏作品的修辞手法、写作风格、作者的情感。例如文中写出了三种人生价值取向：菊之爱、牡丹之爱、莲之爱，其中重点写莲之爱，文章通篇以菊花为正衬，以牡丹为反衬，突出莲花超然脱俗的品性，表现了作者不追逐名利的生活态度。把正面放在前面写，最后用反面的反衬一下，更有独到之处；从表达方式来看，第一段侧重于记叙和描写，第二段侧重于议论和抒情。这不仅使学生了解到正衬和反衬修辞手法的表达方式，而且使同学了解到“莲之爱”，即爱君子之高尚品德。

3. 您的设计理念是什么？

我的设计的理念：在学生朗读成诵的基础上，先通览全文，然后分析每一个段落，重点分析难句，深究文中内容，了解文体和文中的修辞手法，最后欣赏作者独特的写作风格、修辞技巧、篇章结构、联系现实生活，体会作者所表达的情感。

4. 您想通过本课的学习提高学生哪方面的能力？

因为是语言学习，所以在此基础上我还要训练学生的语言表达能力和思维能力，这个环节主要是通过提问环节来完成。注意提问的层次，对于学生错误的回答并不是简单地批评而是真正纠错，这有利于学生掌握特殊的句式结构和使学生能够结合具体的语言情境，欣赏不同语言情境中词句与语态在沟通和表达上的效果。通过对学生言语和思维的训练，从而提高学生的言语能力和思维能力。

5. 如何联系实际使本文更有教育意义？

本文是一篇优秀的文章，我在引导学生感受古代优秀文化时，更加注重联系现实生活，体会作者当时生活的社会环境与现实社会的对比。我对此环节是这样设计的：在今天的社会也有人为了追逐名利而不择手段，那么我们如何看待这种现象呢？（学生回答，老师引导学生树立正确的生活态度。）这样即使学生获得了思想的启迪，又适应现代社会的需要，关注学生的生活经验，从而实现文化经典与当代社会生活环境的对话。

A 老师是实验班的语文教师，也是初一年级的语文组组长。《爱莲说》是 A 老师上的一节公开课，从整节课来看，A 老师的教学设计理念做到了科学、合理，在授课过程中，A 老师借助多媒体出示莲花的图片，从提问开始：这是什么花？用荷花的别称和描写荷花的诗句来导入所学的新课《爱莲说》。然后老师范读，让学生找出难的字、词、句。请同学翻译句子，提问作者从哪些方面描写了莲花的特点。从而引出托物言志的写法，解释说的文体，最后比较三种花：菊花、莲花、牡丹所象征的意义。从教学环节来看，环环相扣，注重启发学生，讲练相结合，从学生参与的状态来看，教学效果比较好。A 老师熟练、自信的讲解也很富有感染力，但也存在一些问题，多媒体辅助教学已经成一种必要的手段。在公开课中，课件的设计也是对教师教学水平评价的标准之一，如果 A 老师能适当加些板书的设计，效果会更好。从课堂气氛来看，整节课有点闷，没有学生之间的讨论，如果能更好地实现师生互动，那么这节课将更加完美，新课改提倡的自主、合作、探究的学习方式没有体现在课堂上。总体而言，A 老师授课清晰，教学组织井井有条，整节课都没有看教案，可见 A 老师的教学功底很深厚。

常态课—试卷分析

4月14日　　星期四

授课班级：初一(2)班　　　　授课时间：8:25—9:05

授课教师：A老师　　　　　　授课内容：试卷分析

习题讲解(5道题)

19. 看拼音写汉字。(2分)

1)横 gèng(　　)　2)难以 zhì 信(　　)

20. 读全文，将故事的主要情节填写完整。(4分)

①沉迷网游，遣返回家→②________→③重返母校，发愤苦读→④________→⑤省城上学，先访恩师。

21. 品析"他如网游中的大侠般麻利地翻过校园墙头"这句话在文中的作用。

____

22. 联系上下文，揣摩下面句子中人物的心理活动。(6分)

(1)他顿时泪眼滂沱，可以想象，这些天父亲低三下四地四处求过多少人呀！

____

(2)"他的眼泪如洪水般倾泻而下。"改写成一段描写心理活动的句子。

____

23. 文章结尾写道："他说是的，但是我要先去趟附中。"请你写出这样结尾的好处。(2分)

____

24. 文中班主任是一位怎样的老师？请结合文章内容举例分析。(4分)

____

答案参考：

19. (2分)

20. 苦闷消沉，插班旁听→考上大学，知道真相

21. (3分)

示例：

(1)沉迷网络游戏被开除，让父亲四处求人，他为此感到惭愧和自责；得知能到镇中学旁听，内心十分欣喜。

(2)得知班主任为了挽救自己而煞费苦心,被深深打动,他流下感激的泪。同时也为自己对班主任的误解而感到内疚。

23.(2分。言之有理即可)示例:本文结尾含蓄,给读者留下思考和回味的余地。

24.(4分)性格特征,2分,示例:班主任是个有爱心和责任心,工作耐心细致,对沉迷网络的学生不放弃,讲究教育策略的好老师。分析,2分(能结合具体事例分析)。

(注:五个问题均由A老师提供)。

教学设计

教学目标:引导学生总结答题方法和规律,厘清做题思路,熟悉做题步骤。学会概括文章内容,从多角度进行人物评价,从内容和结构两方面来考虑句子在文章中的作用。

教学内容:试卷分析(记叙文阅读的训练)

教学重点:通过试卷习题的分析,加强记叙文阅读的训练,整理做题方法。

教学方法:老师引导学生回忆学过的做题方法,如有不准确,再进行强调。鼓励学生头脑风暴,积极发言(群策群力)。引导学生思考,在学生回答的基础上优化答案。告诉学生回答问题的方法及重点。让学生自己分析得分及不得分的原因。

教学特色:以各种形式鼓励学生。对全班的鼓励,如"我知道你们都比我强,找找这道题的原因";对个人的鼓励同时是对其他同学的激励。委婉地对学生的错误进行批判,使学生能心甘情愿地接受惩罚。

教学过程:

分析一篇阅读文章《永不录用》,共有五道题,A老师用一节的时间来分析这五道题,她并不是直接告诉学生答案,而是循循善诱,启发学生思考,帮助学会分析题目,掌握每一类型题答题的技巧,A老师并不囿于问题的答案本身,也不寻求标准答案,而是针对问题的本身来帮助学生分析答错的原因,老师对学生答错的方面都做到扣分有据,让学生在掌握答题技巧的同时,也了解自己为什么答错题,既解决了学生的困惑,也使学生能够做到举一反三,在面对同一类型的题时能够学会分析。A老师的课堂气氛轻松、活

跃,学生积极参与师生互动,A老师对答错题的学生的批评委婉,讲求批评艺术。那么,具体来看A老师这节课是如何展开的:

A老师提问:试卷主要讲了什么问题?

学生回答:沉溺网游,痛改前非,考上大学。

老师并没有按答题顺序来讲解习题,她针对第20题:读全文,将故事的主要情节填写完整。这道题是四个字的短语,通过填空让学生了解整篇文章的段落大意。

A老师先请学生回答要填的内容,然后针对这道题总结出答题规律:从形式上看,是四个字词,但从整篇文章来看,它是对事件的描述,例如,沉迷网游,遣返回家概括的是1~6段的主旨,说明了事件的起因,这道题主要考查学生对整篇文章段意的分析。

接下来,A老师读7~9段,让学生总结段意,学生们在明白了题目意思后,纷纷踊跃回答,注意用四个字来答题,而且意思要贴切段意。在A老师一步步引导下,学生掌握了这道题的答题技巧。A老师强调不要求标准答案,只要求符合题意,这也符合素质教育的理念。授人以鱼,不如授人以渔。对于学生答错的题,老师也给出了不给分的理由,A老师总结这道题主要考察了概括文章主题内容。

24.文中班主任是一位怎样的老师?请结合文章内容举例分析。

A老师先提出这道题是考评价人物的,对于这道题,可以从文中找直接评价性的语言,也可以从人物处理事务的态度、方法等方面来概括。在A老师的启发下,学生踊跃回答,当学生的回答还停留在对问题的表面认识的时候,A老师进一步启发、引导,最后A老师进一步提升学生对问题的本质认识。

21.品析“他如网游中的大侠般麻利地翻过校园墙头”这句话在文中起的作用。

对于这道题,A老师分析要先找抓手,从两个方面来答这道题:从内容上看,这个句子是比喻,把翻墙的样子比喻成网游大侠,说明经常违纪校规;从结构上看,为下文沉迷网游做铺垫。

22.联系上下文,揣摩下面句子中人物的心理活动。

对于这道题,A老师要求学生结合上下文来体会人物的心理活动,父亲的不易和班主任良苦用心。

23.文章结尾写道:“他说是的,但是我要先去趟附中。”请你写出这样结尾的好处。

文章结尾没有点明,但是读者已经明白主人公的用意,这样写的好处是让读者去回味和思考。

最后一题19,看拼音写汉字。

看到这道题同学们都笑了,因为这道题的答案可以从文中直接找出来。A老师让答错的同学在题的旁边抄10遍,这种小小的惩罚让答错的同学心服口服。

常态课——《大自然的语言》教学设计及教学过程

一、教学目标

1.知识目标

学习说明文的写作特点,掌握说明事物顺序和举例的方法,了解物候和物候学的内涵。

2.能力目标

了解说明文的写作特点,探究本文语言准确、生动、形象的特点,引导学生理解有条理地说明事物和举例的方法。

按照写作内容划分段落并能够概括段意。提高阅读说明文的能力。

3.情感、态度、价值观目标

培养学生探究的科学精神和热爱大自然的情感。

二、教学重点

理解物候学的内涵,厘清本文的说明顺序,体会文章语言严谨、生动形象的特点。

三、教学难点

掌握影响物候现象来临的四个因素,并探究这四个因素的说明顺序。理解物候学研究对于农业生产的重要意义。

四、教学方法与手段

教学方法:

1.朗读法:一方面调动学生的积极性,另一方面让学生在朗读的过程中感悟文中语言严谨、生动、形象的特点。

2.讨论法:是课堂教学中常用的一种学习方法,能够使学生在共同探究的过程中相互学习,共同进步。

3.延伸拓展法:请同学举例说出什么是物候现象,物候学对于农业的重要意义。

教学手段：

多媒体课件辅助教学

五、教学过程

第一环节：激发兴趣，导入新课

（一）阅读说明文时应该注意什么？（同学回答，老师总结）

1.说明文的对象

2.对象具备的特征

3.说明的顺序

4.说明的方法

5.说明的语言

（二）一年四季的每一个季节都有哪些特点？

激发学生学习兴趣，请同学回答问题，教师总结。今天我们来学习一篇介绍物候知识的说明文。看看文中的第一段是怎样描写一年四季的变化的，作者想告诉我们哪些科普知识。

第二环节：朗读课文，整体把握文意

请同学朗读课文，思考下列问题

（一）第一段描写了什么？是按什么顺序来说明的？从哪些词句中可以看出？

同学答（总结）：第一段用生动形象的语言描写了一年四季的特点。本段是按时间顺序进行的（春、夏、秋、冬）。表示时间顺序的词语有：立春过后、再过两个月、不久、于是转入、到了秋天、准备迎接。这些词语让我们感觉到作者思路清晰，条理明确。（本环节教师注意学生的候答时间）

（二）一年四季有哪些特点？体会作者用词的准确和善于观察大自然的科学态度。

（请同学们讨论，清晰的授课是A老师课堂“有效教学”的一个重要特征）

春天——冰雪融化、草木萌发、繁花次第开放；夏天——植物孕育果实；

秋天——果实成熟、叶子渐渐变黄，簌簌落下；冬天——昆虫销声匿迹，到处衰草连天，风雪载途。从文中可以发现：“萌”“次第”“渐渐”“簌簌”“载”这些词多么形象、生动。作者虽然没有直接介绍什么是物候，但是却让读者知道了什么是物候现象，这为下面对物候的解释起到了铺垫的作用。

（三）大自然的语言指的是什么？为什么会用这个题目？如果换成物候学有什么效果？

大自然的语言指的是草木荣枯、候鸟来去、花香鸟语、草长莺飞等一年四季大自然的现象。用这个题目会容易引起读者的阅读兴趣，新颖而又把大自然拟人化了。语言对交流和沟通是非常有必要的，所以作者也说明了了解大自然的语言的重要性。

第三环节：揣摩语言，体会本文语言准确严谨、生动优美的特点

本文介绍丰富生动的物候现象很有条理。第一部分的内容是说明的基础，第二部分是第一部分的概括总结。从文章整体结构来看，是由浅入深地进行介绍，条理分明，逻辑性强。另外，一个部分里段落的安排、一个段落里的句序也讲究条理性，或以时间为序，或由主要到次要，由一般到特殊。说明文以介绍科学知识为目的，所以说明语言宜简洁、准确、严密。但有时为了增强说服力，激发读者的阅读兴趣，又需要运用生动形象的语言说明事物，本文即是一个很好的范例。

说明语言十分生动形象主要体现在第一、二两个自然段。这两段都以时间为序，运用拟人手法把物候现象写得有情有感，这种寓说明于生动的描写之中的写法，增强了说明文的生动性、趣味性。下面请同学们找几个句子帮助我们体会作者的写作手法。

教师指出来几个方面让学生了解这个特点：

1.“各种花次第开放”的“次第”说明了各种花开的时间顺序；

2.“大地渐渐地在沉睡中苏醒过来”中的“渐渐”说明了连续而缓慢的过程；

3.“燕子翩然归来”中的“翩然”形象地说明了燕子飞舞的样子；

4.在第二段中：“杏花开了，就好像大自然要赶快耕地；桃花开了，又好像在暗示要赶快种谷子。”从这些句子中我们可以体会到作者用拟人化的手法描写了按花开的时间顺序写了植物与农业生产的关系。“布谷鸟开始歌唱，劳动人民懂得它在唱什么：阿公阿婆，割草插禾。”则写了布谷鸟与农业生产的关系。其中“传语”“暗示”“歌唱”都是大自然的语言。

第四环节：段落层次的划分，厘清文章的说明顺序

本文按物候—物候学—物候观测对农业的意义—物候现象来临的因素—物候学研究的意义来说明事理，下面请同学们根据下面四个方面将课文的段落标示出来。

1.什么是物候现象？什么是大自然的语言？什么叫物候学？

2.物候观察对农业有什么重要意义？（比较简便、容易掌握、避免损失）

3.决定物候现象来临的因素有哪些？

4.研究物候学有什么意义？

选几位同学划分段落层次，选几位同学用自己的话概括每段的段意。同学划分，老师指导总结。厘清全文思路和说明顺序，探究作者说明的技巧。

提问：把研究物候学的意义放在开头可以吗？

学生回答，教师总结（不行，作者按逻辑顺序先提出本文的说明对象，接着说明它的重要性，然后说明它取决于什么因素，最后说明研究的意义。这种说明顺序符合人对事物的认知规律，同时也使文章很有条理性。这种条理性不仅表现在文章的整体，而且也表现在文章的局部）。

六、板书设计

阅读说明文时应该注意什么？

1.说明文的对象

2.对象具备的特征

3.说明的顺序

4.说明的方法

5.说明的语言

大自然的语言	描述物象	现象
	做出解释	逻辑
	推究原因	顺序
	阐明意义	本质

决定物候现象来临的因素有哪几个？（同学回答，教师总结：纬度差异，经度差异，高下差异，古今差异。）

追问：为什么作者把纬度差异这个因素放在第一个来讲？决定物候现象来临的四个因素的说明顺序能否调整？这四个因素运用了什么说明顺序？这样安排有什么好处？（注意了提问的层次）

回答：从主要到次要。这四个因素是按照影响程度，由大到小依次排列的。纬度影响最大，经度次之，高下差异又次之，古今差异最次。（明确：决定物候现象来临的四个因素是按照由主要到次要，由空间到时间的条理性来安排说明顺序的。这样安排言之有序，很有条理，表明四个因素所起的作用程度不同,有主有次,不能等量齐观。)

另外,纬度和经度是在地球上位置的不同,第三个因素是同一个地点的高下差异,这三者都是空间因素,最后一个则是时间因素,从空间方面到时间方面又是一种排列顺序。对四个因素的解说由第六自然段一个设问句"物候现象的来临决定于哪些因素呢?"引出,接下来用"首先""第二""第三""此外"等连接词,使这一部分层次井然,条理清晰,易于接受。而且也表明这四个方面所起的作用和程度的不同。

再追问:

为了更好地说明事理,我们有时还要注意说明方法,回忆一下我们学过哪些常用的说明方法?

(生)举例子,列数字,打比方,下定义,做比较,分类别……

这段文字运用了哪些说明方法?

(生)举例子,下定义,做比较。教师总结,举例子是说明文中常用的一种说明方法。举例的好处是什么?

(生)举例子的好处是把抽象的事物用通俗易懂的语言表达出来,能够深入浅出地说明事物,而且也能用具体化、形象化的语言表达出事物的特征。

老师总结:本文是一篇事理说明文,作者把一门科学——物候学介绍得浅显易懂,从具体到抽象说明了有关物候学的事理。说明条理清晰,语言生动通俗,饶有趣味,全文采用逻辑顺序,思路清晰,语言准确而生动,是篇极有价值的文章。

《大自然的语言》的访谈

1. 您在课前都做了哪些准备?

我在教学之前都要对文章的内容进行分析。

教材分析:《大自然的语言》是上海教育出版社初中语文七年级说明文单元中的内容,这篇课文明确要求学生了解说明文的写作特点,培养学生注重观察、热爱大自然的思想感情。其作者是我国著名的气象学和地理学家竺可桢。

内容分析:本文是一篇介绍物候学知识的科普文章。文中写了四个方面:先描写了一年四季的物候变化,用非常生动、形象的语言说明了什么是"大自然的语言";在此基础上用简单、准确的语言介绍了什么是物候和物候学,并举例说明物候学对农业生产的重要性;然后说明了决定物候现象来临的四个因素;最后明确物候学研究对于农业生产的重要意义。

2. 你是如何进行教学设计的?

我是根据学生的学习情况来设计的。本文是介绍物候现象和物候学的一篇科普文章。因为是科普文章,所以有一些专门的术语会比较难懂,因此我在教学设计时会结合学生的生活经验,而本文也是从我们常见的四季变化来描绘物候现象的,其语言形象、生动、贴近学生的日常生活。所以我在导入新课时以提问开始:一年四季的每一个季节有哪些变化?这样能够调动学生的积极性,激发学生的学习兴趣,打消学生认为说明文比较难懂的想法。此外我还设计了朗读环节,让学生体会文中语言之美。并且还根据学生学习风格的差异组织学生进行小组讨论。

3. 您对教学目标是如何设定的?

依据课程改革的理念,我将教学目标划分为知识目标、能力目标和情感、态度、价值观目标。因为教师是课程改革的实践者和开发者,所以教师对文本的理解非常重要。

4. 在教学设计时您会考虑哪些因素?

这是一篇介绍物候知识的说明文。生动、有条理地说明事物,准确、生动、简洁的说明语言是本文的学习重点。本文运用举例子的方法来说明事物,其作用何在?以及所举事例能否用别的例子代替,这是学习的难点。说明文的教学要体现文体特点,在教学本文时应引导学生了解本文说明的对象及其特征,厘清说明的顺序、条理,理解说明事物时所运用的语言的特点。通过学习,掌握说明文的特征,以便能学以致用。训练学生的分析、概括能力是本文教学的重点。在学习本课之前,学生对说明文的文体、说明顺序和举例说明事物的方法有了一定的了解。因此,在学习导入新课之前先让学生回忆说明文阅读应该注意的几个方面。引导学生要掌握这五个方面。从朗读课文开始,先引导学生从整体上了解课文的内容和结构,然后进一步分析本文说明的对象及其特征,厘清说明的顺序、方法,理解说明事物时所运用语言准确严谨、生动形象的特点。

二、其他教师教学设计的分析

(一)对比班F老师的两节课(习题课和新授课)听课记录

F老师是一个性格开朗,喜欢思考的年轻女教师。F老师并不仅仅满足于“我会教”的状态,她抓住一切机会来提高自己:参加公开课和教学技能大赛,进行理论学习,向有经验的老教师请教,立足教学实践研究遇到的问题等。荣誉和称号说明F老师的努力得到了回报,她积极转变课程和教学理念,敢于尝试新的教学方式,成功地实现了从新手教师到优秀教师的转变。F老师对教学工作的热爱和执着、对自己的严格要求是她专业成长的动力,她的研究意识和探索精神使她迅速成长为一名优秀的教师。

授课班级:初一(3)班　　授课时间:13:20—14:00

授课教师:F老师　　授课内容:语文试卷讲解

习题原文内容及习题

齐王使使者问[①]赵威后。书未发,威后问使者曰:"岁亦无恙[②]耶?民亦无恙耶?王亦无恙耶?"使者不说[③],曰:"臣奉使使威后,今不问王而先问岁与民,岂先贱而后尊贵者乎?"威后曰:"不然。苟无岁,何以有民?苟无民,何以有君?故有舍本[④]而问末者耶?"

注释:①发:启封。②恙:灾害,忧患。③说:通"悦",高兴。④本:根本的,重要的。

一、解释括号前面字的意思。

1. 齐王使(　　)使者问赵威后。2.不然(　　)。3.苟(　　)无岁。

二、文中使用了哪些修辞手法,试举例说明。

三、赵威后的言论体现了________思想,历史上还有哪些哲学家,思想家有类似的思想________。

四、"故友舍本而问末者耶"中包含有成语________,意义是________,形容________。

(注:此材料由F老师提供)

习题课教学设计

教学目标:

理解要讲的古文及现代文阅读

教学内容:

试卷分析——初一语文课外文言文阅读专项训练(三)(古文与现代文的阅读理解)

教学重点:

古文重点词汇的掌握,现代文中的表达手法、修辞手法、任务分析、心理描写。

教学方法：

与学生讨论，一起解决问题。

教学开展情况：

铃声响起，F老师走进教室，发下试卷，佩戴好扩音器。明确本节课任务：讲解上次考试的试卷。

首先，是文言文的讲解，从题目入手，还原到文中去理解，提问某一个文言字的意思，学生积极响应，或者老师有选择地直接叫起某位同学来回答。对一个字的解释，让学生说出多个词来表达。课堂气氛很活跃(是今天听的所有课中最活跃的一堂课)，学生积极发言，响应老师的提问。老师通过对文章的解读，对同学思路的引导，揭示出文章的主旨，凝练成成语。然后是现代文的解读，自由发挥的空间较大，F老师请同学站起来表达自己的想法。对学生的响应做出选择性反应。

整堂课始终充满了欢声笑语，老师讲课的风格很随意，玩笑语言不断，例如"亲爱的""偶的个娘哎"等等，学生面部表情丰富，神态轻松。

课后评析：

F老师是对比班的语文教师，也是我们实验研究对象中年龄最小的一位教师，是课堂氛围最活泼、最轻松的老师之一。但从教龄来看。F老师有八年的教龄，是一位成熟教师，从教学经历来看，F老师积极参加教学技能比赛，参加教学研究，并取得了一定的成绩。从这节课的授课情况来看，我们了解到F老师是一位性格开朗，幽默风趣，能够与学生打成一片的老师，尤其是深受男同学的喜欢。她的课堂比较注重和学生的互动。但是不是每一个学生都是那么积极的，靠近门口的那三排同学是最积极的，而靠近窗子的那三排学生就安静的多了，所以老师的目光总是被那三排积极的同学给吸引住，分配给另外三排的学生的注意就不那么充分了。另外，课堂气氛异常活跃，课堂秩序有点混乱，学生想到什么就说什么，似乎缺乏必要的思考。

教学特色：老师教学方式活跃，在老师的影响下，学生同样表现活跃，尤其是男生。老师的表达口语化，符合学生的年龄。老师与学生相处融洽。但这种教学方式过于随意，同时学生过于放松，课堂较为混乱，活跃的学生集中于一处，积极发言的学生有时甚至会信口胡说，而有些学生似乎已将自己置身于课外，不在思考状态中。这种教学方式可能会忽略平时不爱表现的学生，并导致课堂秩序的混乱。

这节课是对文言文——《赵威后问齐使》习题的解答。F老师从字、词、句、修辞手法进行了讲解，在教学过程中，与个别学生进行互动，尤其是后面三位男生，F老师很喜欢提问他们，这三位男生也积极配合，但有时也答非所问，惹笑课堂。F老师对其他同学的关注很少，最后排左侧的男生在睡觉，右侧的男生在下面玩折纸，从几节听课的情况来看，这两个学生属于学困生，几乎每节课都是如此，老师们都放弃了对这两个学生的管理。

F老师在讲解的时候出现了几次错误，如使在古音里读四声 shì，而她在后面几次读三声 shǐ。在教学过程中F老师有一些口头禅，这在活跃课堂气氛中起到了一定的作用。从讲解的逻辑性、对学生学习方法的指导、对答题的解读来看，F老师稍逊A老师。同时F老师需要注意教学节奏的安排。

新授课《邹忌讽齐王纳谏》教学设计

授课班级：初一（3）班　　授课时间：13:20—14:00

授课教师：F老师　　授课内容：《邹忌讽齐王纳谏》（《战国策》）

课堂记录及分析：

教学内容：

《邹忌讽齐王纳谏》知识理解

教学环境：

教室内有多媒体演示台，并为教师提供了已连入互联网的计算机。课内与课外环境比较吵，课外噪音比较大，对课堂教学的开展产生了一定的影响（给人一种烦躁不安的感觉）。课堂教学气氛比较轻松，没什么压抑的感觉，学生们课堂表现的随意性比较大。

教学开展情况：

F老师直接进入课堂以《曹刿论战》的背诵作为导入，后又对文中的重点词句进行了翻译提问，学生们积极响应老师的提问，男生表现得比女生更加积极。

然后，对本节课所学文章——《邹忌讽齐王纳谏》做了一个背景知识的介绍，并在黑板上书写出本篇课文的题目，以不同颜色的粉笔标记出“讽”“纳谏”，在旁边写上对该词的理解，使学生能一目了然。F老师让大家一起把课文读一遍，然后听一遍本篇课文的录音。之后，要求同学进行角色扮演，请五位同学分别担任邹忌、妻、妾、友人、旁白，有感情地朗读本篇课文，但效果不佳,学生们读得比较直,没有多少感情的投入,只为完成任务而读。

课后评析:

F老师的教学风格依然有个性,在进行新课之前,用抽查的方式检查学生对上一课的掌握情况,让学生背诵或是口头翻译上节课的重要内容,根据学生的表现赏罚有度。但是,新课的学习节奏过于缓慢。

课后我跟F老师交谈了几句,她告诉我,开始时,这就是她的教学风格,遭到过有经验教师的批评,因为刚开始经验不足,课堂气氛搞得很活跃,但课堂纪律不容易把握与控制,何时收,何时放,掌握得不是很好,后来,在别的老师的指导和本身教学经验的积累之下,才对课堂控制得比较好,可以很好地完成课堂教学。

观察F老师的这节课,首先,能很明显地发现,她是比较受本班学生的欢迎的,尤其是男生,我个人觉得她的教学风格是很适合男生的。同学们的发言都比较积极,响应老师提问的学生很多。但是,也正是这种活跃,会产生许多与课堂教学无关的行为与言语,课堂纪律看起来控制得还是不够好,尤其是男生,插话现象比较严重。

其次,作为一篇文言文,加入录音播放和角色扮演的教学方式,我感觉这非常好,能调动学生的积极性,但是观察课堂会发现,学生大部分是很害羞的。另外,在整堂课中,F老师的鼓励性语言基本没有,指正的地方倒是不少,也就是学生没有从老师那里得到多少正面的反馈。

最后,F老师个人比较年轻,教学语言比较现代化,课堂中可以听见诸如“亲爱的”等对学生的亲昵称呼。F老师的教学语言比较诙谐,融有现代语言的特色,在同学听来比较新颖,生活味比较浓厚。

另外,还是课堂环境的问题,课外噪音比较大,课内学生的注意力与状态不是很好,有可能是受外边噪音的影响,也可能是下午学生比较疲劳的影响。真正积极参与到课堂中来的学生不是全部,女生的积极性明显低于男生。同时F老师还应该注意有效学习时间、教学时间的利用及课堂管理。

(二)实验班英语教师C老师三节课(公开课、习题课和新授课)

公开课:

看教学录像分析其教学设计理念

教师介绍:

C老师具有丰富的英语教学经验和班主任工作经验,成绩显著。曾被评为英语学科骨干教师和优秀教师;多篇学科教学与教育科研论文在各级比赛中获奖.

教学的情况:

教学主题: The grasshopper and the ant

Teaching plan

Ⅰ. Teaching objective

1. Language objectives: to help the students understand the main idea of the story.

2. Ability objective: to train the students' reading skills by scanning.

3. Emotion objective: to arouse students' feeling of setting up the good personalities such as being hard-working and being kind to others.

Ⅱ. Teaching procedure

Procedure	Teaching activities	Learning activities	Purposes
Warm-up		Enjoy a song	To help the students relax.
Pre-task preparation	Ask some questions about the song.	Answer the questions according to what they get	To help the students get close to the topic of the story.
While-task procedure	Ask the students to know the main characters in the story and know the pronunciation. Ask them to read the story briefly and get the main ideas of each passage. Ask the students to finish the exercises.	Know the main characters in the story and make sure how to read them. Read the story and match the main idea to each passage. Understand the story better by listening, picture talking and situation dialogue. Know how to use the key words properly.	To remove the difficulty of the new items. Let the students have a general idea of the story. To help the students to know more details of the story. To enhance the using of the important words.

续表

Procedure	Teaching activities	Learning activities	Purposes
Post-task activity	Show the summary of the story and ask the students to complete it in groups. Ask the students to think about the three questions.	Discuss in groups and fill in the blanks. Think over the listed questions.	To get a feedback on how the students understand the story. To let the students understand the instructive meaning of the story.
Assignment	Ask the students to read the story fluently. Ask them to finish the exercises on the Workbook 7B page 36. Ask the students to retell the story if they can.	Practise reading the story over and over. Finish the exercises on the Workbook 7B, page 36. Try to retell the story.	To practice reading. To enhance what the students learnt in class. To train the students' speaking ability.

教学说明：

一、主题思考

随着二期课改不断深入，对学生能力的培养要求也越来越高。进入初一，尤其是第二学期，逐渐出现篇幅较长的阅读篇目。而阅读理解，作为学生英语综合能力体现的一个不可或缺的部分，其课堂教学在初一年段似乎不被重视。其实，英语阅读教学是初一学段英语教学的一个难点。提高学生"听说读写"的技能是中学英语教学宗旨所在，英语的阅读能力是学生综合能力的体现之一。阅读的训练具有技巧性，才能更好地理解文本以及文本所含的内在意义。学生只有提高阅读能力，才能更好地理解文本内容。

二、学生情况

参与课堂学习的学生来自一所普通初级中学的七年级的学生。

三、教学内容的选择与处理

本课的教学内容是牛津英语七年级第二学期第六单元，以"The grasshopper and the ant"为主题的阅读课。

在教学内容处理上，紧紧围绕新课标和考纲要求，将阅读的技巧训练贯穿在课堂教学的各个环节：通过整体阅读排序——了解故事概要；通过分段细化处理——深化细节领会;通过故事概要填空——加强故事理解;通过问题思考归纳——理解文本寓意。

四、教学方法

1. 在教学过程中:创设情境,采用以歌曲感知,以阅读强化,以细节升华,以思考落实的多种方法,教师带着学生学会阅读经历的全过程。

2. 在学法指导上:培养学生学会理解一篇文章必备的几个要素。即总体了解—细节研读—整体理解。

五、教学设计的基本思路

本课教学设计重点关注学生阅读的过程以及对文本寓意的理解。

通过欣赏一首歌曲,引出本节课的主人公以及课文主题。

通过总体阅读,对段落大意进行配对,使学生初步了解故事大概。

通过分段处理,加强学生对故事的理解。

通过课堂作业,深化重点词汇,短语的运用,培养学生实践能力。

通过故事概要填空及问题的思考,使学生更好地理解故事所具有的寓意,帮助学生形成良好的个性品质。

板书设计:虽然上课借助多媒体,教师应有选择性地把相对重要的材料书写在黑板上,这能加深学生对他们的印象,突出他们的重要性,更为他们的运用留下思考的提示,从而更好地指导学生完成相应的联系,掌握他们的用法。

(注:此材料由 G 中学 C 教师提供)

教学评析:从 C 老师教学过程来看,她的英语发音很好,教学技能娴熟,教学设计新颖、有创造性、讲练结合、注重与学生的互动。从她的教学说明来看,C 老师注重对学生学情的分析和对教材的把握,把提高学生"听说读写"的技能贯穿在整个教学过程中,课件设计(歌曲、图片、练习题)得很好,不足之处正向 C 老师自我反思的那样——应该加强板书设计。

经过我们的课堂观察,我们发现优秀教师除了与学生进行语言互动,还能更好地利用手势、目光等来与学生进行交流。

习题课教学设计及评析

授课班级:初一(2)班　　授课时间:10:05—10:50

授课教师:C 老师　　授课内容:英语试卷讲解(习题课)

教学目标：

复习 Unit 2 和 Unit 3 中的词组、语法

教学内容：

讲解复习试卷

教学重点：

掌握所学过的词汇、语法

教学方法：

引导全班一起回顾学过的内容，引导学生自己说出答案，并由学生讲出原因。遇到常用短语会提醒学生并加以强调。学生出错后会指导学生纠正错误。老师会通过引申来扩展词汇。

教学开展情况：

铃声响起，C 老师进入课堂，发下试卷，开始讲解。把 Unit 2 的试卷上的题目答案说一遍，之后，带领大家把每个短语的英文表达读一遍。接着是选词填空，根据语意选择正确的词和它的形式。先请同学来回答，每人一题，错了老师就纠正，对了就鼓励。下面是句子转换，也是每人一题。之后就是 Unit 3，按同样的顺序进行下去。在同学的指正下，发现一处重复的错误。

C 老师让学生齐读做过的词组，在个别词上，教师强调词的单复数、词的时态变化，C 老师全程英文授课，为学生提供了一个学习英语的氛围，同时请学生来读，教师纠正学生的错误。在句子辨析中 C 老师重点区分了 how 和 what，并举例加强了学生对这两个词的理解。从整节课来看，课堂气氛比较沉闷，少了师生之间的互动，对于学生做的习题，老师并没有全部批改，课后让学生互相批改，这种做法有时会使学生忽视自己做错的习题，因为初一的学生还需要老师的监督。

教学不足：

老师忽视愿意积极发言的学生，对于学生的错误老师直接进行责备。这样会打击学生学习的积极性。

课后评析：

C 老师人至中年，教学风格已经成型，教学模式也是非常固化。课堂气氛比较压抑，同学们表现得不是那么积极。而 C 老师的肢体和面部表情基本没什么变化，表情严肃，缺乏具有亲和力的微笑，没有吸引学生注意的地方，学生的积极性并未提高。从上课伊始，C 老师一直是在用英语给大家讲解、交流，学生的英语能力不是整齐划一的，不排除有部分同学是听不懂的。

从教师个人的能力来看,C老师的教学水平较高。C老师应该多一些面部表情,多强调对学生容易答错的习题,多一些师生互动。

教学设计

授课班级:初一(2)班　　授课时间:10:05—10:50

授课教师:C老师　　授课内容:句型掌握

一、Revision(导入,激发学生的兴趣,采用问答方式)

(一)Think and answer

What happens when water boil?

It turns into steam.

What happens when water freezes?

It turns into ice.

What happens when ice melts?

It turns into water.

What happens when steam cools down?

It turns into water.

(二)Put a dry lid on a glass of hot water. After a while, take the lid off, what can you see under the lid?

We can see drops of water under the lid.

What happens when we put some ice cubes into a glass of warm water?

They turn into water.

Water ____ at 100℃.

Water ____ at 0℃.

Brainstorming(同学们回答可以发现水的各种地方。)

二、Where can we find water?(叫同学回答,激发学生的发散思维)

三、Listen and say

I've prepared a game about signs. To play the game, you have to know what my signs means.

This sign means: People mustn't dive.(出示禁止潜水的图片)

This sign means: People mustn't swim.(出示禁止游泳的图片)

四、Read and answer

S：Where do we usually find this sign?

Fishing is not allowed.（出示禁止垂钓的图片）

S：We usually find this sign...（学生回答，答案多元化）

a fountain	a pond	a beach
a lake	a river	a swimming pool

五、Read and learn

（一）"What does this sign mean?"(People mustn't dive. ——出示禁止潜水的图片）

以此为例，讲解四种禁止的句型。

Diving is not allowed.
People mustn't dive.
Don't dive!
No diving!

句型分析（讲练结合）

allow sb. to do sth. ——（练习）My mother ________ ________ ________ ________ after dinner.

sb. be allowed to do sth. ——（练习）I ________ ________ to rest after dinner.

be not allowed to do sth.（mustn't do）
——（练习）Peter is not allowed to smoke.
——（练习）Peter ________ ________.

（二）Read and learn：What does this sign mean?（出示禁止游泳片，请同学用四种句型填空）

________ is not allowed.
People mustn't ________.
Don't ________!
No ________!

（三）Look and talk

1. Look at the signs and discuss them with your classmates.

（每张图片都请同学用四种句型练习）

What does this sign mean? It means:	
	1. No ball games.(出示禁止玩球的图片)
	2. Fishing is not allowed.(出示禁止垂钓的图片)
	3. Don't play with toy .(出示禁止玩玩具图片)
	4. Throwing coins is not allowed.(出示禁止投币的图片)
	5. Don't leave rubbish.(出示禁止扔垃圾的图片)
	6. Don't drink the water.(出示禁止喝水的图片)

2. Practise more (作业,巩固所学的句型)

What does this sign mean? It means:	
	1. 出示禁止吸烟的研究。
	2. 出示禁止使用刀叉的图片。
	3. 出示禁止过马路的图片。
	4. 出示禁止点火的图片。

(注:此教学设计由G中学的英语教师提供,做了适当修改)

听课记录与分析

教学内容:

看图说话,练习句型

教学开展情况:

上课铃声一响,C老师就拿着课本走进教室,她衣着干净,看起来既干练又严肃。没说什么开场白之类的导入性语言,直接开始了上课,基本没有关注讲台下面学生们的状态。

首先,还是从复习上节课的内容开始,采用师问生答的方式,把上节课的内容温习了一遍。同学们的响应比较积极,C老师脸上的表情变得不那么严肃了,开始有了一些和蔼的笑容。

接着,C老师打开多媒体,显示出一张标记"Brainstorming"的图片,下面有一个问题:Where can we find water? 后请靠近门口的第三排的同学从第一个人开始,依次回答这个问题,基本上每一个人都回答得出来。

然后,换一张PPT,显示出一个图案标记,问:"Where can we find it?",找一个同学来回答,然后,紧接着抛出问题:"What is its meaning?",C老师阐述了四个句型,依次列在图案的右边(利用PPT依次呈现),全部说明之后,老师让全体同学一起把这几个句子大声读出来,并从句型中提炼出语法知识：don't have to＝need not，allow sb to do sth，sb be allowed to do sth 等。

重复上述几个句型之后，在PPT上依次呈现几个图案，每一个图案都请一个同学把四个句型都说一遍，积极响应老师提问的同学不多。每次都有一个坐在前排的女生举起手来，特别积极，但老师会故意叫那些没举手的同学起来试一下，班内基本上每个学生都有涉及，除坐在教室里面最后边角落的那一个学生。

课后评析：

相比上一次课，C老师这节课的课堂气氛有明显好转，面部表情开始舒缓了许多，不再是那么严肃了，学生参与课堂的积极性比较高。C老师制作的PPT简单易操作，加上她丰富的教学经验，使得多媒体在本堂课上发挥了很大的作用。面对有限几个很活跃、很积极的学生，C老师没有为了使课堂完美地进行下去而只提问他们几个，基本上使班内的所有同学都参与了进来。头脑风暴使用得非常好，很适合本节课的内容。

在整堂课上，C老师的鼓励性语言比较少，只有5次左右，但课堂互动得比较好，因为有几个特别积极的同学在起作用，整体的活跃程度还是有待提高。还有，C老师只是在前几排之间走动，没有深入地走到后面几排来，所以对后面几排同学的激励与监督稍显不足。

（三）对比班D老师两节课（习题课和新授课）

习题课教学设计及评析

授课班级：初一(3)班　　授课时间：10:05—10:50

授课教师：D老师　　授课内容：习题讲解

教学目标：

完成习题的讲解，给学生提供正确的答案

教学内容：

习题讲解，包括听力、词汇、语法、句型

教学不足：

老师主导课堂，学生对答案，老师提问时，学生只需说出答案，不问原因，老师也不会详细讲解原因。而且老师的提问对象较固定。遇到常用词汇老师只是提及，不会进行强调。学生不会积极发言。大多学生没有集中精力听讲，学生也不会积极思考。所以学生会有很多小动作，课堂秩序不太好，老师需要管理。

英语课教学设计

授课班级:初一(3)班　　　授课时间:10:05—10:50

授课教师:D老师　　　　授课内容:新授课(句型掌握)

Unit 10

Teaching objectives

1. Knowledge objective: To learn "What does this sign mean?" "It means..."

2. Ability objective: To use mustn't / doing... is not allowed/ No doing! /Don't do...

3. Emotion objective: Try to know more signs and enjoy the life

一、Pre-task preparations

1. Think and answer: Three forms of water

2. Free talk: What signs can you see near ponds, river or fountains?

二、While task procedure

1. Read and learn: What does this sign mean?

2. Learn and say: allow sb. to do sth. / sb. is allowed to do sth.

3. Listen and say

3. Look and talk: What does this sign mean?

It means: People are not allowed to do sth. /Doing sth. is not allowed. / Don't do sth. /No doing sth.

三、Post task activity

Practise more: What does this sign mean?

It means: ...

四、Homework

(注:此教学设计由G中学的英语教师提供,做了适当修改)

课堂记录

To talk about signs:

1. sth. is not allowed.

2. sth. mustn't do.

3. don't do sth.

4. no doing sth.

5. allow sb. to do sth. /sb. be allowed to do sth.

教学框架：① look and say

② read and say

③ listen and say

④ look and say

⑤ practise more

课后评析：

两班教学内容一致，都利用了多媒体，但教师的教学方法有所不同。

(3)班老师的课堂采用机械的重复练习，在练习中掌握句型。这种方法容易在学生脑中形成模式，但练习过程只是套用过程，并没有多少思考。

(2)班老师的课堂较人性化，联系生活实际，让学生从生活中寻找例子，运用新句型，这样给学生机会去思考。课堂气氛较愉悦。

(3)班老师在练习过程中会组织全班学生结伴讨论，老师会参与学生的讨论，并控制讨论时间，老师会组织不积极的学生，并对其进行指导。讨论过后老师会请部分同学表演。这种方法可以活跃课堂气氛。但整个过程中，有部分同学会聊天，不集中精力。在同学表演时，很多同学不认真听。还有一点，讨论时学生人数分配不均，导致部分学生被冷落。

(四)B老师听课记录

教学过程

授课班级：初一(2)班　　授课时间：9:15—9:55

授课教师：B老师　　授课内容：数学试卷讲解

教学内容：

一次数学考试的试卷讲解

教学开展情况：

上课铃声一响，B老师拿着试卷进来，发下去，明确这节课的任务：讲解试卷。首先，B老师请同学主动说出需要讲解的题目，然后B老师根据响应人数的多少来决定是否讲解。学生们反应比较活跃。讲到几何题时，B老师用手而不借助于教具在黑板上作图，在图形上只用白色的粉笔标记。在讲解试卷过程中，B老师的语言比较犀利，语气不是那么温和，但却流露出一种诙谐的语言风格，课堂气氛比较活跃，有一半左右的同学积极响应。讲题的时候总是有意地说出她所教的(1)班来，说(1)班在某一道题上的成绩要好于(2)班，课上老师做出的鼓励性语言和动作都较少。

B老师对班上每位同学的期望不同，提出班里成绩好的同学有上升提高的空间，而不是对全体同学期望一致。B老师并没有按习题的顺序讲解，而是由学生提出讲解哪道题，这种教学方式一方面照顾了学生的需要，因为由学生提出来的题一般都是学生做错比较多的题，另一方面，有些学生答错的是简单题，其他同学有可能答对，而他为了怕别人说连这简单的题都不会做而不敢提出来，因此不敢提出，不会的还是不会做，而B老师强调了同学的这种意识，如这道题谁没有做对请举手，对如此简单题都做错，B老师表现的是鄙视和不屑，她一再强调(1)班比(2)班答对的人更多。在讲题的过程中如果她觉得学生连这种简单的题都不会做，就用这样的口气说："这道题都不会，长脑子是干啥的?"在讲解难题的时候，在黑板上的演示的解题步骤写的比较快，有些学生可能并没有理解，B老师忽视了学生的反应，在画图时，B老师并没有用教具画，而是用手画，这在一定程度上起到了不好的示范作用。在讲解难题时，B老师对学生的期望不同，她认为学习好的学生可以重点掌握这道题的解题方法，这种期望无形中会对学生形成一种暗示：我学习成绩不好，可以不用听这道题。

课后评析：

B老师上课的班级是(1)班和(2)班，而(1)班是初一年级中最好的班级，所以她来(2)班总是带着一种(1)班不如(2)班的想法来上课，总是拿(1)班和(2)班做比较。如果偶尔进行一次比较可以说是一种激励方法，但一节课中数次提到，就会使学生形成一种暗示：自己班级确实比不过(1)班！这不利于班级自信心的建立。

B老师上课的语言风格犀利，但却不失诙谐，课后在办公室我跟她说了两句话，她说是因为跟学生很熟的缘故，所以说话就不是严肃的。笔者很欣赏B老师的那种语言风格，但似乎效果不是很佳，因为只有近一半的学生响应她。

老师用手，而不借助教具作图的能力一般，不是那么标准，从直观形象上来说，不利于学生空间几何思维的建立，所以建议B老师以后作图还是尽量借助于教具。

B老师对不同成绩的同学提出不同的希望，虽然很合乎现实，但基于对每个学生的尊重，老师不应在口头和行动上把学生分类，学生可以根据自己的情况选做。

教学设计及评析

授课班级:初一(2)班　　授课时间: 9:15—9:55

授课教师:B 老师　　　授课内容:等边三角形的判定

教学内容:

等边三角形的判定条件知识及其运用

教学环境:

课堂环境比较安静,内外噪音比较小,不影响课堂教学的开展。教室内有多媒体演示台,并只为教师提供了已连入互联网的计算机。另有扩音器和指挥棒等教学辅助工具。

教学开展情况:

B 老师没有什么导入性语言,直接以复习上一节课的内容为起点,开始了整堂课的教学。

首先,B 老师利用教具在黑板上画了一个比较标准的等边三角形,复习了上一节课的知识——等边三角形的特点。跟随老师的引导,学生积极响应老师的提问,回答出等边三角形的所有特点。

然后,老师再加以点拨,由学生口中得出判定等边三角形的条件,老师依次用不同颜色的粉笔在黑板上写出这三个条件。打开指挥棒,依次带领学生读出这三个条件,巩固学生的记忆。打开多媒体教学设备,拉出教学课件,显示出一道题目,询问有几个同学能做出,只有几个学生举手响应。老师在黑板上作图解答,书写规范的解题步骤与格式。

接着,老师又拉出一个题目,也就是课本上的例子,老师未使用教具就在黑板上画下了课件上的图形,请一个同学上台作答。刚开始老师默不作声,静等学生的作答,后来老师就走下讲台,来到同学之间,观察学生所做的情况,一边在学生之间穿梭,一边提示条件,引导学生做出解答。上台同学解答正确,老师用不同颜色粉笔标记出解题关键处。

最后,拉出课件中第二个题目(也就是课本上的例题),请同学上台作答。做题前,老师就指出该题有两种不同的做法,请同学试着用不同的方法对此题进行解答。上台学生顺利地做出解答。老师讲解了另外一种解题方法,指出解题尽量使用较简便的方法。

课后评析:

B 老师的课堂气氛比较轻松、活泼,学生积极响应老师的提问,便于老师对所教知识进行传授,学生能很好地配合老师进行课堂教学。利用学校已有的教学资源——教学课件,在多媒体上呈现给学生,图形标准,有利于学生对等边三角形在形状上对其相关知识的把握。使用扩音器和指挥棒,更容易集中学生的注意力,使课堂教学变得更有效。与上次课相比,没有了和(1)班的比较,而是注重本班学生对知识的掌握。B老师做了一份简要的教案,她比较开放,不介意给我们做参考,比较配合我们开展研究。

但是在整堂课中,B老师基本没有什么鼓励性的言语和动作,师生互动的环节也比较少,学生主体地位没有得到体现,还是传统的教学模式,即以传授知识为主。B老师课堂中没有询问或者统计学生对各知识点的掌握情况,而是依据自己的教学安排进行下去,学生没有得到来自于老师那里的反馈。

(五)E老师听课记录

教学设计及评析

授课班级:初一(3)班　　授课时间:8:25—9:05

授课教师:E老师　　授课内容:数学考试的试卷讲解

教学内容:

一次数学考试的试卷讲解

教学开展情况:

E老师一上课就直奔主题,导入部分比较少(甚至没有),没有针对这次考试的情况给同学做出反馈,直接引导学生拿出试卷,放好,开始讲解。

首先,介绍了做题的方法:先审题,从题意入手,弄清概念。从题意入手的解题方法的观念贯穿于课堂的始终。

然后,逐次讲解各个题目,从填空题到选择题,再到解答题,按照试卷上问题的顺序逐一解析。

讲到几何题的解析时,老师使用带来的教具在黑板上作图解答,在画图的同时,请几位同学上讲台书写后面几道题的解答。在作图讲解的时候,E老师用不同颜色的画线,以突出解题重点和难点。在遇到有难度的题目时,老师在黑板上先画图讲解,然后书写正确的解题过程,给同学们以明确的答案,规范解题步骤。

最后,由于时间的关系,剩下两道题未讲,留待下次课上解决。

课后评析：

E老师作为参与本次课题中年龄最大、教龄最长的教师，对学生的学习情况相当了解。课后我和她简单地聊了几句，她告诉我因为这个(3)班是个平行班，整体学习水平要比(4)班差一些，所以在讲解的时候讲得很细致、透彻，辅助的教具也使用得多，这说明E老师注意到了两个班级学生之间的差异性，有差别的教学法的使用证明老师对两个班级的学生情况的了解。

从上课伊始，E老师始终是很严肃的表情，整堂课几乎看不到E老师的微笑，课堂气氛比较压抑，学生在回应老师的提问时不是很积极，老师和学生没有多少情感的互动。在这样的课堂环境下，学生的学习兴趣很难激发，学生只是知识的被动接受者，在学生、老师、知识之间不存在正向的感情交流。

E老师采用的是比较传统的教学模式，集中大家的思路和视野，注意看老师的作图和解答，书写正规的解题过程，给以最终的明确的答案。从知识传授的量上来说，这个量无疑是最大的，但在这种模式下，忽视了学生的主观能动性，主动求知、探索变成被动接受、识记。课堂环境过于单调、压抑，效率低下。

教学设计及评析

授课班级：初一(3)班　　授课时间：8：25—9：05

授课教师：E老师　　授课内容：直角坐标系

教学内容：

给出点的坐标，在直角坐标系中找出点的位置以及各象限特点的知识

教学环境：

教室外面噪音较小，不影响课堂教学的开展。学生注意力集中，但缺乏活力与生气。课堂气氛较压抑，教室内有多媒体演示台，并只为教师提供了已连入互联网的计算机。

教学开展情况：

上课铃声响起，E老师带着课本和教具走进课堂，没有其他言语导入就直接进入到复习上一次课程内容的知识——直角坐标系。基本是在E老师的引导之下学生回答出上一节课所学内容，但对数轴三要素知识的复习效果不佳(已学内容)。

然后，E老师让学生利用手头的十字格纸绘制一个直角坐标系，而E老师本人则在黑板上用教具画了一个标准的直角坐标系。根据例1要求在直角坐标系中找出点A(3,2)，E老师示范教学，在黑板上作图，找个A点所在位置，并

在作图过程中讲解解题步骤，穿插平行线理论——过一点做平行于X/Y轴的平行线。老师在讲解过程中，学生反应不是很积极，老师面部表情比较僵硬，老师没有询问学生对该知识的掌握情况。但运用教具和书写解题过程很规范。

随后，E老师分析例2，找出点B(－2，－2)，按例2的要求让学生在十字格上找出B点在直角坐标系中的位置。此过程中，老师请一位同学上台解答，并走下讲台，观察学生所做情况，并对遇到困难的学生给予指导。上台解答的同学利用教具做对了题目，老师通过询问，了解到有90%以上的同学做对了，就对该例子做了一个比较简单的讲解。同样相似的题目，例3和例4，找出点C和点D的位置，经过统计，所有的学生都做对了。

最后，利用以上四个例子分别在四个象限内，引入象限的知识，对学生加以引导，指出各象限的特点，在图上分辨以加减号标记各象限的特点。列举两个例子，第一个例子E老师自己解答，第二个例子请同学上台作答，学生书写步骤、格式均很规范，经过统计，有85%的学生做对了该题。为加深学生对知识点的印象，E老师让大家一起读出了课本127页篮筐内的文字(类似于定理的一段话)。接着处理了练习题之中的填空题，均有85%以上的学生答对。

课后评析：

在整个教学过程中，E老师对学生说出过至少6次的鼓励性语言，课堂中，师生互动比较多，次数多达14次之多。在作图中，利用不同颜色的粉笔，标记出知识的重点和图中不同的位置，使学生一目了然。相比上次而言，E老师这次走下讲台，在学生中间来回走动，并对有困难得学生给予及时的指导。而且相比上次而言，这次课堂老师的声音洪亮了不少，可以传遍教室的每一个角落。教具的使用和书写步骤与格式一直是E老师亮点。

课堂气氛始终不是很活跃，有点压抑。虽然E老师尽量进行师生互动，但学生没有积极响应，效果不大。整堂课都是老师在讲解和书写，学生最多就是上讲台解题，没有体现新课改中学生是学习的主体这一观念，基本没有自主学习，更不用说是合作学习或者是探究性学习了。课堂环境虽然安静，但老师面部表情比较僵硬，学生表现得比较平静，也是面无表情，二者之间谁为因，谁为果，或者相互影响，有待考察。教室内虽然配置有多媒体设施，但不曾见E老师使用过，而是一直沿用传统的教学工具进行教学。E老师凭借多年的教学经验，没有做教学设计或者教案，课后我与她交流，她表达出马上就要退休了，对这些环节就不那么重视了，给人感觉是在她在有限的教学时间内不求有功，但求无过。

第三节　研究结果分析

一、师生互动结果分析

本研究根据第一阶段的研究，在第二阶段中录了 6 个老师的 6 节课，采用弗兰德斯互动分析系统从每类语言的次数和所占总次数的百分比、课堂结构、教师风格分析、课堂气氛、教师话语、教师发问比率、学生话语这几个方面来分析 6 位老师的师生互动。

表 7-19　三门课的学科特点、教学方式、学生学习方式

学科	学科特点	教学方式	学习方式
语文	语言表达和思维训练	讲授、提问	背诵、识记、掌握修辞手法、文体特点等
英语	交流与师生互动	讲授、提问、讨论	识记、练习
数学	公式、定理、解题方法	讲授、练习	识记、分析、习题练习

(一)每类语言行为的次数和所占总次数的百分比(表 7-20)

表 7-20　每类语言行为的次数和所占总次数的百分比

10类语言行为		接纳学生的情感和感受	赞赏或鼓励	接纳或利用学生的观点	提问	讲解	命令	批评或维护权威	学生应答	学生主动讲话	无声或混乱
每类语言所占百分比%	样本 1	0.00	1.79	2.24	15.25	33.18	3.59	0.00	0.00	19.28	24.66
	样本 2	3.47	4.86	6.25	22.92	19.44	6.25	0.00	4.17	31.25	1.39
	样本 3	0.91	0.46	1.83	15.98	47.03	4.57	0.46	6.39	5.94	16.44
	样本 4	1.15	2.68	1.53	16.48	24.52	9.20	0.00	9.96	8.81	25.67
	样本 5	2.76	3.87	1.10	20.99	34.25	6.08	0.00	19.89	6.63	4.42
	样本 6	0.71	4.96	1.42	19.86	14.18	9.22	0.71	17.02	23.40	8.51

(说明：样本 1：A 老师语文课；样本 2：F 老师语文课；样本 3：C 老师英语课；样本 4：D 老师英语课；样本 5：B 老师数学课；样本 6：E 老师数学课)

从以上表格的数据我们可以看出，不同的学科师生互动存在差异，语文、英语师生互动多于数学学科，其学科特点在某种程度上决定了师生互动。善于接纳学生情感、鼓励学生的教师也喜欢学生提问，从各类语言占总次数的百分比可以看出。

(二)课堂结构(表 7-21)

表 7-21　课堂结构

变量(Variable) 样本	教师话语比例(Percent teacher talk)TT%	学生话语比例(Percent pupil talk)PT%	安静或混乱比例(Percent silence or confusion)SC%
样本 1	56.05	19.28	24.66
样本 2	63.19	35.42	1.39
样本 3	71.23	12.33	16.44
样本 4	55.56	18.77	25.67
样本 5	69.06	25.52	4.42
样本 6	51.06	40.43	8.51

课堂结构反映的是教师话语比例、学生话语比例、安静或混乱比例。从这个表格可以看出优秀教师会鼓励学生多提问，引导学生进行积极的思考，教学活动安排紧凑，能够有效利用教学时间。

(三)教师倾向或教师风格(表 7-22)

表 7-22　教师倾向或教师风格分析

变量(Variable)	间接影响与直接影响比例(indirect-to-direct-ratio)(I/D ratio)	积极影响与消极影响比例(Positive-to-negative-ratio)(P/N ratio)
样本 1	52.44	112.50
样本 2	145.95	233.33
样本 3	36.84	63.64
样本 4	64.77	58.33
样本 5	71.23	127.27
样本 6	111.76	71.43

从间接影响与直接影响比例、积极影响与消极影响比例两个方面可以分析教师的个风格。从这个表格中可以看出，优秀教师会采用多种教学方法引导学习，并且对学生的鼓励、赞扬比较多，实施积极强化。

（四）课堂气氛（表 7-23）

课堂气氛——以实验班英语教师为例

表 7-23 曲线分析——稳定格、积极整合和缺陷格

	1	2	3	4	5	6	7	8	9	10	合计
1	6	2	3								
2	3	21	3								
3	2	3	8								
4				42							
5					68						
6						45					
7						8	3				
8						6	4	176			
9									87		
10										34	
合计											

从这个表格中可以看出，该教师讲授（编码 5—5）和学生回答问题（编码 8—8）这个单元格比较密集，而（编码 10—10）无有效语言的单元格也比较少，积极整合区中记录的次数比较密集，说明该教师的课堂气氛活跃，教师善于鼓励和接纳学生的情感。缺陷格这个区域中记录的次数很少，也反映了教师与学生进行了充分的互动，这位老师很注重调动学生的积极性来实现师生互动。

二、教师访谈结果分析

根据访谈结果，对教师一节课教学设计教师考虑的一些因素进行了整理分析，按照两个班的语文、数学、英语的任课教师来进行整理，如表 7-24 所示：

表 7-24　一节课教学设计教师考虑的因素

考虑因素	教学准备	教学目标	教学方法	教学步骤	教学总结	教学反思
A 老师	教材分析，学生学习前准备	知识、能力(语言表达、思维能力)、情感	直接教学、间接教学(注重提问水平、层次)、学习方法的引导	导入、展开(层层推进，由浅入深)	及时反馈和总结、即时强化	对教学实践中的问题进行总结，提炼，升华，达到教学的科学性和艺术性的完美结合
F 老师	教材分析和学情分析	知识是基础，先让学生掌握知识，在此基础上再着重能力的培养	愿意尝试各种教学方法，如角色扮演	会想一些好的导入方法激发学生学习的兴趣，按预先设计好的去实施教学	每节课都及时进行总结	会写一些教学笔记来反思自己的不足
B 老师	教材内容分析，但会根据学生课堂表现调整教学	数学学科的特点要求学生要掌握定理及其运用	讲授是必不可少的，引导学生掌握解题	对教材的熟悉已经可以灵活实施教学	每节课会留几道题来巩固所学的知识	每节课后会想想这节课的教学效果
E 老师	对教学内容熟悉最重要	按教材的目标去做	只有讲解清楚了学生才能知道如何解题	严格按教学进度去进行教学，循序渐进	及时总结，加深学生对知识的理解	常常反思，也会和其他同事交流教学心得
C 老师	教材分析，教具准备，辅助材料也很重要	鼓励学生掌握词汇、语法及其应运	讲解、提问、讨论小不可少	会想办法采取多种教学方式来组织教学	及时强化，提问以检验学生的对知识的掌握情况	比较关注学生在课堂教学的表现，下次上课时会注意
D 老师	课件准备，教材分析	注重对语言知识背景的介绍	为了让学生多讲，应该多些讨论	在教学实施中课堂管理是必不可少的	及时强化所学的知识	也会通过看书来反思自己的不足

通过课堂观察，教师在教学设计中非常注重研究方法的使用。大多数教学可以分为两种基本的类型：以教师为中心的教学和以学生为中心的教学，比较两种教学方法如表 7-25 所列，以教师为中心的教学更多的是传统的和说教式的，学生通过听老师讲或读课文内容来获得知识，或者两者兼有，

学生是被动的信息接收者。相反,以学生为中心的教学方法鼓励学生参与学习过程,同时学生通过自己的体验来建构知识。这两种教学方法对学习结果同样有效。例如,数学中的概念,可以采用以教师为中心的教学方法,如讲述,或者以学生为中心的教学方法,如合作学习。那么,采用何种教学方法主要考虑以下四个因素:教学内容和教学目标、教师的个性特征、学习者的个性特征和学习环境。①

表 7-25　教学方法

以教师为中心或以学生为中心的教学方法		
方法	教师控制的程度	目的和特征
以教师为中心的教学方法		
讲述	高	教师呈现信息,与学生没有互动。讲述技巧:教师呈现信息并且以问一答的方式与学生进行互动
苏格拉底法	适中	互动技巧:教师通过提问来引导学生获得信息
示范	高	表现的技巧:教师进行示范并讲解
建模	高	表现的技巧:学生模仿教师的行为
以学生为中心的教学方法		
讨论	低适中	互动技巧:全班或一个小组就某个主题进行互动
小组座谈	低	讲述技巧:小组成员陈述或讨论信息
辩论	低	讲述技巧:小组之间就某个话题进行竞争性的讨论

讲述法、讨论法是教学中常用的研究方法,采用讨论法的教师有哪些特征呢?如表 7-26 所示。

① Moore K D. Eeffective Instructional Strategies: from theory to practice[M]. (2nd ed). New York: Sage publications, 2009:130.

表 7-26　优秀的讨论引导者和好的讨论的特征①

好的引导者	好的讨论
1.相信学生想要参与有目的性的讨论 2.相信学生希望被要求对信息进行复习和使用,探索主题,解决问题 3.相信学生通过讨论来获得发展 4.形成好的问题 5.控制他们自己的讲述 6.使学生进行思考 7.使所有的学习者都参与 8.是富有技能的促进者,人际关系的专家,澄清者和总结者 9.善于教给学生如何进行交流的技能	准备时: 建立一般性的目的 设置特定的学习目标 考虑全班和个人对讨论的准备 确定好你将扮演什么角色,全班的分组,座位安排,允许的时间 制订好讨论好的计划 实施时: 引起学生的注意 使参与者理解了目的或目标,使参与者看到了其中的价值 将目标、任务和以前的知识以及未来的工作联系起来 列出将要讨论的主题和问题 提醒参与者注意讨论的规则 监控学生以确保学生是围绕任务进行讨论,确保学生对任务的理解 鼓励参与讨论的参与者,并评价讨论的水平 结束时: 在最适宜的时候结束,而不是在一个特定的时间结束 总结是否达到了目标的要求 将新的知识与以前的知识建立起联系 建立参与者下一步想要了解和完成的任务

对两位班主任的访谈

时间:星期五

两位班主任的访谈提纲

(1)了解学生来源情况。

(2)了解班级管理情况。(开展哪些活动和每周班会情况)

(3)了解班级纪律和班级文化情况。(如何抓学生成绩和如何对学生进行思想教育工作)

(4)了解学校如何评价班主任工作情况。

(5)了解班主任如何与家长合作共同促进学生成长。

(6)班主任如何选班干部和如何选三好学生。

(7)班主任管理中遇到哪些困惑和做班主任的感受。

① Cruickshank D R, Jenkins D B, Metcalf K K. The act of teaching[M](4th ed). New York: McGraw-Hill,2004:199.

访谈对象：上海市G中学 初一(2)班和初一(3)班班主任，即初一(2)班班主任沈老师(年级组长)，初一(3)班班主任杨老师。

两位班主任都很健谈，对我们提出的问题给予了全面的回答，这对于我们了解两个班的情况和班级管理非常重要，以下是两位班主任老师的介绍。

背景介绍：(2)班、(3)班是平行班，(1)班和(4)班是特色班，成绩相对要比(2)(3)班好些。为了了解(2)班和(3)班的区别，我们对(2)班和(3)班两个班的语文、数学、外语的成绩记性统计，了解(2)班和(3)班的成绩差异，如表7-27所示。

表7-27　两个班级学生的成绩的统计

班级	n	M	SD	t
七(2)班	36	208.81	41.24	-4.57^{***}
七(3)班	40	251.61	40.25	

注：*** 表示 $p<0.001$

由上表可知，(3)班学生的成绩显著高于(2)班学生的成绩($t=-4.57$，$p<0.001$)。

班级目标强调：争取流动红旗，立有“班级公约”

成绩方面具体目标：学校教导处给予指示

学生成绩管理：学校安排有月考，期中和期末考试，考试成绩自己排名，不公布。处理后进生：班主任和任课老师沟通，联系家长，反应学习情况，加强督促。奖励考试成绩优异学生。1.发奖鼓励；2.家长飞信告知，鼓励学生成长。

评价学生参考标准：思想品德、学习成绩、任课老师对学生的评价。

家长会方面：一学期两次家长会，并在家长会上强调学生的卫生、学习习惯、行为习惯等。

关于学校如何评优：1.班级公务评比（一学期一次）。2.颁布学习进步奖(通过每个学期的期末考试)。

班主任经验：用良心做事，坚持认真负责的原则。

处理学生的问题：1.和学生直接地交谈；

2.从同学中片面地了解一些情况；

3.和父母沟通。

这样做的效果还是很明显的，学生转变很大。

班风的塑造：和家长保持电话联系，经常与学生沟通，培养班干部，减少老师的负担。

选班干部的标准:人品(思想品德),学习成绩,责任心,特长也会考虑。

德育工作:经常会组织一些活动,如感恩父母,孝敬敬老。

班会课的内容:一般是主题活动,并有老师负责巡查班会课的正常开展。

对 6 位任课教师的访谈

(1)您认为优秀教师应该具备哪些条件?(教学理念)

(2)美国著名心理学家波斯纳在 1998 年曾提出教师成长的共识:成长=经验+反思。谈谈您对这句话的理解。(教学反思)

(3)经过课堂观察我们发现,好多时候都是教师提问,学生回答,这种"问答式"的教学模式有哪些好处?您尝试过其他的教学模式吗?(比如讨论式)您会采取哪些方法鼓励学生回答?(教学模式、教学策略、师生互动)

(4)谈谈您对学科特点的看法。

(5)您会采取哪些措施来管理您的课堂,以确保您的教学活动顺利进行?(课堂管理)

(6)在您的职业发展生涯中,您认为哪些关键事件对您的专业成长有帮助,如参加教学技能比赛,听评课,论文获奖?(专业发展)

访谈对象:初一(2)、(3)班的语数外 6 名老师

问题 1:您认为优秀教师应该具备哪些条件?

老师回答:

1.德高为正,身正为范,坚定的教学信念;

2.富有爱心,因为有爱,才会想方设法做这件事;

3.过硬的专业本领;

4.人格魅力,学生才会喜欢你;

5.终身学习。

本研究经过理论分析、课堂观察、实证研究发现,一个优秀的教师要坚定教学信念。如表 7-28 所示:

表 7-28 教师教学信念表

信念层面＼信念类型	知识型	结果型	能力型	兴趣型	价值型
取向	教师中心←——→学生中心				
教学目的	通过教师授课，使学生掌握人类已有的知识	学生考试成绩得到提高	提高分析问题、解决问题的能力	引导学生对学科的兴趣，积极参与学习活动	关注学生的持续发展
教学	教学活动是教师传递知识的单项活动	密切关注社会需求，考虑短期效应	差异性教学 分层次教学 探究式教学	是师生相互交流，共同成长的过程	培养学生积极的情感和树立正确的价值观
师生关系	教师是权威，知识的代表，学生被动的接受知识	领导与被领导者	教师是指导者、组织者	学习的帮助者、信息的提供者	对话教学 思想交流
学生学习	通过大量的练习掌握知识	提高应试技巧，为高考做准备	提高批判思维能力，探究、创新	主动的有意义地学习	寻找适合自己的学习方式，反思学习意义
教学内容	遵循教学大纲的规定，强调知识的客观性	考什么，教什么	对教学内容按学生的实际情况进行二次加工	结合学生的学习兴趣，创设教学情境，呈现教学内容	在教学内容中渗透情感、价值观

（资料来源：改编自吴薇.中荷研究型大学教师信念比较研究——基于莱顿大学与厦门大学教师的访谈分析[J].教育科学，2010(12)：80-85.）

教师的教育信念反映的是教师对教育、学生以及学习等的基本看法，因为它涉及知识、态度与价值、情感等多个因素，因而对教师的行为表现有重要影响。就教学效能来说，教师自身的教学信念以及对待教学和学科的态度比其表现出的即时性的可观察行为更重要。

问题 2：美国著名心理学家波斯纳在 1998 年曾提出教师成长的共识：成长＝经验＋反思。谈谈您对这句话的理解。

A 老师："经验"从两个方面来看，一方面可以给教师提供一个平台，另一方面却固定思维，限制教师的发展。"反思"的话不仅是适用于终身的学习，也适用于终身的成长。

D 老师：通过作业的批改，反思的过程中对教学又进行了调整。

本研究的分析：首先，对教学经验的正确认知。A 老师还认为经验是好的,但唯经验就不好了。成为一名高效能的教师,意味着教师具有良好的知识储备和娴熟的教学技能,以及教师对教学资源的合理开发。在一定的教学情境下,教师所具备的这些专业素质都会让教师的教学实践卓有成效。任何一名教师都会经历从新手到熟手,再到专家型教师的成长历程。教师在教学实践中取得的进步是经过长期的教学实践经验的积累的。教学中所取得的成绩不是自然而然发生的,我们在采访中,有一位老师说教学经验是教学成功必不可少的条件之一,但一味地相信经验反而会阻碍教师的专业成长,即教学经验是教师教学成功的必备条件,但不是充分条件。我们通过课堂观察发现,有些老教师教学经验非常丰富,他们也有一套管理学生学习的"有效教学"方法,所以他们相信经过自己实践经验摸索出来的教学理念、管理方式、教学模式是确保自己教学成功的关键。但当教学改革需要教师改变教学理念,尝试新的教学方法、教学模式的时候,他们往往表现出来更多的是排斥和抗拒。因此,教师要想在教学中取得更大的成功,就必须从教学经验中反思并主动做出选择。经验是教师改进教学必不可少的前提条件,但年复一年重复着同样的工作,教师的创造力无从谈起,教师的热情也会消失殆尽。因此,高效能的教师更看重通过研究、反思教学经验来提高自己的教学创造力和教学水平。

其次,要有过硬的专业本领。专业本领包括专业知识和技能。教师的知识包括教师的本体性知识、条件性知识和实践性知识三个方面。教师的本体性知识是教师的学科性知识,是教师从事教学工作的前提条件;条件性知识是教师教育学、心理学方面的知识,是教师在教学过程中逐渐了解、应用而习得的知识;实践性知识是教师在教学实践中积累起来的知识,是教师在教学实践中长期积累而成的一种实践智慧。教师的实践知识可以使课程专家开发的课程理论转化为适合于具体教学情境,并有利于学生接受的课程知识。教学实践知识是教师把学科知识与学生的生活经验相联系,并以一定的组织顺序呈现给学生,教师能够对课程资源进行整合并在实践过程中形成自己独特的教学风格,教师实践知识是教师专业素质的综合表现。

教师的专业技能和技巧是通过教育理论的学习和长期的教育实践获得的,这是教师完成教学的前提条件。一方面,学校要注重教师专业知识和技能的培训,另一方面,教师对知识类型和结构进行分析,对学科教学的关键概念进行理解,并在此基础上学习必备的教育教学知识。教师面临的实际课堂教学情境是不断变化的，教师只有不断地在实践中思考，反思教学实践，才能把教育理论与教育实践相结合，实现教学过程的优化，从而真正促进教师的专业发展。

问题3:经过课堂观察我们发现，好多时候都是教师提问，学生回答，这种“问答式”的教学模式有哪些好处？您尝试过其他的教学模式吗？（比如讨论式）您会采取哪些方法鼓励学生回答？

教师回答:1.提问式模块教学不仅包括教师的提问，也包含了学生的提问，归之为一点，所有的方法都是在为“我为了什么”而服务；2.还应当考虑到提问的有效和无效性，提什么样的问题要根据学生的层次；3.对学生的提问，教师还要做引导工作，对学生的问题进行筛选再进行操作。

研究分析:通过对教师回答的分析，发现大多数教师遵循传统的“六步三段两分支”教学模式，如图7-5所示。

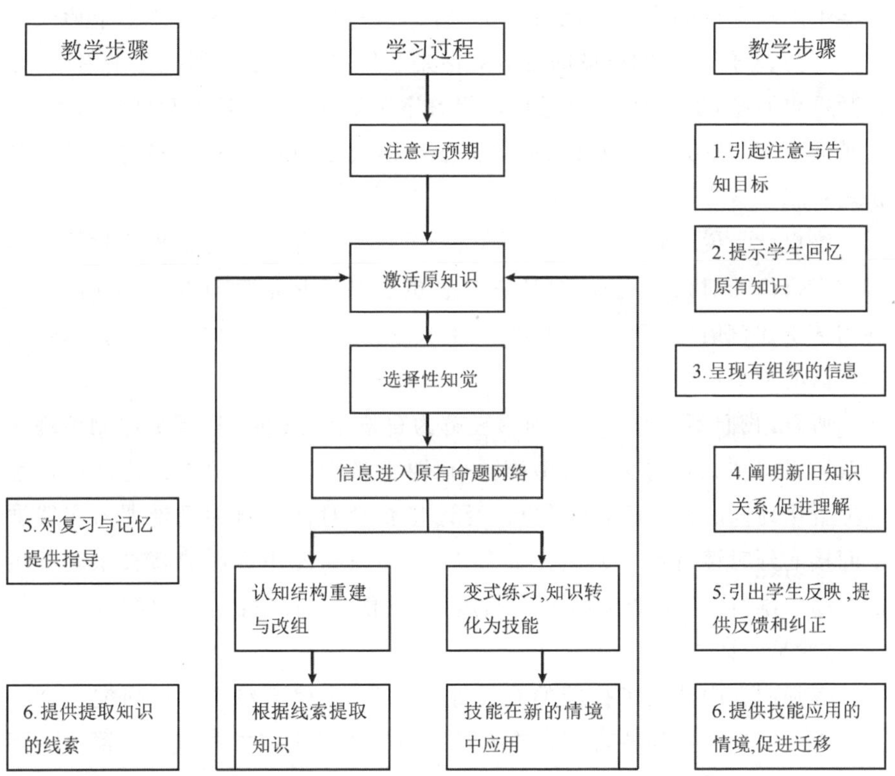

图7-5　“六步三段两分支”课堂教学过程模式

皮连生认为:"六步"指,不论哪类知识,其完整的学习过程经过包括六个步骤,同时也就有了相应的六个教学步骤。"三段"指,学习和教学的六个步骤可以概括为三段:一至四步为一段,其中心任务五是知识的理解;第五步和第六步分别为第二段和第三段,其中心任务是知识的巩固和转化(第二段),以及知识的提取和运用(第三段)。"两分支"是:陈述性知识和程序性知识的教学过程的前四步相同,从第五步开始出现分支:左边的一支表示陈述性知识的巩固和提取,右边一支表示程序性知识的变式练习和迁移。①

传统的教学模式主要以问——答为主,即对话。言语上的对话,是一种可以激发学生思考、发展学生思维的有效的言语对话。基于这样的认识,我们说教师富有启发性的提问是一种对话,教师把某些抽象深奥的内容以及内容背后隐藏的一些学生不易发现和体会的感情、精神,用声情并茂、能激起学生主动思维的讲授使之再现出来,也是一种对话。这与教学中形式上你来我往、有问有答的机械的言语对话是有区别的。仅仅形式上的对话,是教师提出问题,学生解答,常常以取得答案为满足,而不是引起疑难与思考。这种低层次的形式上的对话(或更为准确地说是对答),从严格的意义上来讲是不属于本文所讨论的言语对话的。

这也就是说,精神与思想上的对话,往往以言语上的对话作为桥梁才能实现。言语的对话是直观的,精神与思想的对话是抽象但客观存在的。教师和学生在言语对话的基础上,进而激发出双方精神和思想层面的对话,则是对话的更高境界和更深本质。

所以,我们不仅要把教学对话理解为言语上的对话,还要更深刻地理解为双方思想和灵魂的交流与碰撞;不仅要将教学对话理解为讨论课或谈话课上直接地同时性对话,还要更广泛地将教学对话理解为理论课与实践课上间接的延时性对话。无论什么形式,教师只要能用言语或精神激起学生的主动思维,使学生产生心灵上的震撼,并能影响或批判教师的言语或精神,这就是对话。

教师回答中涉及了提问的有效性。因此,本研究结合实证研究从理论上分析了有效的提问技巧。有效的问题是那些学生能够积极组织回答并因此而积极参与学习过程的问题,问题的有效性不仅仅在于词句,其有效性还

① 皮连生.智育心理学[M].北京:人民教育出版社,1995:266-269.

在于音调的变化、重读、词的选择及问题的语境。提问的方式有很多，每种方式都能决定它是否会被学生理解为一个问题，会被理解成一个怎样的问题。①

在传统的教学模式中，主要以提问来开展教学。这必然涉及有效的提问技巧。有效的提问技巧包括了以下几个方面：

第一，提问的适当性(适当的提问行为)。

为了实现"有效教学"的目标，教师必须以积极、强化的方式去提问，也就是说，这样做学生才会享受学习并乐于回答问题。所有学生都应从正在问的问题和学生已经回答的问题中得到积极强化。②

第二，问题的类型的适当比例。

有研究表明，70%～80%的问题是需要学生回忆和理解性的问题，而20%～30%的问题是需要分析、综合和评价性的问题，如对问题本质的探询、扩展、归纳和推理。这些问题需要更高层次的思维活动。

问题可以分为开放性问题和封闭性问题。封闭性问题更多考察的是学生对知识点的回忆和理解，而开放性问题没有固定的答案，而更多地是为了训练学生的思维，鼓励学生通过对问题的分析、综合、判断来形成高层次的思维活动。而"有效教学"中教师的行为则表现为组织、激发和反馈，即教师提供问题和讨论的主题，激发学生的学习自主性，使学生积极回答问题，教师对学生的回答及时反馈。问题的类型要根据教学内容和学生的水平来适当安排问题类型的比例。对知识点的回忆和理解是形成高层次的思维活动必不可少的组成部分。有效教师善于安排问题的适当的比例，并且能够基于学生的需要将问题按照认知的不同层次而进行有组织的安排和呈现。

第三，构建问题和利用等待时间。

构建一个问题的完整技术包括提供一个清晰简明的回答、停顿，以及稍后叫一个学生回答。③

有研究表明，有效教师善于把握提问的等候时间，有效教师明确规定该问题的讨论时间，给予学生一定思考的余地。

第四，鼓励学生提问。

教师应该鼓励学生多提问题，因为鼓励学生提问才能产生更高水平的

---

① 鲍里奇.有效教学方法[M].易东平，译.南京：江苏教育出版社，2002:209.

②③ 荀烈治.教学策略——有效教学指南[M].第8版.牛志奎，译.北京：中国人民大学出版社，2010:175.

问题,才能激励更多学生相互交流,才能产生正向的认知效果,并促进分析推理。[①](Gagnon,2001)。另一方面是检验学生对已有知识的理解和应用情况。教师提问的目的不是让学生以最快最有效的方式找到正确答案,而是为学生提供一个师生互动、生生互动的学习平台,使学生能够在教师的帮助下去探索和发现,并且能够成功地找到正确的答案。

高效能的教师课堂充满了活力,鼓励学生积极提问,在这样的学习氛围中,学生敢于提问,敢于质疑现有的知识,虽然提问并不一定得到标准的答案,而且还有可能引发其他的问题,但教学过程是围绕着一定的教学目标进行的,学生也在积极地思考每一个问题和观点,并在与教师和其他同学的交流和碰撞中获得新知。在这样的课堂教学氛围中,教师对每一个学生的期望都很高,希望他们通过自己的努力完成学习目标。

优秀的教师善于对学生的提问留出一定的思考时间以便学生做出相应的反应,对学生的回答,教师还可以做进一步的追问,因为这有利于学生更进一步地明确问题,启发学生积极思考,努力澄清、扩张和寻找证据支持其观点。

问题 4:谈谈您对学科特点的看法。

教师回答:

语文学科:目标是训练学生的语言表达能力,语文思维品质,长期目标是训练塑造一个有素养的人。

数学学科:分析问题能力,锻炼思维的角度。

英语学科:分析句子成分,听说读写,英语中考加强对作文思维的考察。

语文和英语学科的差别:英语仅仅是门工具,语文才能真正达到对学生素养的培养。

问题 5:您会采取哪些措施来管理您的课堂,以确保您的教学活动顺利进行?

教师回答:

英语、语文课:让学生集中思想,积极和老师进行互动,方式可以多种多样,比如讨论,游戏。教师最好要活跃,有激情。Hold 住学生,不能

① 荀烈治.教学策略——有效教学指南[M].第8版.牛志奎,译.北京:中国人民大学出版社,2010:167.

让他们在课堂上闲下来，不然就会走神。

数学课：让学生掌握概念、方法。集中注意力，并结合学生实际问题，调动学生的兴趣。

分析：

有效的课堂管理是教师顺利完成教学各个环节的各项任务的前提条件，因为学生的学习活动主要是在一定的课堂内来完成的，教师的教学活动的开展依赖于有效的课堂的管理。

有学者认为，课堂管理与纪律是完成教学任务的重要组成部分，课堂管理是教师采取必要的方法和措施来减少或避免学生的不良学习行为，从而保障学生课堂学习活动的顺利进行，而纪律是给学生制订适当的标准来规范学生的行为，这些标准蕴含在课堂教学活动中。总之，纪律是课堂管理的一部分，我们发现，经验丰富的教师一般很少花大量的时间在课堂管理上，而课堂教学效率低下，教学经验不丰富的教师往往需要花些时间在课堂管理上。教学实践证明，教师是教学活动的组织者和领导者，教学管理的关键因素在教师，良好的教学效果取决于教师、学生和课堂教学情境等要素的相互协调。

而有效的教学管理取决于以下几个要素①：

1. 教师要合理地安排一节课的时间，争取更多的时间用于学习。

课堂教学时间一般分为四种层次：

分配时间(allocated time)

教学时间(instruction time)

投入时间(engaged time)

学业学习时间(academic learning time)

2. 使学生有更多的时间投入到学习中去。

卡罗尔学校学习模式(Carroll Model of school learning)②：

假设：学校学习可以描述为一系列分割的、可以以简单相加的方式联系在一起的学习任务。该模式每次只适用于一个个体学习者。

---

① Cruikshank D R, Jenkins D B, Metcalf K K. The act of teaching[M](4th ed). New York: McGraw—Hill, 2004:347.

② Campbell J , Kyriakides L, Muijs D, et al. Assessing teacher effectiveness: developing a differentiated model[M]. New York: Routledge Falmer, 2004:101.

模式：把影响个人在学校里学习的认知任务的各种因素，以时间为单位表示出来。就一项特定的学习任务而言，学习程度等于学习者实际用于学习任务的时间对所需时间总量之比的函数(f)。

学习程度$=f$(实用时间/所需时间)

实用时间相当于3个最小变量：

(1)机会——允许学习的时间

(2)毅力——学习者愿意积极从事学习的时间

(3)能力倾向——在最佳条件下掌握学习所需要的时间量

使用五个变量来说明学生特定学习任务的水平：

- 能力倾向
- 理解教学的能力
- 教学质量
- 学习机会
- 毅力

前三者决定学习一项任务的时间，后二者决定实际应用于学习的时间。

研究表明，课堂教学的质量，如学生投入时间和学业时间与他们的教学质量密切相关，而学业时间指的是学生真正投入有价值的学习活动，而提高教学质量的关键是学生更多地投入学习活动中去，即提高单位时间内的学习效率。

为了有效地利用教学时间，提高教学效率，高效能的教师往往采取一些有效的管理措施。

1.提高学生参与度

研究表明，高效能的教师更愿意提供给学生更多积极参与的机会。尤其在合作学习的课堂教学中，学生参与学习的时间要比独立的课堂学习时间要多得多。因此，我们也发现，高效能的教师也会根据教学内容的需要适当地安排小组学习的时间。

2.保持教学活动的紧凑、连贯

教师在一节课里避免被打断或放慢教学进度，即保持教学的紧凑性。在对教师进行访谈时，一位教师说课堂管理最重要的一点是要让学生有事可做，让学生在一节课的时间集中精力全神贯注地听讲，排除在教学中被干扰的因素，即掌握好课堂教学节奏。课堂教学节奏指教学过程中各种可比成分连续不断地交替，在时间上以一定的次序，有规律地重复出现的形式。

这些可比成分有教学的密度、速度、难度、重点度、强度和激情度。

3.保持教学活动的流畅性

流畅性指的是教学从一个活动向下一个活动过渡所花的时间要少，教学活动的过渡要自然，避免从一个主题向另一个毫无关系的主题过渡，表现在前后内容不一致，重复或复习以前学过的知识。教学活动要准备充分，避免中间停顿或准备下一个环节时用太多的时间，否则会分散学生注意力，影响教学的效果。

4.让学生明白学习活动的规则

具体表现在让每一个学生明白每一个教学活动的具体规则是什么，如何按照规则来完成教学任务。

5.明确教师的期望

教师首先要清晰地表明教学的目的、任务，学生通过怎样的努力来达到学习目的。教师要关注全体同学，要民主地对待每一个学生，调动所有学生参与的积极性，使每一位同学都意识到自己是学习的主体，而不是被动地参与学习。

6.吸引并维持学生的注意力

高效能的教师很注意如何分配教学时间。学生对一个事物的注意力是有时间限制的，教师要注意避免让学生长时间做旁观者的活动，我们在实验中发现，有些教师仍然喜欢一言堂或者让一两个同学到黑板前解决问题，其他同学则无事可做，这样的做法很容易会分散一部分学生的注意力。这不仅浪费了课堂中学生的学业投入时间，而且也会为不良行为打开方便之门，如有些同学会做一些小动作，在桌底下玩自己的玩具或者想其他的事情。

问题6：在您的职业发展生涯中，您认为哪些关键事件对您的专业成长有帮助（如参加教学技能比赛，听评课，论文获奖）？

教师回答：

1.听课、听讲座、上课，日积月累；

2.参加教学比赛；

3.参加培训班。

分析：任何一个教师都会经历从新教师向熟手教师的过渡，新教师在教学开始时会面临重重困难，具体表现在以下几方面：

1.教师教育并未给新教师完成具体教学任务做好充分的准备。

2.新教师第一年面临着角色转变和适应过程。

3.新教师在第一年将面临领导、同事、家长等各方面的评价。

4.新教师不知道如何与不同个性的学生打交道。

F老师跟我们分享了她的成长经历:F老师是一名年轻的初中女教师,大学毕业后到一所中学任教已有八年,八年的时间让她从一名职初教师成长为一名优秀的骨干教师。同时,她还利用工作之余看教学理论著作。F老师说,任教第一年虽然遇到了一些困难,但却得到了学校领导的支持和同事的帮助,再加上自身的努力,她很快适应了学校的教学工作。与此同时,F老师也抓住各种机会锻炼和提高自己,学校举行的公开课和各种比赛,她都积极参加并取得了不错的成绩。

为了提高自己的专业素质,F老师利用课余时间学习教育学、心理学知识,并结合自己的教学实际研究教学中遇到的问题。F老师说:"我按照新课程改革倡导的新理念,尝试着改变自己的教学方式,刚开始效果并不理想,我就向有经验的老教师请教,他们建议我要多学习课程和教学理论知识,提高自己的专业素质和课程决策能力。在不断的尝试和探索中我的课程和教学观念发生了改变,学生成绩提高了,我也得到学校和家长的肯定,并被评为优秀教师和优秀班主任,我体验到了教师职业的成就感和幸福感。"

F老师说:"教学八年,我从职初的困惑与不安、尝试与探索到现在的成熟与自信,这中间经历了许多挑战,但正是这些挑战和机遇让我学会了怎么教。在我专业成长的过程中我感谢学校领导和其他教师对我的支持与关爱,感谢校的老教师给我的悉心指导和鼓励。"

问题7:在我们对G中学的6位老师进行采访时,当我们问到在您的教师专业成长中关键事件是什么,每位老师都谈到了他们入职的第一年的适应期,而对他们成长最快的有以下几个事件:

1.传帮带:有经验的教师的引领;

2.校本培训和进修;

3.公开课、评比课;

4.科研论文,教学反思;

5.教研组——学习共同体的建立。

这些关键事件都是提高教师教学技能，促进教师专业成长的重要因素。经过一年的教学观察，我发现，一名教师必须具备良好的教学技能，不断尝试新的方法改进教学，经常反思自己的教学，并通过专业阅读或其他形式来提高自己的专业水平。

三、调查量表结果分析

（一）教师效能量表调查结果分析

研究设计如下：

1. 研究对象

上海市 G 中学 6 位老师。

2. 测量工具

以“有效教学”理念指导，参照教师效能量表，结合实证调查和理论分析自编教师效能量表，包括教学计划、课堂管理、教学策略、师生互动、教学反思五个项目共 25 个子项目；从“完全同意”“基本同意”“不确定”“基本不同意”“完全不同意”五个等级分别以 5、4、3、2、1 分记分。同时对教师的基本情况进行调查，比较教师性别、年龄、职称和教龄在教学效能上的差异。

3. 调查方法

团体施测，共发放问卷 200 份，收回 186 份，回收率为 93%，剔出 16 份无效问卷，有效问卷为 170 份，问卷有效率为 85%。

4. 数据采集与分析

采用 SPSS 13.0 对所有数据进行统计处理与分析。量表采用 5 点（奇数）评分。可把相应的问题放在表格中以显得紧凑有序。

研究结果与分析：

1. 量表的信度

为了判断教师效能量表的信度，对每一个项目进行分量表—总分相关、克伦巴赫 α 系数的计算，结果见表 7-29。教师效能量表的 α 系数为 0.84，说明量表具有较高的内部一致性信度。

表 7-29　分量表—总分相关及 α 系数

分量表	分量表—总分相关	α 系数
教学设计	0.756**	0.865
课堂管理	0.843**	0.861
教学策略	0.727**	0.832
师生互动	0.784**	0.836
教学反思	0.824**	0.847

（注：** 表示 $p<0.01$。）

2.教师效能量表各项目的平均分和标准差(完全同意计 5 分,基本同意计 4 分,以此类推,完全不同意计 1 分,得出的平均数与标准差)

教学效能感各项目的平均分和标准差结果见表 7-30($N=6$)。

表 7-30　各项目的平均数和标准差

项目	各项目的满分	平均数	标准差
教学设计	25	21.86	2.06
课堂管理	25	20.62	2.94
教学策略	25	19.78	2.59
师生互动	25	21.46	2.18
教学反思	25	22.52	2.49

3.t 检验

对教师效能量表的得分在性别、年龄、教龄、职称上进行了独立样本的 t 检验,结果发现,教师效能在性别上没有出现显著差异,而在年龄、教龄、职称上出现了显著差异,40 岁以上(包括 40 岁)的教师效能显著高于 40 岁以下教师的效能感。教龄在 8 年以上(包括 8 年)的教师效能显著高于教龄在 8 年以下的教师的效能感。职称高的教师效能显著高于职称低的教师效能。

(二)教师反思能力量表

表 7-31　6 位教师反思能力调查统计

教师	得分	反思能力自我评估
A 教师	76	较强

续表

教师	得分	反思能力自我评估
F 教师	70	一般
C 教师	92	较强
E 教师	90	较强
B 教师	80	较强
E 教师	79	较强

（注:6 位教师是按照语文、英语、数学的学科顺序排列的。）

研究结果分析:

高效能的教师善于学习与反思。高效能的教师能够根据时代发展的需要积极地学习、思考,不断地成长。对于已经熟练的教学过程,他们会有新的发现,并尝试新的教学方法,在教学实践中发现新的问题并进行独立的研究,他们了解自己的价值观是如何在教学实践中体现出来,他们并不满足已掌握的知识和技能,而是善于反思自己教学实践及其背后的教学信念,探究自己的教育实践。高效能的教师重点在于探讨深层次的价值观、具体的教学行为和具体的学科知识等。

反思包括教师对课堂教学行为如何影响学生的学习,教学内容是否与学生的生活经验相联系的反思。反思并不是教师独自完成的,教师也可以通过教师专业发展共同体来观察其他人的做法,倾听他人的观点,和有经验教师探讨、争论,这不仅意味着教师要听取其他人的意见,而且要与其他教师共同分享自己对教学的看法,高效能的教师更愿意欢迎批评的意见以及新的视角和其他反馈意见。

反思教学实践可以采取多种形式:

1. 教学日志。许多老师通过写日志来记录他们的想法和对每天教学事件的处理。通过写日志他们有机会重新考虑在课堂中发生的事情,更加冷静和客观地处理问题,从而提高问题解决的能力。对于新教师而言,写日志可以提高其思维水平和反思问题的能力。

2. 教学录像。录像能够使教师重新回忆起课堂中所发生的事情,能够通过直观的观察了解自己的教学行为和教学风格,帮助教师通过分析自己的教学行为来提高教学水平。

3.教学档案袋。教学档案袋包括了教学视频、学生测验成绩、教学计划、学生学习表现、教学材料、教学评价等,它记载了教师成长和发展的过程。它使得教师重新反思自己的教学实践。

4.同事。教师可以从同事的视角来反思自己的工作表现和获得新的启发。通过听课和评课了解其他教师的教学过程和教学模式。进而反思自己的教学实践。

(三)一般自我效能感量表调查结果分析

表 7-32　6 位老师一般自我效能感

教师	得分	自我效能感的高低
A 教师	21	自信心较高
F 教师	26	自信心较高
C 教师	37	自信心非常高
E 教师	34	自信心非常高
B 教师	26	自信心较高
E 教师	30	自信心较高

(注:6 位教师是按照语文、英语、数学的学科顺序排列的。)

由于 6 位教师都是成熟期教师,所以自我效能感很高。他们对教育及自己教学工作能力的认识和评价都较高。然而,随着从教时间的增加,教育现实的复杂性日益显现,教育现实中的许多现象和问题对他们原有的认识、观点提出了挑战。再加之教育经验较少,教师在遇到具体问题时,常常因缺乏相应的教育教学方法和课堂管理策略而手足无措,从而对教育的作用以及自己教学效果的认识有所动摇,并出现教学效能感下降的趋势。但随着从教时间的增长,教师的教学经验逐渐积累和丰富,其认知特征、人格特征、角色特征及教学风格日益成熟和完善,教师逐渐能灵活地将个人的认知特征、人格特征与学校教育教学活动有机结合,去了解和洞察学生,全面而有条理地安排教育教学活动。因而,对自己从事教育教学活动的能力认识和评价又表现出积极的变化,教学效能感又呈现出上升的趋势。

第四节　总的研究结果分析

一、教师的角色

教学环境的变化使教师的作用和角色发生了改变，教师不仅仅是传授知识的角色，而且是致力于为学生创建一个安全的、提供多种机会的学习环境的角色。他们打破了传统的教学观，他们精心设计每一个问题，通过提问，使学生深化所学的知识内容，他们鼓励学生就他们的困惑来提问，促进学生自主学习，他们积极协调课堂过程中的各种互动关系，如学生与教师之间、学生之间、学生与各种学习材料之间、学生与各种观点之间等的互动关系。教师最主要的任务就是帮助学生，通过整个学习过程使学生主动建构的知识与学科内容知识有机地整合起来。因此，教师是学生积极的促进者。

经过课堂观察我们发现：高效能教师的课堂教学更容易让学生承担学习的任务，使学生更专注于学习，即教师为学生创设各种条件，通过指导学生如何学习来增强学生的学习能力，从而促进学生进行自主学习。并使学生紧紧围绕这个学习目标进行学习，能够做到这一点并不容易，这对教师提出了更高的要求，教师要对学科内容知识体系有充分的了解，并充分利用各种教学资源为学生创建多渠道的学习环境。教师要更加明确自己的责任和义务，引导学生在自由的学习环境中探索已有的知识、积极深入研究并验证自己的观点，通过与其他同学分享来主动建构自己的知识体系。

（一）创设安全环境

首先教师要创设一个有安全感的课堂教学环境。只有让学生在心理上和情感上都感到安全，学生才会积极探索、主动地进行有意义的学习。其次，教师要创设一个富有挑战性的课堂教学环境，让学生自主地理解知识，主动地积极建构知识。

在这样的课堂里，教师会向学生提出明确的要求，学生会自觉地遵守这些要求，同学们也知道遵守这些规则会使自己受益。而这些规则也是由师生共同商量制定的。课堂规则的制定为保障学生自由探究学习活动提供了保障。

（二）提供支持互动

高效能的教师在课堂教学中设法促进学生的学习，然而如何促进学生的学习？高效能的教师如何创设学习环境，如何设计问题来帮助学生进行深层次的思考？教师如何引导学生的学习过程？教师要为学生提供一个支持互动的环境，即为学生提供各种学习活动的机会。高效能的教师应为学生提供让学生易于接受和安全的学习氛围，鼓励学生积极思考，主动探索。皮亚杰和维果斯基都认为，儿童是通过与他人的互动来获得知识的，而教师给学生提供的支持性学习环境包括了各种互动的机会——他们鼓励同学之间、师生之间、小组之间进行互动和交流。他们认为，学生为了获得真知，必须在做中学，儿童需要不断地创造和构建自己的世界，他们希望每次的课堂教学教师都能够带给他们有新的挑战。无论是儿童认知结构的变化，还是他们思想情感以及外显行为的变化，他们都希望每次都有新的体验和变化。教师则努力为学生创设积极的学习环境，让学生在做的过程中，通过互动与交流，能够积极检验和分享自己建构的知识。而学生之间的差异则是一种资源，这使得不同的观点能够相互碰撞，更能够激发学生进行更深入、更丰富的知识结构建构。

二、教学计划和备课

（一）如何呈现教学内容和运用教学法知识

关于这一点，舒尔曼(1987)曾经有过论述，他认为教师应该理解他们所教的课程，并且要利用各种方式去理解。这种理解包括理解该学科某一概念、原理等是如何与其他概念和原理联系在一起的，以及它是如何与其他学科的知识建立起联系的。学科知识丰富和扎实的教师知道如何根据学生的学习经验和需要更好地呈现教学内容。

关于教学法的知识包括教师的教学策略，教师对学生学习的指导方法等，教学法知识的运用必须结合教学内容知识，课堂教学的效果还在于教师是如何将其所拥有的知识转化为实际的教学能力的，其中教学法的知识尤为重要。我们经过课堂观察也发现，有些教师拥有渊博的基础知识和精深的学科知识，但他们不知道如何将这些知识呈现出来，不知道如何与学生互动和交流，不知道如何将学科内容知识与学生的知识背景建立起联系。他们的课堂气氛和课堂教学效果并不好。有些教师在具备学科知识的基础上，能够了解学生的知识背景、兴趣、利用“有效教学”时间对学生学习方法进行指导。对于学生的回答能够给出及时的反馈和点评。能够营造民主宽松的和谐气氛来调动学生学习的积极性，从而达到良好的教学效果。关于教学内容知识和教学法知识的重要性，有些国家的专业资格认证中也有过说明，如全美专业教学标准委员会(1991)的资格认证过程一共包括有5项原则,其中原则之一就是“教师了解他们所教的课程并知道如何教给学生这些知识”。

(二)对于学生的知识和能力的把握

有研究者认为,每个学生都带着自己的知识背景和经验走进课堂,而教师需要结合学生的知识背景建构与当前所学知识的教学情境,使教学一开始就吸引学生的注意力,教学效能高的教师能够在讲述新的课程内容时,了解到学生对该课程内容可能知道些什么,会有怎样的理解以及学生会通过课程内容的学习获得哪些有益的经验。

建构主义的学习观认为,学习是个体基于经验主动积极建构信息的过程,而且这些信息都需要经过每一个个体的认知、思考和选择的过滤。

(三)清晰的学习目标

有些研究学者的研究表明,课堂“有效教学”与教学目标的适切性之间有一定的关系。教学目标的适切性必须与学生的智力水平相联系,如果教学目标过低,就会降低对某些智力水平高的学生期望,这样就会阻碍学生认知的高层次水平的发展和高级思维能力的培养。

高效能的教师会就学习目标、对学生的期待、通过什么样的教学步骤才能达到教学目标在上课开始的时候就跟学生交代清楚。有效课堂教学的特征之一是:学生确定了清晰的学习目标和学习期待,教师则帮助学生理解学习目标,并通过具体的教学环节帮助学生达到学习目标。

(四)内在——致性教学设计

有些研究学者的研究表明,教师的教学效能与教学活动的计划、适宜的教学材料是有密切联系的。当课堂教学计划的步骤富有逻辑层次的时候,学生能更好地理解事实、概念和原理之间的内在关系,也能够学得更好。此外,教师还需要了解如何开发教学资源和有效地利用教学资源。经过课堂观察,我们发现,高效能的教师会搜集各种与课程内容相关的信息,这样不仅能拓宽学生的知识面,而且也可以用丰富多彩的教学活动来增加学生积极参与学习的兴趣,课堂气氛也会更加活跃,学生也会在这种积极的教学情境下主动地参与教学,这样才能达到良好的教学效果。

教学计划的目的就是教会学生解决问题——如语文学科就是解决阅读的问题、数学学科解决计算的问题等。通过教学让学生掌握概念、规则的目的就是让学生能够解决实际问题,问题解决能力是一种高级的学习能力。当学习者通过探索获得了解决问题的能力时,他同时也掌握了一套分析问题,解决问题的规则,并可以在不同问题的情境下进行迁移,这种迁移能力也是学生高级思维能力和创造能力的表现。但传统教学注重对知识的记忆,而忽略了对学生分析问题、解决问题的能力。高效能的教师善于在制订教学计划时考虑到对学生解决问题的能力的培养。影响问题解决的因素有学习者的认知特性、学生的学习能力水平等,教师要设计出适合学生的问题情境,如激发学生的好奇心。问题情境要符合最近发展区,既不能太难,也不能太容易,既要适合学生现有的发展水平,又要使学生经过努力达到教学目标的要求。通过问题情境来激发学生学习的动机,学生在解决问题的过程中不仅掌握了分析问题的能力,还学会了新东西,这种能力一旦学会,也有助于学生解决其他类似的问题。

成功的教学都需要教师精心的准备,高效能的教师在教学之前都要对教学目标、教学过程、教学策略等进行修改和计划,并通过分析学习者和学习环境的特征来调整教学材料和教学内容。在引导学习活动的时候,教师也会做好准备,包括如何导入、如何展开和组织教学活动。

教师设计教学环节,对学习者做出学习需求分析,明确教学目标,开发各种资源,评估教学效果。在开始教学之前,教师要激发并维持学生的动机。动机是提高学生学业成绩的前提条件,动机影响着学生对教学的投入程度和选择,因为每个学生都是带着一定的目的和学习需要投入到学习活动中来的。他们希望通过学习活动来参与体验,分享观点,获得成功。高效能的教师会采取各种教学策略去激发和维持学生的学习动机。经过课堂观察我们发现,高效能的教师更关注如何吸引学生的注意力,如何提高学生的自信心,以及如何提出适当的问题来提高学生的满意度。高效能的教师更愿意帮助学生建立积极的学习期望来激发学生的学习动机和学习积极性。

(五)教师"有效教学"行为

1.清晰的表达和授课

清晰的表达突出表现在以下几个方面:教师用多种教学方式来突出教学的核心概念,以期引起学习者关注学习的重点和难点,在讲授的过程中教师可以使用图表、模型、案例、故事等多种方式来提高表达的效果;高效的教师在讲授的过程中给学生留出参与教学的时间,如提问、讨论和参与的时间。同时,教师也会关注学生的反应,通过眼神、手势、声音及有效的辅助工具来与学生进行适当的交流与互动。

除了清晰的表述外，教师还要促进学生进行学习，如通过参与、观察、倾听和提问的技能来监控、评价学生的学习过程：通过明确学习要求，让学生参与学习过程，通过观察来了解学生参与学习活动的情况，通过倾听来了解学生的需要并提供反馈信息，通过提问来吸引学习者的学习参与，并关注学生对学习内容的理解情况。在开展教学活动，尤其是小组活动的时候，教师要引导学生明确学习的方向，保证学生的学习活动朝正确的方向发展，从而保证学生的学习活动顺利进行。而学习活动的顺利完成是与学习目标的有效性紧密相连的，为了使学生能够达成学习目标，教师需要提醒学生，监控和评价学生的整个学习过程，注意学习的时间，记录学生交流讨论的过程。

表 7-33　授课清晰教师的行为特征①

1. 有组织地计划和实施课程。
2. 教师提前告知学生本节课的学习目标。
3. 教师按步骤讲解课程内容。
4. 教师在讲新的或重要的内容时，为了引起学生的注意，会写在黑板上，重复它们，在适当的时候复习它们，故意停顿下来以使学生有时间思考它们。
5. 教师通过举例来解释和支持所教的概念和观点。
6. 教师在使用不同的单词之前会进行解释，指出两个概念之间的相同点和不同点。
7. 教师会问学生很多问题，给出一些练习来检验学生是否理解了所学的内容。
8. 教师在教学过程中会仔细地监控学生的理解程度。
9 教师鼓励并留出一部分时间来让学生提问。
10. 当学生不理解，教师会重复要点，举一些例子来进行解释，直到学生能够完全明白。

表 7-34　优秀的讲述者和好的讲述的特征②

优秀的讲述者特征	好的讲述内容
1. 学科知识渊博 2. 意识到学习者的多样性 3. 友好的 4. 幽默的 5. 热情的	1. 准备时： 选择主题 设置特定的学习目标 收集，回顾学科内容和有用的材料 对如何讲述进行计划 准备讲稿

① Cruickshank D R, Jenkins D B, Metcalf K K. The act of teaching[M](4th ed). New York: McGraw-Hill, 2006:363.

② Cruickshank D R, Jenkins D B, Metcalf K K. The act of teaching[M](4th ed). New York: McGraw-Hill, 2006:190.

续表

优秀的讲述者特征	好的讲述内容
6.口头表达流畅,能被学生清楚地听到	2. 实施时: 引起学生的注意 告诉学生他们将学习的内容和他们必须掌握的内容 将新信息与学生的长时记忆联系起来 一步步陈述信息 从普遍到特殊 不要讲得太多或者讲得太少 使用例子、图标使事物更加清晰 通过提问,发表看法来监控学生的知识掌握情况 避免离题 3.结束时: 回顾和总结要点: 确保学生将新学的知识与以前的知识建立起联系 在一个较高的水平上应用所学的新知识,以此来检验学生的能力

2.提问

高效能的教师更愿意鼓励学生去提问,他们会为学生的思路提供一些新的元素,鼓励学生提问并不是给学生标准的答案,而是肯定学生善于思考,即相信学生有能力去探索新知,那么通过提问环节来使学习者与学习材料、知识、经验之间产生互动,学生之间的知识建构的过程会变得更加容易一些。

学生提出的问题最能反映他们所关注的事物,虽然教师已经根据教学内容形成了教学目标,但高效能的教师会通过尊重学生的兴趣来达成目标。而有研究者也认为激发学生动机最好的方法就是鼓励学生提出自己的问题,学生对所学的内容感兴趣才愿意积极主动地建构知识而不是被动地接受知识。高效能的教师承认学生提问的价值,他们往往重视学生的想法,启发学生思考,支持学生学会学习,而学生也会发现他们自己在控制学习进程,他们也会认真听取其他同学的提问和老师的提问,并通过积极思考问题来获得知识和学习的体验。而在以教师为中心的课堂里,教师并不鼓励学生提问,他们认为自己精心设计的问题才有价值,而学生的提问会偏离教学目标,占用课堂教学的时间。

教师的提问同样也很重要,教师提问的目的在于促进学生达成新的理解和启发新的视野。下列一些问题可以促进学习,如你是如何理解的?你为什么这样理解?你能举个例子吗?你是如何得出这个结论的?总之,提问能促进学生的批判性思考。

有些问题的提出是为了倾听学生对这个问题的看法，即通过这样的问题推动学生主动地思考，用自己所能理解的方式说出自己的思考。总之，高效能的教师通过提问来提高学生建构知识的质量，并且运用提问来协调不同学生之间的知识建构。

课堂“有效教学”包括了教师的课堂提问和组织教学时所使用讨论的技能，高效能的教师有效提问技能表现在能够注重学生认知的较高层面。通过提问来引导学生进行积极思考，教师则通过有步骤地组织，对学生进行学习方法的指导，积极引导学生参与学习过程，从而让他们在知识的产生、构建、转换和在构建时有丰富的机会发展概念和技能。

西格尔(Sigel)认为，有效的教学要求教师提出准确而清楚的问题，避免模棱两可和不清晰的问题。当提出一个问题之后，教师要给学生留出一定时间思考。当学生回答问题后要及时给予反馈，这种反馈不是简单对与错的判断，而是要根据不同学生的回答采用不同的反馈策略。也可以利用学生的回答作为后续问题的基础。

有效的提问应该简短、清晰、具有挑战性并且与教学内容相关，提问的目的是给学生参与教学过程创造机会。根据柏瑞(Beary，1994)的观点，问题的作用包括：作为活动的破冰者、用来评估知识与态度、消除学生学习的抵触情绪、在不同的主题之间进行衔接、促进小组发展。问题也能够帮助参与者阐明观点，更深入地思考；用来激发和引导讨论；用来管理小组活动，纠正一些有问题的行为。

问题包括不同的类型和层次，教师要根据具体的教学内容来设计问题，不同的学者对问题的类型有不同的划分，如有些人认为问题的类型包括开放性的、封闭性的、直接的、间接的、反问的、引导的以及探究的。而问题的层次包括知识层面的、应用层面的、反省层面的、评估层面的、综合层面的。高效能的教师会根据学习者的理解水平来设计问题的难度、数量、复杂程度，这些问题能够引导并提高学生的学习参与度。教师会根据问题的难易程度来留出足够的时间让学生思考并回答问题，如果学生的回答是正确的，教师则重复正确的答案来使学生加深印象，如果学生的回答部分正确或不正确，教师则会重复问题或对问题进行解释，如果学生回答错误，教师则会回应学生的错误回答或对学生的回答给予引导，总之，教师会根据学生不同的回答给予学生积极的回应。

第一，以问题为中心来引导学生探索和发现。

现实世界的活动常常包含认知方面的分析、综合和决策，情感方面的组织和个性化表现，以及心理动因方面的自然化行为表现和口头表达。这些使教学变得复杂起来，因为这些行为不是像较低水平的复杂性行为那样，通过记忆各部分，然后快速自动地把这些部分组合一个整体。①

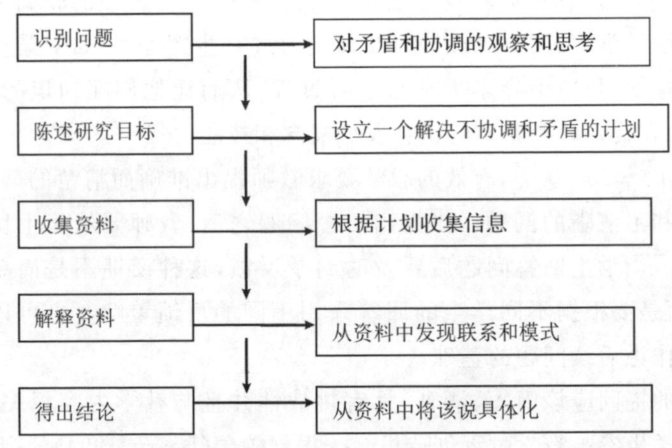

图 7-6　以问题为中心引导学生探寻和发现

第二，符合学生的认知过程。

认知心理学家指出有意义的学习的三个重要条件：接受、有效性和活动。当教师将学生的注意力集中在一个问题上，提供他们所期望的场景和现行组织者时，接受和有效性条件相吻合。通过模型化询问的过程和熟练解决问题的技巧，教师达到了活动的条件。当学生发生了探寻和问题解决这两方面的技能时，教师逐渐减少帮助，让学生自己去承担越来越多的学习责任。②

① 鲍里奇. 有效教学方法[M]. 易东平，译. 南京：江苏教育出版社，2002：180.

② 鲍里奇. 有效教学方法[M]. 易东平，译. 南京：江苏教育出版社，2002：178.

表 7-35　有效提问和无效提问①

有效提问	无效提问
1. 问题的不同水平和类型与教学目标相匹配 2. 在教学过程中有许多问题 3. 问一个问题后停顿，然后叫学生来回答问题 4. 确保所有的学生有同等的机会来回答问题 5. 当学生的回答不精确、不完整的时候，教师继续深入提问 6. 把问题写下来，尤其是把关键性问题写在教案里面 7. 使问题清晰、简洁和切中要害 8. 通过提问来使学生积极参与 9. 以问题的形式书写课程目标和总结 10. 使用非语言行为与你所问的问题相匹配	1. 只使用低层次和聚合性的问题 2. 使用问题主要是在课程结束时回顾课程内容 3. 允许学生不按顺序回答，问完问题后没有停顿 4. 依赖于学生自愿回答 5. 忽视或者不去纠正不正确、不完整的问题 6. 在师生互动中单独依赖于自己的能力产生大量的问题 7. 提的问题很长或者同时提多个问题 8. 将提问为惩罚学生不守纪律的方式 9. 设计问题时只考虑了要点 10. 当问问题或学生回答问题时教师表现得没有多大兴趣

结构主义认为，知识来源于个体从他自己的观察中构建出的事实。当学生创造新规则和假设来解释他们当前所观察的事物时，学习便发生了。那些导致已有的知识和新的观察的不符或不平衡的课堂对话、练习题、个人设计和个人任务，能够激发创造新规矩和明确表达假设的需要。教师用以直接经验、项目为基础的学习、社会互动来重新恢复认知平衡，弱化了教师讲授和直接告诉的角色。结构主义者所设计的课堂鼓励学生运用他们自己的经验，主动建构他们自己的意义，而不是让学生理解经教师组织后的知识。

3. 提供阐释和反馈

清晰的阐释能够减少学生对问题的混淆，从而使他们能够精确地掌握概念、原理、解决问题的步骤，而积极的反馈能为学生指明正确的方向，有利于学生更正错误，强化正确的行为，给学生以鼓励。总之，阐释和反馈都能使学生更加专注于学习活动，能够提高学生的学习兴趣，增强学生自信心。高效能的教师能够敏感地意识到学生注意力不集中，缺乏投入或理解上有困难时需要帮助学生，并给以学生清晰的阐释，阐释策略包括了：解释、类

① Cruickshank D R, Jenkins D B, Metcalf K K. The act of teaching[M](4th ed). New York: McGraw-Hill, 2004:360.

比、用新的例子或拓展性的概念等，教师也可以鼓励学生运用这些策略。

有研究者认为反馈包括确认型反馈和阐释型反馈（Kulhavy & Stock，1989），确认型反馈指的是教师给学生提供正确与否的反馈，当学生处于认知水平的学习过程中，教师需要提供给学生任务完成情况的反馈和完成过程的反馈；而阐释型反馈指的是当学生原有的知识经验不足，或学生需要进行高水平的思维过程的时候，教师需要提供矫正的、包括丰富信息的、反思性的反馈。不管哪种情况，反馈都要及时、清晰、准确和有针对性。

就反馈信息而言，有效教师能够为学生的回答提供更具个体化和指向性的相应反馈。“针对正确的答案，确保全班学生的理解；如果答案只有一部分正确，那么肯定正确的部分，并以更清晰的方式重述问题；在修正学生给出的错误答案时，不会批评回答问题的学生，并重视说明正确答案的正确之处在哪里。”①

4. 促进知识和技能的巩固

高效能的教师会采取有效的策略帮助学生将新学的内容与原有知识相联系，为学生提供机会来实践所学的技能，常用的策略包括鼓励学生提问、归纳概括，用图表等形式总结要点，使概念之间建立联系，提高学生的组织和综合能力。教师也会为学生提供一些活动来促进学生反思，如探究导向的活动、解释导向的活动、反思性学习活动，让学生做出决策，进行探究，开展调查与合作等活动，通过这些活动来引发学生思考：自己学到了哪些知识，这些新知识是如何与旧知识建立起联系的。

高效能的教师要为学生提供自主学习的机会，他们会为学生提供真实的任务或问题，以促进知识的迁移和运用，教师要逐渐减少对学生的提示和反馈，让学生逐渐增强对学习的责任感，而这些责任感也是学生在今后的学习和工作中必不可少的一部分。

5. 使用媒体和技术来加强学习

借助媒体，充分利用多种感官，实现信息传递的多渠化，可以加强学生对知识的感知度，提高学生对知识的吸收率，并有利于对知识的记忆、理解和应用，促进知识向能力的转化。② 高效能的教师善于运用多媒体来作为信息展示的工具，帮助学习者组织、分析和综合信息，阐明概念、原理、例题等。

---

① Rosenshine B V. Teaching functions in instructional programs[J]. Elementary School Journal，1983(83)：335-351 .

② 傅道春. 教学行为的原理与技术[M]. 北京：教育科学出版社，2001：109.

多媒体在教学中的应用已经成为一种普遍的现象。高效能的教师借助多媒体但并不完全依赖于多媒体，他们往往能借助多媒体以多种不同的方式呈现内容、表达观点，激发学生的学习动机，如教学录像可以促进听觉型学生的学习，教学视频能够促进视觉型学生的学习等。高效能的教师善于根据具体的教学内容来使用不同的形式和呈现方式来帮助学生去建构自己的解释和表达，这也是调动学生积极性和吸引学生注意力的一种有效的方式。

三、科学的教学管理

优秀的教师会建立师生互动的基本原则，采取合适的方法来阻止不良的行为，并能够迅速解决矛盾和冲突，而且能够预测教学中可能出现的问题，对教学设计环节和教学过程进行恰当的调整。

一堂课的教学时间是有限的，教师的教学任务是繁重的，教师除了教学准备、设计、教学组织以及教学评价等各个环节，还要考虑学习资源和学习活动的开展，考虑学习过程中的师生互动和学生的进度，以及教学中的一些突发事件，因此课堂教学管理是保证各项活动顺利完成的前提条件。高效能的教师必须采取有效的管理原则和策略，对整个教学过程和可能发生的事情都要进行合理的规划和管理。

新教师除了必备的专业知识外，还必须掌握课堂管理技能，这样才能熟练地开展教学工作，即重视课堂常规，安排好课堂环境的布置，制定出学生行为规范和要求等，这些都是课堂“有效教学”的前提条件。

有研究者的研究证明了课堂教学与课堂管理的关系，研究结果和研究证据支持了课堂管理的必要性。高效能的教师非常重视课堂管理的各个环节和要素，他们很清楚学生学习的积极性与成功的课堂管理密切相关。因此，他们积极创建一种尊重、民主、关怀和对学生认真负责的课堂教学环境。

课堂管理包括许多方面，其中有一方面是课堂环境布置。课堂环境的布置要根据教学内容和教学目标的要求来具体考虑。经过课堂观察我们发现，有些教学内容需要学生参与，小组讨论，有些教学内容是要向学生传授基本知识。需要讨论的教学目标要合理地摆放桌椅，形成课堂讨论的氛围；需要讲解的内容，课堂环境布置要适合学生集中精力注意听讲。合理的课堂环境布置在学生学习和减少学生不良行为上有重要的作用。

有研究表明，课堂环境布置对学生积极参与学习、师生之间有效互动、课堂有效时间的利用等有重要意义。也有研究者研究证明学生积极参与学习的状态与布置良好的学习环境之间成正相关。布置良好的课堂环境能够积极改变学生对待学习任务的态度，明确学生的学习责任。

有研究表明，重视课堂环境布置的教师与不重视课堂环境的教师相比，前者的学生的学业成绩更好。

课堂环境的其他要素还包括课堂的规则和规程。研究表明，在有效能的教师的课堂教学里，教师明确制定出具体的、明确的、有用的课堂规则和规程，这些规则和规程有助于教师维持课堂教学秩序，有效利用课堂教学时间。教师在教学开始的时候明确向学生把课堂应该遵守的规则解释清楚，在教学的过程要让学生熟悉这些规则，并最终自觉遵守课堂教学规则，积极投入学习活动中去。

爱文森和哈里斯(Evertson & Harris)强调了建立日常课堂教学规范的必要性，强调交给学生这些规则，使学生遵守这些规则并期待学生良好表现的必要性。布罗菲(Brophy，1987)经研究也证实了清晰明确的课堂规范与学生学习行为之间的关系。他认为课堂教学管理规范是针对教学情境中如何管理学生的一套方法。许多课堂管理规范是由教师有意识选定的，他们以课堂规则和规程的形式传达给学生，这些规范明确了禁止某些活动，或者明确要求学生在某些时间内以某种形式来完成某种活动任务。这些规范的建立能够保障教师在课堂教学情境中更好完成教学任务。教师在有效的教学时间内完成了教学目标，而学生也获得了最大的学习收获。①

积极的课堂管理和学生的学习时间也存在积极的关系。有研究表明，成功的课堂管理或者是成功的课堂教学的关键是教师有效利用教学时间的能力，即要让学生积极地投入到学习活动中，最大化地利用学习时间。而对于教师而言则是很好地组织教学，使学生等待活动开始的时间、各个学习任务转化的时间、无所事事的时间、不专注于学习的时间最小化。有研究者认为有效课堂的显著特点之一是尊重与和睦的环境，这有利于营造学生学习的文化氛围。积极的课堂氛围也表现出教师对学生赋予积极的期望。研究表明，高效能的教师对学生保持一贯的积极期待。这对于培养学生形成正确的自我认知和自我概念非常重要，这种期望对于学生形成良好的社会品德和社会责任感也有重要的意义。

---

① Brophy J E. Educating Teachers about Managing Classrooms and Students[J]. Teaching Teacher Education. 1987(4): 6-7.

有研究表明，教师的热情、课堂的积极氛围与学生的优秀成绩密切相关。学生积极参与学习的精神状态和对教学内容的兴趣与民主和睦的课堂气氛分不开。有研究认为，在课堂教学中，教师和学生建立了学习共同体的关系，在这个共同体中，知识具有文化性和社会性，教师作为一个拥有丰富知识的引导者，其作用在于使学生获得知识，并使学生拥有的信息量不断扩大。

第八章　提高教师教学效能的策略

何为高效能教师？他们与其他一般教师有何不同之处？当今教育改革和学校中的哪些因素造就了高效能老师？高效能的老师面临着哪些要求和挑战？教育改革实践证明，高效能教师来自于对教学质量的要求，而高效能教师需要承担更多的责任。传统的教师角色是知识的传授者，而现在已经不能满足学生发展的需要了。高效能教师与一般教师的不同之处在于：他们具有独立的自我专业发展意识、教学观、学生观，他们善于运用与学生互动的方式来促进学生的发展。高效能教师具有较强的教学责任感，他们相信每一个学生都能通过自己的理解来建构自己的知识体系，每一个学生都能得到更好的发展，他们会用自己的真挚热情来教导每一个孩子。他们通过扮演更多的角色来应对新的挑战——他们是学生学习的促进者、意义的建构者。

高效能教师赋予教学更丰富的意蕴，他们是知识的建构者，他们秉持教育价值观、扎实的知识基础、娴熟的教学技能和强烈的教学责任感。其价值观的基础是对学生的尊重，其专业知识体系是在教学实践基础上不断学习的结果。教学的有效性要求教师了解学生的年龄阶段和发展的基本规律，其教学技能来自于对教学实践的反思。教学实践反映了教师的教学信念和对教学的责任感，高效能教师在每天的教学实践中反思自己的教学理念，通过自我监控来践行自己的教学价值观。

教师效能通过影响教师的教学行为直接影响着学生的学业成绩和教师的教学效果，甚至是教师的专业发展，因此，培养教师效能是非常重要的，由于教师的外部和内部因素是影响教师教学效能感形成的关键，本书将从外部因素和内部因素两个方面来谈谈提高教师教学效能的策略。

第一节　提高教师教学效能的外部因素

一、创设积极的学校组织文化

良好的学校组织文化有利于教师通过运用教育与实践理论，针对自己在教育教学实践中存在的具体问题开展研究，并提出改进教学相对应的对策或建议，有利于改变教师集体合作不畅，经验推广不利的局面。学校要重视建设学习型教师组织，引领教师立足课堂教学实践和本校课改的实际，关注课程建设和实施，注重解决教师面临的实际的课堂教学问题，并在尊重教师个人的兴趣基础上，使教师在浓郁的研究氛围中进行交流与探讨。防止出现以往教研活动中流于形式、不切实际、教师之间无实质合作的局面，使每位教师愿意参加教研和基于自己的教学问题进行研究。

教师的集体效能也会影响到教师的个人效能。有研究证明，教师之间的合作与学生成绩之间的关系如下：当教师之间彼此分享教学理念、在教学活动中互相合作，发挥他们各自的教育智慧的时候，教师个体相信教育对学生的积极影响，学生也会从中受益。格里芬(Griffin)认为，有效能的教师会自觉与同事、家长、学生进行交流，在他们看来，教学对学生的影响不仅仅在于课堂教学的时间内，教师需要与同事一起合作，共同解决课堂教学内和校内外存在的问题。

二、提倡科学化的学校管理

学校管理的科学化和规范化包括制度、组织、管理等方面的保障措施，这也是保障教师顺利进行教学的重要条件。学校应建立相应的激励制度，对工作突出的教师给予奖励和肯定。学校要制定相关政策和行动指南来引导教师进行教学设计和组织教学活动，使教师在实践中探索教学的方式。学校应关怀教师的成长，并及时进行督导和评价，确保教师的可持续发展。

三、提倡多维教师培训目标

(一)倡导培训方式的多样化——提升培训效果

首先，学校要根据教师专业发展阶段性成长的需要和课程实施的需要，帮助教师不断更新教育教学理念、拓展教学实践的思路，对教师进行相关层面的培训，引导教师突破专业发展的“瓶颈”，增强教师教学组织和实施能力。其次，学校应该组织优秀教师参观其他学校，观摩名师的教学现场，与专家学者近距离地交流与互动，从而促进自我反思和实践探索。最后，教师也可以根据自己的需要，选定相关专家进行专项指导，这样才能增强培训的时效性和针对性。

（二）注重引领方式的有效性——提高教师实践能力

虽然广大教师通过自身的教学实践已经积累了很有价值的教学经验，但是由于缺乏专业训练和必备的理论素养，教师无法将这些教学经验上升到理论层面，进而指导教学实践。理论工作者须深入教学实际，与广大教师共同探索，寻求新的研究方法，教学的复杂性和多变性要求我们从多角度、多层面、多学科的角度来研究教学，这要求指导者要有丰富的知识储备和较高的理论思维水平，掌握科学的研究方法，坚持科学探索精神，与一线教师就教学实践问题进行探讨。

四、创建良好的教师专业发展平台

（一）加强教研组织建设，营造群体研修氛围

为了增强学校的竞争力和发展力，提高教师的专业化水平和科研水平，现在学校除了抓教师教学质量外，还很重视教师的教学科研。学校要建立教师教学科研制度，营造良好的群体研修氛围，使教师增强科研的意识。学校要建立教研小组，利用研究骨干带动政策，通过教育叙事、教学案例分析、行动研究等方法，帮助研究能力差的教师将自己的研究转化为课堂教学实践行动，在相互合作的过程中增强自己的科研能力，提高研究水平。学校要采取“规范与引导”的策略，提高教师参与研究的兴趣，加大政策扶持力度，以课题带动教师的参与，使教师尽快认识到教学研究的价值与意义。在这样的研究氛围中，一定会涌现出乐于研究和善于学习的科研骨干教师。

（二）采取多种研究方法，注重校本教研行动研究

我国关于课堂教学的研究主要有两种方式：“文本式”研究和“田野式”研究。“文本式”研究更多的是对文献和资料的再研究，是研究者不亲临教学现场的研究，研究者远离研究对象。这种研究是基于一定的文献资料的主观判断，缺乏对实际教学现象的观察与描述，在一定程度上脱离了教学实

践。由于"文本式"研究范式过分追求对国外教学理论的借鉴和移植以及对传统教学理论的批判和反思，而对现实的教学世界中存在大量的有待研究的现象与问题视而不见，教学论研究脱离了教学世界，教学论的研究越来越不能满足现代社会的需要并陷入困境。① "田野式"研究是研究者亲临教学现场，进行教学现场观察与描述，通过判断、体验获取第一手真实资料进行的研究。"田野式"研究范式使实践教学论具有极强的生命力。因为"田野式"研究范式是研究者在理论教学论的基础上进行研究，但没有停留在它的科学性上，而是追求教学论的目的——实践，即在科学理论的形成和发展上，强调来源于实践并指导实践。② 对于一线教师而言，教师要立足课堂教学的实践，基于课堂教学的问题和困惑，深入课堂，通过对教学现象的分析、问题的把握，探索教学规律，把握课堂教学的动态性、发展性和情境性的特点，在此基础上提高教师的教学科研的效能。

以前校本研修、校本培训强调的是对学校范围内面临的较突出的难题的探讨，以教师专业学习共同体为依托，以解决教师专业发展为契机，这种方式有利于实现同事之间及时交流和共享教育经验和教育智慧，从长远来看有利于学校的快速发展。但是这种校本研修和校本培训的立足点是学校的发展，而不是教师的发展。教师个体专业发展真正要解决的是教师课堂教学实践面临的问题，课堂教学是教师个体的展示舞台与生存环境，是教师知与行的交融与互动。只有面对课堂教学实践中的真实问题，教师的困惑才能够真正解决。因此，校本研修和校本培训要真正走向"以课为本的研修"，即教师以课堂教学为本的自我教育、自我发展和自我反思。在课堂教学中，教师通过教学实践来积累教学经验和智慧，增强对教学的认识和体验，形成教学信念和塑造专业精神。每一次的课堂教学实践都会使教师检查自己的教育哲学，过滤掉陈旧的教育观念，优化教师的教学策略，提高教师对自己能力的感知和判断，久而久之，教师的教学效能会发生合情合理的转变。课堂教学既是教师专业发展的助推器，也是教师专业水准的试金石。因此，课本研修是教师教学效能提高的途径之一。

首先，充分挖掘课程资源，提升开发课程的能力。教师作为课程改革的实践者，在课改中发挥着重要作用，课改也从课程走向课堂，课堂教学是课

①② 李定仁，纪德奎.生活世界视野下的教学论研究范式的变革[J].高等教育研究，2006(4)：62-67.

改的核心部分，教师在关注学生差异和激发学生潜能外，还应该充分挖掘课程资源，注重多元课程的开发与建设。提升教师开发课程的能力。

教师在课程开发的过程中也要了解国内外课程改革的新动向，不断吸收新的教育教学思想，在开发课程资源时要结合本学科的知识体系和学生已有的经验、认知和学习风格。教师要掌握课程开发的技能技巧，遵循课程开发的一般原则来确立主题。教师在进行课程开发，挖掘课程资源时遵循的原则应包括以下几个方面：学生的需要、兴趣、学习水平、经验；社会和科学技术发展的要求；学科教学的需要；教师的专业特长；等等。教师在探索中也在不断地成长，这也是教师专业发展持续的动力。

其次，立足课堂实践，探索增加教学实践智慧的路径。信息技术在不断发展，教师要注重信息技术与教学资源的整合。当代社会发展的重要特征之一是信息技术的兴起及其影响。信息技术对教学的影响不仅表现在教学手段、教学方式和教学内容方面，也表现在教学环境、学习资源、学习方式、学习效果、师生互动等方面。特别是，随着信息技术的进一步发展，远程学习、自由安排学习时间、自我考试评价等都成为可能，这些对传统的教与学都产生了重要影响，是推动教学改革的有效手段。①现代信息技术在教学中的应用主要表现在以下几个方面：首先，师生关系发生了改变，对话与交流成为课堂教学的基本方式，改变了传统的以教师、课本、课堂三中心的学习状况，学生有了更加丰富的学习资源，改变了教师垄断知识的中心地位，学生可以进行自主、合作、探究的学习；其次，体现了以学生的发展为本的理念。教师重视学生的主体性和自主性，使教学更加民主与开放，并且为学生的个别化学习和个性发展提供了可能；最后，信息技术与教学资源的整合对教学的方式、教学的组织和实施方式都产生了重要影响，教师的教学观念也发生了重要的转变，随着信息技术的发展，我们要重新认识教学过程、教学内容、教学方法、教学组织形式等教学活动的本质和特质。

五、完善教师评价机制

（一）建立发展性评价机制，激励师生共同成长

教学评价应从更新教学观念，着眼学生发展入手；创建教学模式，致力于有效课堂；优化教学过程，提高教学效益三方面入手，着力促进每个学生

① 南国农.让信息技术有效地推进教学改革[J].中国电话教育，2007(1)：5-8.

全面发展。从提高学习效度，释放学生潜能，促进主体发展三方面进行改革。改革的进程要努力抛开表示最终的分数和平均成绩，转向强调学生终身受益的生活技能——批判性地思考，掌握分析解决问题的方法，有效地合作，监督自己的学习以及评价自己的努力情况。①

评价从根本上说是对某种实体的价值判断。评价是教学最重要的组成部分。在课前我们首先确定了教学目标，对所选择的内容和教学策略进行了评价，这也构成了评价的基础，教师在教学前计划教学活动的组织与开展，了解学生的需要和与教学内容有关的各种信息。在教学中，评价出现在教师在监控自我教学行为，观察学生的学习行为中，以及考虑如何与学生互动和对话，对学生的表现做出及时的反馈和对教学做出是否有效性的判断的过程中。在课后，学生学完一个单元或一段学习之后，对学生的作业评阅、笔试以及作品展示、课堂表现就会成为评价教学效能的最重要的组成部分。

教学效能评价是教学最重要的组成部分，效能评价包括对制定教学目标、选择教学内容、给学生提供反馈、强化或纠错等方面的评价，在一个单元学习之后或学期之后评定学生所达到的水平是获得教学是否有效的一个重要依据。效能评价给教师和学生提供的不仅仅是对教学结果的反映，更是教师及时调节教学、提高课堂教学效果的一个重要方面。

布洛菲(Brophy)的研究结果表明，教学受到较高评价的教师综合运用了支持、鼓励来不停激励学生逐渐进步。教师让学生相信会给他们能做的工作，观察他们的进步，提供必要的帮助，给予大量的反馈，给他们提供与他人分享的机会。

教师的效能评价包括了对学生学习和教师教学的评价。教学效能评价总是与学生的学习紧密联系，首先我们应该正确理解课堂教学评价与学生学习行为表现之间的关系，评价的目的在于为学生提供有用而适当的反馈信息，了解学生的学习情况，帮助学生获得成功，对学生的评价应该贯穿整个教学过程。教师应该采用各种评价方法来评价学生的学习，常见的评价方法有真实性评价、表现性评价、形成性评价、终结性评价。无论是哪种评价，都是衡量教学效果的依据，也是检验教师教学效能的最重要的方面。在教学中教师首先要用简单、明了的语言向学生阐述本节课的教学目标，然后

---

① 荷烈治.教学策略——有效教学指南[M].第8版.北京:中国人民大学出版社,2010:263.

向学生明确提出学生经过怎样的学习过程才能到达学习目标，教师要用前面所说的各种评价方式来反映学生的学习过程，为学生提供及时的学习反馈，并根据学生的学习结果来调整自己的教学，与此同时教师还要让学生对自己的学习情况进行定期的监控和自我评价。教师要通过评价来帮助学生掌握学习方法，形成自己的学习风格，了解学生的进步与决定对学生的辅导以及对教学效果和自己的教学能力进行评估。优秀的教师对学生的评价并不是让学生丧失信心，而是给学生以不同的期望，激励学生学习，引导学生的学习过程。

对教学的评价可以帮助教师了解教学情况和学生的学习情况，评价具体表现在评价教学方法、教学材料的使用情况，评价要先收集信息，以便获得教学的相关信息，如在某一具体的学习任务中，哪些学生需要指导，才能继续下一步的学习活动。高效能的教师要依据学习目标用相应的评价方法去评估学习效果。如对小组活动中，小组成员都要承担起学习的责任，这意味着，小组成员之间要彼此合作，为完成一个共同的目标而贡献自己的智慧，教师则监控每个小组及小组内成员的表现，在必要时提供帮助和指导，并为学生提供机会让学生对自己的学习情况进行评估。教学效果一般受以下几个关键因素的影响：教学方法、教学组织、教学资源的开发、学习反馈等。这几个方面形成一个系统，彼此之间相互联系和影响，其中任何一种因素都影响整体的教学效果。因此，高效能的教师会在每次教学活动结束后对影响教学效果的这几个因素进行评价，评价能够帮助教师对教学进行调整并反思改进的措施。

（二）采取多种评价方式，促进教师专业自主发展

科学、有效的评价方式是检验教学实施效果的重要依据，学校要不断优化教学评价的标准、内容、方式等，在探索中构建多元的课程评价体系。教学评价包括教师的“教”和学生的“学”两方面，在对教师“教”的评价中，主要包括对教师的自主意识、教学设计和实施能力等方面进行全面的评价，评价方法采取他评和自评相结合的方法，他评包括课程专家、校领导、同事、学生的评价，自评主要指教师自我反思的评价，通过评价来提高教师课程意识、开发、设计、实施能力，使教师不断反思教学。同时，这也为教师的专业特长提供了平台。对学生的评价要着眼于两个方面：一是学生分析问题、解决问题的能力；二是教学内容要与社会、科技的发展相联系，通过教学逐渐培养学生的科学素养和人文素养、探究意识和实践能力，在此基础上改变学生的

学习方式与教师的教学方式。教学内容的丰富多样，形式的灵活多变，成果展示的多样化（文字、图片、交流、制作）决定了评价方式、手段、标准的多元化，从而真正发挥评价的激励与导向的作用。

第二节　提高教师教学效能的内部因素

一、发展教师的专业自主权

教师的自主权指的是教师根据自身的教学特点和教学风格，按照学生的实际水平进行施教，这也是教师自主安排教学进度，开展教学方式和进行教学策略的改革，自主地评价学生在课堂学习的表现。教师的专业自主是教师或教师团体，在其专业规范下，依其专业知识，对其专业任务或工作，可享有专业判断，即自由执行不受非专业成员的干预。① 教师专业自主意识是教师专业成长的内在动力，是教师自我发展的需要，是推动教师专业成长的直接力量，因此，提高教师的自主意识，对改进教师的教学工作，提高教师的专业能力具有重要的现实意义。

在教师专业发展中要强调教师的专业自主意识，强调教师的主动性和能动性，使教师在教学实践中不断创新，不断超越自我，使专业发展成为实现自身价值的内在需要。教师应不断根据时代的要求调整自身的专业结构和专业知识，在教学实践中成长为自主发展的教师。虽然教师在专业发展的过程中会受到外在因素的影响和制约，但教师不能被动地适应外在的要求，教师要有自己的职业理想和成就抱负，即实现教师的专业自主发展。

教师要不断反思自己的教学实践，研究教学实践中存在的问题，并在反思和研究中获得实践智慧。善于反思的教师将专业发展的中心放在课程内，在价值的实现和学生实际发展水平上，将教学实践的形成作为提升自己专业水平的重要方向。教师只有不断地反思实践，不断地检验自己的教学效能，质疑自己的教学行为的合理性，才能提高自己的专业素养和技能。

二、进行教学归因训练

教学归因是教师对自己教学成败结果的一种分析，为自己的教学行为

---

① 姚静．论教师专业自主权的缺失与回归[J]．课程・教材・教法，2005(5)：70-74.

的原因解释和推测。教师的教学效能与教师的归因模式有密切的关系。如果教师对自己的教学充满自信，教师的教学归因就比较积极，就能增强自身的教学效能感，如果教师对自己的教学不自信，当教学失败时就容易把原因归于自己的能力，就会产生无助感，形成自责、消极的情绪，影响效能感的形成。要形成教师的教学效能，除了进行积极的教学实践，积累成功的教学经验外，还必须引导教师进行积极的教学归因训练，使教师全面客观地看待自己的教学成败，必要时进行适当的归因训练，使教师消除对教学失败的恐惧和心理障碍，使教师认识到只要自己掌握正确的教学策略和通过自己的教学努力，就能够成功地完成教学任务。长期的不正确归因会使教师的情绪受到影响，从而不能正确地看待自己的教学失败，久而久之就会形成自责、消极的情绪，产生无能感。

三、增强教师的成就动机

班杜拉的自我效能理论认为，多次成功的教学经验会增强教师教学效能，而多次的失败经历会使教师对自己的能力产生怀疑，从而降低教师的教学效能。因此，教学实践和教学经验是提高教师教学效能最基本的条件。教师在具备了一定的专业知识和技能后，教学效能便成为决定其教学效果的最重要因素，教学效果的好坏在很大程度上取决于教师对自己教学能力的主观判断和对教学任务的分析。

成就动机理论认为，成就动机可以激发教师的奋斗精神，使人们愿意从事挑战性的工作，对教师的教学行为有重要的影响，教师在教学上的成功很大程度上取决于教师追求成功的动机，教师教学效能决定了教师的工作动机，教师会更愿意投入到教学工作中，设定合理的教学目标和采取适当的教学策略，即便遇到困难也会以积极的心态去克服。

（一）进行专门的训练

教师的教学经验是教师在课堂教学实践中形成的，这种经验是教师专业知识和技能在教学实践中的应用。教育教学经验会对教师的教学决策产生影响，影响教师对教学情境的认知、判断和选择，教师要经常探究他们在教学中遇到的问题，分析这些问题是如何影响教师做出科学决策和判断的，从而不断改进教学实践，提高教师教学效能。教师要学会分析影响自己专业成长的因素，学会质疑教学信念、态度、价值观，总结哪些成功的教学经验能帮助自己成长，哪些失败的经历不利于教师的专业发展。

教学思想反映出来的结果更多地表现为教师主体的“知”，教学教学能力则体现在教师主体的“行”。“知”“行”能力是互相紧密联系的，“知”是“行”的理念前提，“行”是“知”的实践转变。只有教师较全面、深入、科学地理解教学内容，明晰教学目标取向，熟知教学策略，才能使教学目标内化为教师的内在行为。教师只有充分发挥“行”的能力，并付诸实施，在教学目标的指引下，能动灵活、机智地实践执教行为，才能更好更快地促进学生的学习与发展。

（二）设立适合的教学目标

教学致力于促成和引领实现学习者从现有的状态向预期状态的转化，以达到预期的结果状态或目标状态。教学目标是“教学中师生预期达到的学习结果和标准”①教学目标需要通过教学过程来实现，教学过程要围绕教学目标来进行。新课程与教学改革立足于学生适应现代生活和未来发展的需要，着眼于提高21世纪公民的科学素养，将课程标准中的教学目标表述为“知识与技能”“过程与方法”“情感态度与价值观”三个等同维度相融合的教学目标体系。② 课堂“有效教学”就是要实现学生“知识与技能”“过程与方法”“情感态度与价值观”的协调发展。学生是受教育的主体，教学必须是围绕学生的学习效率和效果展开，基础教育课程改革一直强调以学生为本，尊重学生的主体地位。先天因素和后天因素造成了学生在素质结构上的不同，因此，教师要了解学生的需要，关注学生的个体差异，调动学生的积极性，正视学生在发展程度上的差异和素质结构的不同，为学生的自主发展创造空间，确保每个学生得到公平的待遇和个性方面的发展。

四、提供良好的榜样示范

个体通过观察他人的行为，会对自我效能感的形成产生替代性的强化作用。当教师看到能力等人格特征与自己相似的他人的成功，能增强教学效能。反之，当看到其失败，尤其是付出较大努力后的失败，不仅不利于教学效能的提高，而且会减弱教师进一步努力的程度。所以，在教学实践中，要经常在教师中间树立榜样，使教师能从同等条件其他教师身上看到自己成功的希望，以此来增强教学效能感。其次，有计划地组织教师观摩教学，

① 顾明远. 教育大辞典（增订合编本）（上）[Z]. 上海：上海教育出版社，1998：717.

② 钟启泉，崔允漷，张华. 基础教育课程改革纲要（试行）解读[M]. 上海：华东师范大学出版社，2001：222-234.

通过观摩分析优秀教师在营造课堂气氛，调动学生学习积极性以及课堂教学管理中的有效行为和策略，给观察者提供大量的间接经验，也能提高其教学效能感。定期组织教师参观学习、理论研讨等活动，也能起到类似的作用。教师之间的友好交往，不仅有助于教师间的相互学习和经验交流，而且还可以使他们在同行那里得到支持、鼓励、帮助，这就增强了教师的安全感、自信心和幸福感，也会有助于其教学效能感的提高。

五、提高教师的元认知能力和自我监控能力

（一）改变教师不正确的认知

高效能的教师教学认知的形成是一个不断建构和不断反思的过程。没有反思的经验是狭隘的经验，至多只能形成肤浅的认识，如果教师仅满足于获得经验而不对经验进行深入的思考，其发展将大受限制。教师通过对日常教学进行批判性反思，提出问题，不断改进和创新，教学效能也就随之提高。年轻教师尤其要培养自我反思的意识，形成对教学的敏感性，在反思中逐步走向成熟，提高教学效能感。实践证明，行动研究是促进教师专业成长的有效途径，也是提高教师教学效能感的有效途径。所谓行动研究是一种融理论与实践研究和行动为一体，通过实践者的实践进行的一种研究形式，一般是从实际工作需要中寻找课题，在实际工作过程中进行研究，由实际工作者和研究者共同参与，使研究成果为实际工作者理解、掌握和实施，从而达到解决实际问题、改善社会行为目的的一种研究方法。教师通过记录对自己发生重大影响的关键事件，观察教学中存在的问题和不足，总结和积累教学经验，保证反思经常化，不断改造和更新。当教师每天都看到自己的进步时，教学效能也就随之提高了。

（二）提高教师的教学监控能力

教师的自我监控过程可以分为三个有机的组成部分：自我检查、自我矫正、自我强化。其中，自我检查是教师对自己教育活动进行有意识、自觉的检查、审视、反思和评价的过程。这是教师对自己的教育活动进行有意识监控和矫正的开始。心理学的研究还开发出一整套培养教师教学监控能力的内容、阶段、方法。开展了教师教学监控能力的系列研究。这种能力主要可分为三大方面：一是教师对自己教学活动的事先计划和安排；二是对自己实际教学活动进行有意识的监察、评价和反馈；三是对自己的教学活动进行调节、校正和有意识的自我控制。

结 语

研究教师效能就是为了提高教师课堂教学效果，而课堂“有效教学”是教育的一种理想追求，是教师对规律的合理把握和对教学策略的灵活应用，也是教师对课程、情境、学生之间关系的全面衡量以及对教学各个因素全面协调的过程。教师在引导学生建构知识体系的过程中要着眼于学生的终身发展，激发学生潜力。

首先，课堂教学是一个诸因素互相制约的复杂系统。

课堂教学实践是复杂多变、生成的，这就决定了单依靠教育理论知识不可能解决教学实践中的所有问题，教师效能是非常重要的，其具有个体性、情境性、多变性和整体性。个体性指的是教师负责自己的课堂教学领域，创造着属于自己的教育世界，他对课堂实践的所有决策、教学行动都是自己专业个性的外显和反应。而情境性指的是教师要根据具体的情境的需要做出判断和决策。多变性指的是课堂教学并不完全是按预想的设计方案来进行的，教学实践充满了变动，教师只有机智应对才能驾驭课堂教学。所谓整体性指的是课堂教学实践是有机联系的整体，教师时刻要用多方面的认识和策略来应对。

对教师而言，每一点教育实践智慧的形成都没有现成范例可借鉴，它需要教师在特定教育情境中做出“即兴创作”和机敏应对。实践智慧是教师的一种身体化语言，是教师动用全部有效教育经验来解决当下教育问题的一种似本能性反应，是我们“在情境中保持着的瞬间的、积极的行动，从情感上、从反应上，由衷地行动”。① 即便是面对相同的教育问题和教育情境，不同的教师依据的教育理论和实践智慧的方式也不同，因而他们会做出不同的策略性应对，进而形成不同的实践模式。

教学活动具有复杂性、多变性和不确定性的特点，教学涉及教师的专业

① 范梅南.教学机智——教育智慧的意蕴[M].李树英，译.北京：教育科学出版社，2001：162.

知识、教学态度、教学风格、人格特征，学生的兴趣、需要、动机、认知方式、心理发展水平，以及教学内容的难易，教学环境等多个方面，所以，进行教学研究时必须考虑各种变量和它们之间的关系。在研究过程中，根据问题的特点，研究的目的、对象、任务以及情境的变化等适时控制各种变量，改变研究策略，以实现研究目的。在进行教学研究的过程中不能仅通过客观的观察和描述了解教学现象，还要通过诠释和解释，定量研究与定性研究相结合的方法来理解教学现象背后的意义，这样，才能透过教学现象更好地把握教学活动的本质与规律。因此，我们在进行教师效能研究时要重视师生的主体性地位和价值，反对把复杂的教学过程分别进行分析，强调教学活动是代表师生两类价值系统与整个社会价值体系的复杂关系，强调教学研究的整体性，揭示教学行为背后的意义，形成共识性的理解。

其次，教师效能对课堂"有效教学"的重要性。

我国当前的教学改革，主张课堂教学不再仅仅是一个传授知识、学习知识的过程，而是教师和学生共同建构知识和创造人生的过程；教学不再是教师主导的独角戏，而是师生之间以交流、对话、合作为基础，进行文化传承和创新的特殊交往活动。课堂上，教师和学生围绕课程在教与学的过程中，其教学方式、思想感情、思维方式和学习方式都在不断的变化之中。这是一个真实的情境，教师和学生在互动的过程中，通过言语、动作和情感的交流，相互理解、信任，营造出适宜开展教学活动的课堂氛围。教学应该在学生的生活世界中关注教育意义的建构，在现实生活中关注教师和学生之间的真诚对话与理解，追寻富有意义的、充满人性的教育。

1. 教师效能研究关注学生

早在 1976 年，Armor 的研究就证明教师教学效能是学生学习成绩好坏的重要预测变量。1977 年，伯曼和麦克劳林（Berman&Mclenghlin）研究发现教师的自我效能是决定教学效果好坏原因的最重要的一个变量，教师效能与学生的学习成绩之间存在显著的正相关。此后一些学者也证明了教师效能对学生学习成绩的影响。教师要着眼于学生的终身发展和可持续发展，不能仅仅关注学生的学习成绩。

科技的发展和时代的进步要求教学要以人为本，教师效能研究更加关注学生的发展和生命价值的实现，对以人为本的教学理念进行了更加深入的研究。对人本性的探究有助于加深对教学的本质、宗旨和使命的认识，而且有助于使教学真正融入学生的生活中。教学首先面对的是不同个性的学生，要对学生进行人性化教育，这并不是要否认知识和技能教学，而是为了学生更好的发展，为了使教学达到更好效果，更加注重人的主体性。在教学过程中给学生更多的人文关怀，使学生在掌握知识的同时，更加注重自己的经验与体验，关注教学过程中自己的主体性。如何发挥学生的主体性，调动学生的主观能动性，成为现代教学论研究的重要课题。现代教学研究将更加关注学生的智力因素与非智力因素，更加关注人的主体性，现代教学的民主与开放为调动学生的主体性创造了条件，许多学校都在尝试着进行教学改革试验，并且探索出适合素质教育的一些教学模式，交流与对话的教学模式和民主、平等的师生关系也在逐步建立。

2. 教师效能研究关注课堂价值观的转变

课堂教学既要传授知识，又要丰富学生的精神世界。有学者提出，教学应由知识课堂走向生命课堂，教学的最终目标是为学生的全面发展服务，知识和技能只是教学的手段而已。生命课堂追求的是以人为本的教学理念，是人文哲学观的体现，生命课堂的教学观体现的是以人为本的价值理念，更加关注学生的情感、意志和心理健康，关注学生生命价值的实现，在教学实施中更加重视引导学生的学，使学生在合作、交流的课堂教学情境中学会学习。对生命课堂的研究也是教育哲学观的变迁，即从主知教育哲学观向人文哲学观的转变，课堂教学也从重知识向重视实现学生生命价值转化，课堂价值观的改变也是课堂教学改革的必然趋势。

课堂教学是教师与学生共同经历的一段生命历程，教师既要让学生探究知识，获得能力的发展，又要实现学生的生命价值，从而实现知识与技能、过程与方法、情感态度与价值观等多维目标的达成，激发学生的主体意识和创新意识。关注学生的发展，以学生为本，对学生的终极关怀，体现了对学生的关爱和重视，引导学生的发展是当代教学论的价值取向。

3. 教师效能研究关注教师专业素质的提高

教师的专业素质是教师效能追求的首要条件，教师需要不断通过教学实践来获得对教学的认识，通过观察优秀教师的课例来反思自己教学的不足，通过理论学习和培训来提升自己的理论素养，通过自我评价和外界对自己评价的反馈信息来对自己的教学进行正确归因，激发教师的工作动机。

最后，研究的未来展望。

本研究深入课堂教学实践，通过观察量表、自编教师效能量表、教师反思能力量表、一般自我效能感量表和弗兰德斯互动分析系统的研究工具对教师效能进行了全面的剖析，而且通过对语文、数学、英语三门学科6位熟手型教师的课堂记录，我们了解到了真实课堂教学情境中教师效能的现状。通过访谈问卷我们了解了教师的教学信念、教学反思、对教学的看法。在今后的研究中我们会增加研究样本，从不同地域、不同学校、教师专业发展的不同阶段来全面研究教师效能，并不断完善研究工具，尽可能全面真实地反应课堂教学实践中教师效能的真实状态。尽管本研究还存在一些有待解决的问题，但这也将成为我们后续研究的动力。

参考文献

一、中文文献

学术专著：

[1] 巴班斯基.教学教育过程最优化[M].吴文侃，译.北京：教育科学出版社，1986.

[2] 班杜拉.思想和行动的社会基础——社会认知论[M].林颖，等，译.上海：华东师范大学出版社，2001.

[3] 保罗・弗莱雷.被压迫者教育学[M].顾建新.赵友华，何曙荣，译.上海：华东师范大学出版社，2001.

[4] 鲍里奇.有效教学方法[M].易东平，译.南京：江苏教育出版社，2002.

[5] 蔡宝来.现代教学论的发展与构建[M].兰州：甘肃教育出版社，2001.

[6] 陈琦，刘儒德.当代教育心理学[M].北京：北京师范大学出版社，2002.

[7] 陈向明.教师如何作质的研究[M].北京：教育科学出版社，2001.

[8] 陈向明.质的研究方法与社会科学研究[M].北京：教育科学出版社，2000.

[9] 陈永明.钟启泉.现代教师论[M].上海：上海教育出版社，2003.

[10] 冯建军.生命与教育[M].北京：教育科学出版社，2004.

[11] 郭本禹，姜飞月.自我效能理论及其应用[M].上海：上海教育出版社，2008.

[12] 郭思乐.教育走向生活[M].北京：人民教育出版社，2001.

[13] 夸美纽斯.大教学论[M].傅任敢，译.北京：人民教育出版社，1984.

[14] 联合国教科文组织.教育——财富蕴藏其中，国际21世纪教育委员会报告[M].北京：教育科学出版社，1996.

[15] 联合国教科文组织国际教育发展委员会.学会生存——教育世界的今天和明天[M].北京：教育科学出版社，2003.

[16] 裴娣娜.教学论[M].北京:教育科学出版社,2007.
[17] 裴娣娜.现代教学论[M].北京:人民教育出版社,2005.
[18] 邵瑞珍.教与学的心理学[M].上海:华东师范大学出版社,1995.
[19] 叶澜.教师角色与教师发展新探[M].北京:教育科学出版社,2001.
[20] 泽波利.学生行为管理——教师应用指南[M].关丹丹译.北京:中国轻工业出版社,2004.
[21] 张大均.教育心理学[M].北京:人民教育出版社,2003.
[22] 张声雄.第五项修炼导读[M].上海:三联出版社, 2002.
[23] 郑燕祥.教育的功能与效能[M].香港:广角镜出版社有限公司,1986.
[24] 朱永新.新教育之梦[M].北京:人民教育出版社,2002.

学位论文:

[1] 官火良.河南省高中教师工作满意度现状的研究[D].郑州:河南大学硕士学位论文,2002.
[2] 贺菲.教学效能及其相关因素研究[D].兰州:西北师范大学博士学位论文,2008.
[3] 姜月飞.学校变革中的教师效能——基于小学的研究[D].南京:南京师范大学博士学位论文,2005.
[4] 刘光余.教师教学效能的生成机制研究——县中的另一种模式引发的思考[D].重庆:西南大学博士学位论文,2009.
[5] 刘茂艳.中小学教学效能感及其影响因素的调查研究[D].贵阳:贵州师范大学硕士学位论文,2001.
[6] 罗晓路.专家——新手型教师:教学效能感及其相关因素的研究[D].北京:北京师范大学硕士学位论文,1998.
[7] 马建华.新课程理念下的有效教学行为研究[D]. 西安:陕西师范大学硕士学位论文,2004.
[8] 倪海.中小学教师应激及其与工作满意感的关系研究[D].武汉:华中师范大学硕士学位论文,2003.
[9] 汤林春.学校效能评价研究[D].上海:华东师范大学博士学位论文,2005.
[10] 王芳.中学教师教学效能感与成就目标的研究[D]. 南京:南京师范大学硕士学位论文,2001.
[11] 王梅.新课程改革对教师教学效能感、教学动机和职业紧张应对的影响

研究[D]. 重庆:西南师范大学硕士学位论文,2004.

[12] 吴国来.中学教师教学效能感影响因素的研究[D].石家庄:河北大学硕士学位论文,2000.

[13] 徐芝兰.数学教学行为和教学策略的有效性研究[D].南昌:江西师范大学硕士学位论文,2004.

[14] 姚利民.有效教学研究[D].上海:华东师范大学博士学位论文,2004.

[15] 赵福菓.中学教师教学效能感与若干因素的相关研究[D].重庆:西南师范大学硕士学位论文,2000.

论文:

[1] 蔡宝来,车伟艳.国外教师课堂教学行为研究:热点问题及未来趋向[J].课程·教材·教法,2008(12).

[2] 崔允漷,王少非.有效教学的理念与框架[J].中小学教材教学,2005(2).

[3] 窦桂梅.激情与思想:我永远的追求——特级教师专业成长研究[J].课程·教材·教法,2004(5).

[4] 杜秀芳,刘吉林.教师效能感的研究述评[J].北京师范大学学报(人文社会科学版),2001(1).

[5] 杜秀芳.教师工作满意度及其提高对策[J].当代教育科学,2003(19).

[6] 傅道春.新课程与教师行为变化[J].人民教育,2001(12).

[7] 郭成等.新课程改革中教学观念向教学行为转化的条件与策略[J].中国教育学刊,2004(2).

[8] 郭振有.落实学生的主体地位[J]. 中国教育学刊,2010(9).

[9] 郭忠银.高丹丹.教师的教育效能感及其培养[J].现代中小学教育,1996(4).

[10] 黄巍.教师的教育有效感述论[J].西南师范大学学报(哲社版),1992(4).

[11] 姜飞月,郭本禹.从个体效能到集体效能——班杜拉自我效能理论的新发展[J].心理科学,2002 (25).

[12] 姜飞月.自我效能理论及其在学校教育中的应用[J].宁波大学学报(教育科学版),2001(5).

[13] 金玉梅,靳玉乐.论教学观的后现代转换[J].课程·教材·教法,2006(3).

[14] 康建琴.对话教学:内涵、特征与原则[J].山西财经大学学报(高等教育

版),2004(9).

[15] 黎加厚.新教育目标分类学概论[M].上海:上海教育出版社,2010(32).

[16] 李德显.师生权力与角色分析[J].教育理论与实践,2000(2).

[17] 李红,郝春东,张旭.教师教学效能感与学生自我效能感研究[J].高等师范教育研究,2000(3).

[18] 李哗,刘华山.教师效能感及其对教学行为的影响[J].教育研究与实验,2001(1).

[19] 李沿知.国外基础教育教师绩效工资改革中的主要争议[J].外国中小学教育,2010(7).

[20] 刘岸英.新课程背景下教师教学成败归因的特点与分析[J].中小学管理,2007(9).

[21] 刘电芝,张荣华.学习策略教学的类型、阶段与特点[J].课程·教材·教法,2004(3).

[22] 刘红云,张雷,孟庆茂.教师集体效能量表的修订[J].应用心理学,2004(1).

[23] 刘红云,张雷,孟庆茂.教师集体效能量表的修订[J].应用心理学,2004(10).

[24] 刘庆昌.对话教学初论[J].课程·教材·教法,2001(12).

[25] 刘世清,刘伟芳.浅论教师的教学效能感及其培养[J].辽宁教育研究,2002(9).

[26] 龙君伟.国外教师效能感研究 30 年:回顾和展望[J].比较教育研究,2004(10).

[27] 卢乃桂,钟亚妮.教师专业发展理论基础的探讨[J].教育研究,2007(3).

[28] 罗雅萍.成功的课堂教学来自于教师的有效教学行为[J].湖州师范学院学报,2002(4).

[29] 屈卫国.教师教学效能感与教学效果的关系[J].教育科学,1999(4).

[30] 任长松.探究式学习:学生知识的自主建构——从两个探究案例引发的思考[J].课程·教材·教法,2004(1).

[31] 石伟,连榕.教师效能感的理论及研究综述[J].心理科学,2001(2).

[32] 石伟,连榕.教师效能感的理论及研究综述[J].心理科学,2001(2).

[33] 宋雪冬.教学行为研究与教师自我发展[J].外国教育研究,2002(1).
[34] 孙艳.教师应努力构建"和谐—有效"的教学行为[J].内蒙古师范大学学报(教育科学版),2004(4).
[35] 唐玉光.试论教师教育的专业性[J].教育研究,2002(7).
[36] 田守春,郭元婕.OECD"教师教学国际调查项目"(TALIS)评析及启示[J].外国教育研究,2009(11).
[37] 王本陆.优化教学:概念、标准、策略[J]. 课程·教材·教法,2004(1).
[38] 王振宏.国外教师效能研究述评[J].心理学动态,2001(2).
[39] 吴刚.中小学课堂教学评价系统探析[J]. 课程·教材·教法,2010(11).
[40] 吴高岭,夏洪文,黄鹏. 中小学教师信息素养与教学效能研究[J].中国电化教育,2010(2).
[41] 吴康宁.课堂教学的社会学研究[J].教育研究,1997(2).
[42] 夏敏.大学智力资源效能:评价与管理[J].教育研究,2007(12).
[43] 辛涛,申继亮,林崇德.教师教学效能感与其影响因素的研究[J].教育研究,1994(10).
[44] 辛涛,申继亮,林崇德.教师教学效能感与其影响因素研究[J].教育研究,1994(10).
[45] 辛涛.论教师的教学效能感[J].应用心理学,1996 (2).
[46] 辛涛.论教师的教学效能感[J].应用心理学,1996(2).
[47] 熊焰.学校中教师的专业成长与发展[J].课程·教材·教法,2004(4).
[48] 徐富明,申继亮.教师职业压力应对策略与教学效能感的关系研究[J].心理科学,2003(4).
[49] 徐洁.民主、平等、对话:21 世纪师生关系的理性构想[J].教育理论与实践,2001(12).
[50] 闫守轩.教学田野:教师的自我成长之域——论教师培训的教学实践走向[J].课程·教材·教法,2004(3).
[51] 姚利民.国外有效教学研究述评[J].外国中小学教育,2005(8).
[52] 叶澜.让课堂焕发出生命活力——论中小学教学改革的深化[J].教育研究,1997(9).
[53] 叶子,庞丽娟.师生互动的本质与特征[J].教育研究,2001(4).
[54] 俞国良,罗晓路.教师教学效能感及其相关因素研究[J].北京师范大学

学报,2000(1).

[55] 俞国良,辛涛,申继亮.教师教学效能感:结构与影响因素的研究[J].心理学报,1995(2).

[56] 俞国良.教育教学效能感及其相关因素研究[J].北京师范大学学报,2000(1).

[57] 俞国良.专家——新手型教师教学效能感和教学行为的研究[J].心理学新探,1999(2).

[58] 张建琼.国内外课堂教学行为研究之比较[J].外国教育研究,2005(3).

[59] 张增田,靳玉乐.论新课程背景下的对话教学[J].西南师范大学学报(人文社会科学版),2004(9).

[60] 张增田,靳玉乐.马丁·布伯的对话哲学及其对现代教育的启示[J].高等教育研究,2004(2).

[61] 赵福菓,黄希庭.中学教师教学效能感的特点及其与自我概念的相关研究[J].心理科学,2002(4).

[62] 郑涛.教师自我效能、集体效能与教师压力状况的相关研究[J].山东师范大学学报,2004(10).

[63] 钟启泉.对话与文本:教学规范的转型[J].教育研究,2001(3).

[64] 周兴国.对话教学:有待进一步澄清的几个问题——对当前对话教学理论研究的审视与反思[J].课程·教材·教法,2010(7).

[65] 朱华.教师无效教学行为及其转化[J].湘潭师范学院学报(社会科学版),2005(4).

二、英文文献

学术专著:

[1] Alderman M K. Motivation for Achievement: Possibilities for Teaching and Learning[M](2nd ed.). New Jersey: Lawrence Erlbaum Associates, Publishers,2004:189.

[2] Bandura A. Social Foundations of Thought and Action: A Social-Cognitive Theory [M]. NewJersey: Prentice Hall. 1986:357.

[3] Berliner D C et al. Handbook of Educational Psychology[M]. New York: Simon&Schuster Macmillan,1996:63-65.

[4] Blumberg P, Weimer M. Developing. learner-centered teaching: a

practical guide for faculty[M]. San Francisco: Jossey-Bass, 2009:52.

[5] Borich G D. (2000) Effective Teaching Methods[M] (4th). NewJersey: Prentice-Hall, 2008:8-26.

[6] Campbell J, Kyriakides L, Muijs D, et al. Assessing teacher effectiveness: developing a differentiated model[M] . New York: Routledge Falmer. 2004. 58.

[7] Cooper J M. Classroom Teaching Skills[M](ninth edition). New York: Linda Schreibeer-Ganster,2006:171.

[8] Cruickshank D R, Jenkins D B, Metcalf K K. The act of teaching[M]. (fourth editoin). New York: McGraw-Hill. 2006: 331.

[9] Dewy J. Democracy and Education[M]. New York: The Macmillan Company,1916:10.

[10] Glatthorn A A, Jones B K. Developing highly qualified teachers: a handbook for school leaders [M]. Thousand Oaks, CA: Corwin Press,2006:23.

[11] Gredler M E. Learning and instruction: Theory into Practice([M]. (fifth Edition). New York: Merrill Prentice Hall,2005:177.

[12] Mccaslin M,Good T L, Berliner D,et al. Handbook of Educational Psychology [M]. New York: Simon&Schuster Macmillan, 1996: 63-65.

[13] Moore K D. Eeffective Instructional Strategies: from theory to practice[M] . (2nd ed). New York : Sage publications,2009:130.

[14] Nelson B N,Sassi A. The Effective Principal: instructional leadership for high-quality learning[M]. New York : Teachers College Press, 2005:79.

[15] Perrott E. Effective Teaching: A Practical Guide to Improving Your Teaching[M]. London: Longman Publishing Group,1986:6-10.

[16] William W, Ishler M,et al. Dynamics of Effective Secondary Teaching [M]. New York : Allyn &Bacon. 2005. 18.

学术期刊:

[1] Berliner D C. Expert knowledge in the pedagogical domain [J]. American educational psychological association, 1989(12):14-17.

[2] Brophy J E. Educating Teachers about Managing Classrooms and Students[J]. teaching teacher education. 1987(4): 6-7.

[3] Creemers B P M & Reezigt G J. School level conditions affecting the Effectiveness of instruction [J]. School Effectiveness and School Improvement,1996(7):197-228.

[4] Creemers B P M,Reezigt G J. School level conditions affecting the Effectiveness of instruction [J]. School Effectiveness and School Improvement,1996:(7):197-228.

[5] Malikow M. Effective Teacher Study[J]. National Forum of Teacher Education Journal, 2006 (16):1-9.

[6] McClelland D C. Testing for competence rather than for intelligence [J]. American Psychologist, 1973(28):1-14.

[7] Medley D M. Teacher Competence and Teacher Effectiveness: A revises of Process-Product Research [J]. American Educational Research Association. ,1997: 186-187.

[8] Rosenshine B V. Teaching functions in instructional programs [J]. Elementary School Journal,1983(83):335-351 .

[9] Shulman L. Knowledge and teaching: Foundations of the new reform [J]. Harvard Education Review,1989(57):8-15.

[10] Woolfolk A E, Rosff B, Hoy W K. Teachers'sense of efficacy and their beliefs about managing students [J]. Teaching and Teacher Education,1990(6):137-148.

附　录

附录A　课堂观察表

表1　课堂观察表:运用提问①

对下面列出的每一项教师行为进行评定				
行　为	优秀	良好	一般	差
1.教师在上课的开始提出一些问题使学生可以积极参与	4	3	2	1
2. 教师提出的问题很清晰	4	3	2	1
3. 除非学生不理解,教师避免重复的问题	4	3	2	1
4. 教师提问之后给学生充分的思考时间	4	3	2	1
5. 教师经常提出一些恰当的问题	4	3	2	1
6. 教师叫所有的学生回答问题,而不是只叫举手的学生	4	3	2	1
7. 教师提出更高水平的认知问题	4	3	2	1
8. 教师对学生的回答做出恰当的反应	4	3	2	1
9.教师的问题很清晰能够帮助学生达到课程目标	4	3	2	1
10.教师能够有效地提问	4	3	2	1

① Cruickshank D R, Jenkins D B, Metcalf K K. Metcalf. The act of teaching[M](4th ed). New York: McGraw-Hill,2006:452.

表 2　课堂观察表:表现专业特性①

对下面列出的每一项教师行为进行评定				
行　为	优秀	良好	一般	差
1.教师表现得有热情	4	3	2	1
2.教师表现得有幽默感,表现得很和蔼	4	3	2	1
3.教师表现得可信任	4	3	2	1
4.教师对自己和学习者表现出高期望	4	3	2	1
5.教师鼓励和支持学习者	4	3	2	1
6.教师表现有专业水平并且有条理	4	3	2	1
7. 当学生不理解时教师调整教学来适应学生的需要	4	3	2	1
8.教师显出对主体、学习者和教学法的知识	4	3	2	1

表 3　教师行为评定量表②

对下面列出的每一项教师行为进行评定				
行　为	优秀	良好	一般	差
1. 教师教学组织地有条理	4	3	2	1
2. 教师清楚地阐明要点	4	3	2	1
3. 教师在黑板上写下要点或者用图表表示出来	4	3	2	1
4. 教师为强调要点而重复	4	3	2	1
5. 教师在课内做了总结和重复	4	3	2	1
6. 教师清楚地解释要点	4	3	2	1
7. 教师呈现例子来强调每一个要点	4	3	2	1
8. 教师指出了事物之间的相似处和不同处	4	3	2	1
9. 当必要的时候,教师解释一些不熟悉的词	4	3	2	1
10.教师用停顿来加强要点或者允许学生提问	4	3	2	1

① Cruickshank D R, Jenkins D B, Metcalf K K. Metcalf. The act of teaching[M](4th ed). New York: McGraw-Hill,2006:450.

② Cruickshank D R, Jenkins D B, Metcalf K K. Metcalf. The act of teaching[M](4th ed). New York: McGraw-Hill,2006:453.

古德(Good)和布罗非(Brophy)的问—答反馈量表①：

表4　问—答反馈序列类型编码

符号标记	
学生性别	
M 男	答题者是男生
F 女	答题者是女生
学生回答	
＋ 正确	教师认为学生的回答是正确的或者是令人满意的
± 部分正确	教师认为学生的回答只有一部分是正确的，或者虽然正确但不完整
－ 错误	教师认为学生的回答是错误的
0 没有答案	学生没有回答或者说不知道
教师的反馈反映	
＋＋表扬	教师用言语表扬学生
＋ 肯定	教师仅仅肯定学生的回答是正确的
0 没有反应	教师对学生的回答未做任何反应
－否定	教师仅仅指出学生的回答是不正确的
－－ 批评	教师用言语批评学生
给答案，教师给出答案	教师为学生提供正确答案
问别人，教师问另一个学生	教师转化问题让另一个学生试着回答
别人喊出，另一个学生喊出答案	另一个学生喊出了答案，教师认可了它
重复，重复问题	教师重复原来的问题，或者重复
线索，转换措辞或者给出线索	教师转换措辞或者给出线索
新问题	教师提出一个新问题

① Good T L, Brophy J E. Looking in Classrooms[M]. New York: Harper and Row, 1978: 76.

表 5　回答编码表

时间：________　地点：________　年级：________　执教者：________　观察者：________

学生编号	性别		学生回答											教师反馈反应					
	M	F		+	±	－	0		＋＋	+	0	－	－－	给答案	问别人	别人喊出	重复	线索	新问题
1																			
2																			
3																			
4																			
5																			
6																			
7																			
8																			
9																			
10																			
11																			
12																			
13																			
14																			
15																			
16																			
17																			
18																			
19																			
20																			
21																			
22																			
23																			

（注：当相应的行为出现时在相应的表格里打√）

附录B　教师效能量表

教师效能量表

各位老师：

您好！我正在进行一项关于教师效能的调查研究，本量表是为课题研究需要而设计的，旨在了解教师的教学计划、课堂管理、教学策略、师生互动、教学反思等方面的情况，为进一步提升教师效能，实现课堂"有效教学"提供依据。您的真实回答对我们的研究非常重要，本量表不记姓名，答案也无对错之分，调查信息只作研究用途，请您根据您的实际情况进行回答即可，不必有什么顾虑。衷心感谢您的积极配合和支持。

一、个人基本情况

请在符合您自己的情况的选项上面打"√"(主教科目一栏请如实填写)。

1.性别：①男 ②女

2.年龄：①21—29岁 ②30—39岁 ③40—49岁 ④50岁以上

3.最高学历：①中师及以下 ②大专 ③本科 ④本科以上

4.所在的学校是：①小学 ②初中 ③高中

5.所在的学校位于：①省会城市 ②地级市城市 ③县城 ④乡镇或农村

6.您的教龄：①不足3年 ②3—5年 ③6—8年 ④9—15年 ⑤16—30年 ⑥31年以上

7.您的专业职称：①中学高级 ②中学一级 ③中学二级 ④中学三级 ⑤其他

8.您的主教科目：________(限填一门，如果同时兼任几门课，只填写最主要教授的科目)

9.您在学校的职务是：①普通教师 ②教研组长 ③年级组长 ④教务主任 ⑤正校长 ⑥副校长 ⑦其他

二、基本问题

请您根据您自己的实际情况，在相应的选项下打"√"

项　目	完全同意	基本同意	不确定	基本不同意	完全不同意
1.我能以课程标准为基础设计教案。					
2.我能结合学生整体的学习和发展情况,设计具有挑战性的教学任务。					
3.我能清晰地明确教学目标,兼顾学生的情感态度与技能的发展。					
4.我能帮助学生将过去的知识和经验与新的学习内容联系起来。					
5.我能合理地安排教学的每个步骤,激发学生的学习动机。					
6.我能明确课堂管理规范,使学生遵守课堂纪律。					
7.我能营造一个良好的课堂教学氛围。					
8.我能建立井然有序的教学环境使学生获得成就感。					
9.我能使用一些技巧使学生集中注意力。					
10.我能机智地处理课堂上的突发事件,保证教学的流畅性。					
11.我能根据教学目标采用多种教学方法设计相应的活动、练习及作业。					
12.我能有效地使用提问技巧,引导学生深入思考问题。					
13.我能利用信息技术有效地呈现教学内容,帮助学生理解和掌握技能。					
14.我能尝试新的教学方法,改进教学效果。					
15.我能接纳学生的情感,鼓励学生积极提问。					
16.我能平等地对待每一个学生,给予他们积极期望。					
17.我能营造良好的学习氛围,使学生之间进行互动和交流。					
18.我能提供各种机会与学生探讨问题。					

续表

项 目	完全同意	基本同意	不确定	基本不同意	完全不同意
19.我能与学生进行对话与交流，分享彼此的经验。					
20.我能对学生的回答进行积极的反馈和指导。					
21.我能反思自己教学中的不足，作为改进工作绩效的目标。					
22.我能时常关注教育教学改革方面的最新信息以提高自己的理论水平。					
23.我能与其他教师积极地交流教学经验，以此来提高自身的教学水平。					
24.我能积极开展教学行动研究，改进个人教学效果。					
25.我能为自己制定个人专业发展目标，并坚持朝目标努力。					

问卷到此结束，再次感谢您的合作，祝您工作顺利、万事如意！

附录C 反思能力发展的自我评估量表

反思能力发展的自我评估

下列问题可以帮助您判断当前的反思能力发展水平，请在括号中填上最符合您情况的相应数字。

其中，4＝总是这样，3＝经常这样，2＝有时这样，1＝极少这样。

当我遇到问题时：

1.我能够鉴别问题的情境 (　　)

2.我根据学生的需要分析问题 (　　)

3.我会为自己的决策寻找支持性(或反对性)的证据 (　　)

4.我在伦理的背景下分析问题 (　　)

5.我能有条理地解决问题 (　　)

6.我凭直觉做出判断 (　　)

7.我会创造性地理解问题情境 (　　)

8.我的做法因情而异 (　　)

9.我对固定的常规最放心 (　　)

10.我坚持一些观点(比如，所有学生都能够学习) (　　)

11.我对学生的需要积极做出反应 (　　)

12.我常常评价各种教学方法的目标与行动 (　　)

13.我思维灵活 (　　)

14.我爱提问 (　　)

15.我欢迎同事评价我的做法 (　　)

16.当我进行教学计划、实施、评价时，我常常运用创新性的观点 (　　)

17.我关注的焦点是教学目标 (　　)

18.我以为不存在最好的教学方法 (　　)

19.我拥有一名好教师所需要的技能 (　　)

20.我拥有一名好教师所需要的知识 (　　)

21. 我会自觉地调整教学以适应学生的需要 ( )
22. 我能够充分地完成任务 ( )
23. 我理解概念、基本事实、步骤以及技能 ( )
24. 我理解那些被公认为不错的教学实践的社会意义 ( )
25. 我设定长期目标 ( )
26. 我对自己的行动进行监控 ( )
27. 我评价自己的教学的有效性 ( )
28. 学生实现了我的教学目标 ( )
29. 我有规律地写日志 ( )
30. 我参与行动研究 ( )

计算得分:

根据下面的标准可以判断您的反思能力。75 分以下:一般;75～104 分:较强;104 分以上:很强。

(资料来源:塔格特,等.提高教师反思力 50 策略[M].赵丽,译.北京:中国轻工业出版社,2008:39-40.引用时有修改。)

附录D　一般自我效能感量表

一般自我效能感量表

量表简介：

自我效能感是指个体对自己面对环境中的挑战能否采取适应性的行为的知觉或信念。一个相信自己能处理好各种事情的人，在生活中会更积极、更主动。这种"能做什么"的认知反映了一种个体对环境的控制感。因此自我效能感是以自信的理论看待个体处理生活中各种压力的能力。

一般自我效能感量表(GSES)由Schwarzer等人编制，中文版由王才康等人(2001)翻译修订，对其信效度进行分析。结果发现GSES具有良好的信度，其内部一致性系数CronbachA＝0.87，重测信度r＝0.83(p＜0.001)，折半信度为r＝0.82(n＝401，p＜0.001)。GSES只有一个维度。

请仔细阅读下面的一些描述，请根据您的真实情况，选择相应的数字。

其中，1＝完全不正确，2＝尚算正确，3＝多数正确，4＝完全正确

1.如果我尽力去做的话，我总是能够解决问题的。（　）

2.即使别人反对我，我仍有办法取得我所要的。（　）

3.对我来说，坚持理想和达成目标是轻而易举的。（　）

4.我自信能有效地应付任何突如其来的事情。（　）

5.以我的才智，我定能应付意料之外的情况。（　）

6. 如果我付出必要的努力，我一定能解决大多数的难题。（　）

7.我能冷静地面对困难，因为我可信赖自己处理问题的能力。（　）

8.面对一个难题时，我通常能找到几个解决方法。（　）

9.有麻烦的时候，我通常能想到一些应付的方法。（　）

10.无论什么事在我身上发生，我都能够应付自如。（　）

记分方法：

分数越高说明自信心越高

1～10　您的自信心很低，甚至有点自卑，建议经常鼓励自己，相信自己是行的，正确地对待自己的优点和缺点，学会欣赏自己。

10～20　您的自信心偏低，有时候会感到信心不足，找出自己的优点，

承认它们，欣赏自己。

20～30　您的自信心较高。

30～40　您的自信心非常高，但要注意正确看待自己的缺点。

统计结果简单，按分数段可以判断教师自我效能感的高低，但预测时发现，如果得分是 10、20、30 时，无法断定是属于前一个分数段还是后一个分数段。

附录 E　教师访谈提纲

第一阶段:优秀教师两节课的访谈提纲

1. 您课前做了哪些准备?

2. 您是如何设计这节课的?

3. 您的设计理念是什么?

4. 您想通过本课的学习提高学生哪方面的能力?

5. 如何联系实际使本文更有教育意义?

第二阶段:针对 6 节课的教师访谈提纲(录了 6 节课的录像)

每节课的教师访谈提纲

1. 您课前做了哪些准备?

2. 您是如何设计这节课的?

3. 您的设计理念是什么?

4. 在教学设计时您会考虑哪些因素?

5. 您对教学目标是如何设定的?

6. 您会使用哪些教学方法?

7. 您如何评价学生?

8. 您想通过本课的学习提高学生哪方面的能力?

9. 您如何联系实际使本文更有教育意义?

10. 您会布置大量的作业吗? 您如何看待学生的学习效率的?

11. 您会采取哪些方式进行课后反思?

两位班主任的访谈提纲

1. 了解学生来源情况。

2. 了解班级管理情况。(开展哪些活动和每周班会情况)

3. 了解班级纪律和班级文化情况。(如何抓学生成绩和如何对学生进行思想教育工作)

4. 了解学校如何评价班主任工作情况。

5. 了解班主任如何与家长合作共同促进学生成长。

6. 班主任如何选班干部和如何选三好学生。

7. 班主任管理中遇到哪些困惑和做班主任的感受。

对6位教师在教学理念、教学反思、师生互动、课堂管理等方面的访谈提纲

1. 您认为优秀教师应该具备哪些条件?(教学理念)

2. 美国著名心理学家波斯纳在1998年曾提出教师成长的共识:成长=经验+反思。谈谈您对这句话的理解。(教学反思)

3. 经过课堂观察我们发现,好多时候都是教师提问,学生回答,这种"问答式"的教学模式有哪些好处? 您尝试过其他的教学模式吗?(比如讨论式)您会采取哪些方法鼓励学生回答?(教学模式、教学策略、师生互动)

4. 谈谈您对学科特点的看法?

5. 您会采取哪些措施来管理您的课堂以确保您的教学活动顺利进行?(课堂管理)

6. 在您的职业发展生涯中,您认为哪些关键事件对您的专业成长有帮助(如参加教学技能比赛、听评课,论文获奖)?(专业发展)

后　记

本书主要以有效教学理论和班杜拉自我效能理论为基础，通过对上海市一所初中语文、数学、英语六位教师教学效能现状的个案考察，呈现了课程改革和课堂有效教学实践背景下教师效能的样貌，描绘了教师效能的表现方式和课堂教学的真实状态。其主旨是从理论层面和实证层面解读教师效能在课堂教学实践中存在的问题，并对教师效能结构和主体作用的机制作了深层次分析，厘清了教师效能与课堂有效教学的关系。通过对影响教师效能的外部因素和内部因素的分析，尝试提出提高教师效能的策略。希望通过教师的课堂教学实践来了解教师效能的结构、教师效能与有效教学的关系。

本书的出版得到了很多人的支持和帮助。

感谢上海师范大学蔡宝来教授的全程指导，从研究的设计、调研，直至本书定稿，蔡老师给予了睿智和深刻的指导。

感谢湖州师范学院教师教育学院院长舒志定教授在本书写作上给予的精心指导和巧妙点拨，以及对我工作上的鼓励和支持。

感谢湖州师范学院教师教育学院对本书出版给予的大力支持，感谢学院领导和学前教育系的同事们对我工作和本书出版上给予的帮助。

最后，感谢浙江大学出版社的编辑葛娟女士，她耐心细致的工作使本书减少了许多错漏。

限于个人的理论视野和研究能力，本书还有许多疏漏和不足，希望各位专家学者和同行不吝赐教。

车伟艳

2019 年 1 月于湖州